JN245978

明治大学資源利用史研究クラスター

先史文化研究の新展開

1

縄文文化の
繁栄と衰退

阿部芳郎 編

はじめに

　本書は 2014 年から 4 年間にわたり、明治大学日本先史文化研究所が毎年開催したシンポジウム『縄文の繁栄と衰退』（I〜IV）の成果を基にして、これに日本各地域の動向を加えて一書として編集されたものである。本研究所は 2017 年に資源利用史研究クラスターとして改組され現在に至るが、本書は「先史文化研究の新展開」としたクラスターの研究叢書の第 1 冊にあたる。

　我々は過去の人類文化の時間的・空間的多様性を評価するために資源利用史という概念を用いてきた。これは多様なあり方を示す人類共通の分析概念としてだけでなく、個別的な研究を統合することによって解像度を高めることを一つの目的としている。

　本書はそうした視点を中核に据えて、縄文時代の停滞や衰退としてこれまで評価されてきた縄文時代後期から晩期の地域社会の実態解明を目的としたものである。縄文の地域社会を理解するためには相対化が必要であり、そのために広域な空間での比較検討を行った。その結果として導かれるものは、繁栄や衰退という単純な価値基準では説明ができない多様性と柔軟性であった。今後は広域的な視点を保持しつつ、より緻密な分析を経て縄文文化の実態解明へと議論が展開することを期待したい。

明治大学資源利用史研究クラスター代表

阿部芳郎

2019 年 7 月 1 日

縄文文化の繁栄と衰退　□目次□

縄文後・晩期をどう考えるか

阿部 芳郎

1. 縄文文化の盛衰

　従来、縄文時代は完新世の到来による気候温暖化の中で成立した狩猟採集社会として論じられてきた。しかし、近年では土器の起源が 16000 年にまで遡ることによって、土器の出現は寒冷な環境の中で出現したことが明らかになった。温帯森林のなかで堅果類を加工するための道具として出現したというこれまでのシナリオに訂正が迫られている。C^{14} 年代の精緻化は、こうした縄文の起源論にも大きな問題を投げかけている。

　また、縄文時代を文化の盛衰の歴史として位置づける立場から、遺跡数や住居数の増減や土器装飾の発達などを評価点として中期を発達の頂点とみる考えは伝統的で根強い。岡本勇は縄文文化の変遷を上昇期・発展期・衰退期と区分し、発生から発達を遂げて衰退するという変遷観を整理した（岡本 1975）。しかし、集落数は居住形態や住居の構造の差違による検出可能性の差違などから検討すべき課題が多い。さらには土器装飾の発達と文化の発展性は感覚的な評価に過ぎず、明確な論証の提示がない 。

　同様に縄文時代が階層化社会であると指摘した渡辺仁は縄文中期の過剰な装飾の土器を奢侈品とみなし、威信財としての意味を読み取り、階層化を読み取るが、具体的な根拠は提示されていない（渡辺 1990）。

　一方で中期を繁栄の頂点とするこれらの指摘のいずれもが中期終末に起こると考えられている気候の寒冷化を強い根拠としている。古くは坪井清足の縄文文化論（坪井 1964）や藤森英一の縄文農耕論も寒冷化が中期文化の衰退要因として指摘されている（藤森 1970）。次期の農耕社会である弥生文化はこうして

衰退した縄文文化を改変した一大変革であったとも評価されるが、遺跡数の増減を除いては縄文時代の終末と弥生時代初頭との間には、むしろ大きな断絶が認めにくいのが事実ではないか。

　また、これらの縄文文化の変遷観は、関東地方や中部地方の中で起こった現象とその解釈に基づいているものであり、それをそのまま全国の縄文文化の変遷に当てはめることはできない。例えば関東地方では晩期の遺跡数は減少するが、東北地方や東海地方ではむしろ集落遺跡や集落と推測される拠点的な遺跡は増加している。このように従来から指摘される遺跡数に限ってみても、遺跡数の増減は地域によって異なっていることは事実である。そのため、全球的に起こった気候寒冷化によって一律に後・晩期社会が停滞したと主張することは矛盾した理解である。

　さらに西日本で導入が始まる稲作も、導入とともに一気に人口が増大したり、社会が発達するわけではないことも九州や四国地域の状況を見れば明らかである。この様に、従来は教科書的に明確な区分として説明されてきた狩猟採集段階と稲作農耕段階との間は、詳細な分析をするほど、むしろ画然とした一線は引きにくいことがわかる。精緻な分析の成果であるがゆえに、むしろ各地域の縄文伝統が弥生時代の地域伝統として残存していると考えるべきであろう。

　また、これらの議論に共通する歴史認識は、文化とは発展と衰退を繰り返すという暗黙の前提がある。しかし、人類史とは発展と衰退を評価することが本来の目的はないことも再認識が必要である。むしろ、先史社会の適応性について柔軟に議論することがいま求められているのではないか。

2.　環境変動と年代学の精緻化

　中期文化の衰退要因とされる気候寒冷化として近年注目されているのが、北大西洋の海底堆積物の分析からジェラード・ボンドらによって指摘されたボンド・イベントである（Bond *et al.* 1997）。完新世の比較的安定した温暖な時期にも急激な寒冷化が複数回にわたり存在したことが明らかにされた。本書の議論の対象となるのは 4.2 あるいは 4.3ka イベントである。近年の縄文時代の年代学では土器付着炭化物による土器型式を単位とした測定が蓄積している（小林

2008、工藤2012）。縄文文化の変遷史とボンド・イベントに積極的な関連性を求める考えもあるが（安斎2014など）、考古学的現象と気候変動との因果関係に関わる考古学的な分析が十分になされていない。今日的な問題として認識すべき点はこの因果関係を具体的にどう説明するかという点であり、自説を未検証のまま突き通すことではない。この議論の前提として、4300年前、あるいはその前後に起こった考古学的な現象の時間的な整序を行う必要がある。

　小林謙一は縄文後期の実年代推定として後期初頭の称名寺式期を4420〜4250 cal BPとして続く堀之内1式期が4240〜3980 cal BP、続く堀之内2式期は3980〜3820 cal BPと推定している（小林2008）。また、工藤雄一郎は較正曲線が平坦化していることから正確な確率分布には精度を欠く部分があるとしながらも下宅部遺跡の土器付着炭化物の分析から、称名寺2式は較正年代で約4400〜4100 cal BP前後とし、堀之内1式期を約4400〜3900 cal BP前後と想定している。（工藤2012）。

　これらの年代値を参考にするとボンド・イベントの4.3 kaイベントは後期初頭の称名寺式期から堀之内式期に相当することになり、中期終末を文化的停滞とする変遷観と年代的な離齬が生じていることがわかる。一方、東海地方では関東地方の称名寺式期に併行する中津式期にむしろ遺跡数の増加が指摘できる。さらに関東地方の遺跡動態の特徴としては、中期の環状集落が解体して文化衰退を示す根拠の1つとされているが、4.3 kaは再び集落が環状の形態を形成する時期であり、貝塚の大型化や中には後期から晩期中葉にまで継続する長期継続型集落の出現期に相当する。

　重要な点は、全球的におこった「寒冷化」という現象が、各地の多様な生態系に、具体的にどのような影響を及ぼしたのか、ということであり、そのことを抜きにして、特定地域における遺物や遺跡の分析だけから文化の盛衰の本質を解明することはできないであろう。さらに、海水準変動に後期の寒冷化を求める考えもあるが（遠藤2014）、この時期の寒冷化そのものの影響は小さいようである。また、近年ではそもそも海水準変動は気候変動だけではなく局所的な地形の沈降によっても起こり得るローカルな変動という指摘にも注意が必要である（横山2009）。このように全球的に起こったと指摘される4.3 kaイベントに文化衰退の要因を求めるのであれば、各地の縄文人の生活実態と環境変動

との対応関係について合理的な説明が求められなければならない。

3. 資源利用史という視点

環境変動と人類活動の相互関係として注意すべき点は、環境の変化が直接的に人間に与えた現象よりも、彼らの利用資源である動植物への影響であり、それが人間社会に間接的な影響を及ぼしているという自然とヒトの関係性と読み替えることができる。ヒトと環境との関係を考える場合、自然物を資源化するという一連の行動には、生業の選択性や加工・貯蔵技術が深く関係している（阿部 2014）。それらの選択的な行動は最終的には人体の形成にまで及ぶ深い関係性を有している。

こうした視点は、例えば同一の自然物であっても、それを資源として有用化するか否かという点を起点として、加工方法や用途に至るまでの間に多様な技術が関与していることがわかっており、それらは時空間で意味のあるまとまりをもつ。時期や地域によって石器石材に異なる選択性があることや、豊富な魚介類の中でも特定の資源を選択して利用する現象などからみても、彼らはただ身の回りに存在するものを手あたり次第に用いるのではなく、場合によっては遠隔地からの搬入によって賄うなど、特有の選択的な行動が働いている。

そしてこうした現象は、おそらく、かなり多くの資源利用に認められる文化的な特性と考えることができる。こうした人類主体の資源化のメカニズムが資源利用史という視点から見えてくる。こうした多様な資源利用技術の獲得は柔軟で嗜好性に富む生業活動を可能としたのである。

4. 環境変動と人類社会の適応

近年注目を集めている環境変動と人類の適応とは、こうした柔軟な資源利用技術を持つ縄文人にどのような影響を与えたのか、という問いに読み換えて検討することが重要であり、単に気温の高低が文化や社会の変化と相関すると錯誤してはならない。そしてこうした視点から環境変動と人類の対応関係を論じた事例は少ない。したがって、環境決定論として寒冷化を一元的な文化衰退の要因として評価することはきわめて危険であり、むしろ考古学は人類の適応的な活動を細やかに描く必要性が強く意識されるべきでなのある。

年代学の精緻化と考古学の型式編年を基礎とした古食性分析（米田 2013 ほか）や土器付着炭化物の同位体分析（米田 2019）など、同一の分析方法による複数の試料の分析成果を組み合わせた各種の資源利用研究が、これらの一元的な縄文文化の理解における矛盾点を明らかにしつつある。

　米田によると関東地方の貝塚から出土した人骨群の中でも多様な食性をもつ集団が存在することが複数の遺跡において常態として確認されている（米田 2013）。視覚的な印象の強い貝塚であるが、水産資源を主食とした縄文人は意外に少ない。これは裏を返せば、貝ばかりを手あたり次第に採取するような自給的活動ではなく、陸上動物や植物などの多様な資源を組みわせた生業が基本であったことを示唆している。一方で北海道や九州地方では水産資源へ強く依存した集団が存在したことも見えてきた（米田前掲）。これらはタンパク質からみた食料組成であるが、これまでの一元的な狩猟採集社会の生業に再考を促すインパクトとなっている。

　遺跡内の集団に食性のバリエーションが強く反映する背景として2つのモデルを提示することができる。1つは婚姻などの社会的な要因による食性を異にする他集団の移住によるもの、ほかの1つは集団の中に本来的に食性を異にする人々が居住して集落が構成されている場合である。後者の場合は生業分化や職能化の存在を示唆する可能性がある。

　こうした視点から関東地方の中期から後期の人骨の古食性を見た場合、武蔵野台地の集団は中期には食性のバリエーションが小さい集団から構成され、後期前葉以降になると海産物に偏る集団と、陸獣か植物質資源に偏る2つの集団から構成されているように考えられる遺跡がある（阿部・米田ほか 2016）。こうした事例が増加した場合、それぞれの遺跡の食料残滓や生活用具などの構成との相関関係が解明できれば、道具としての土器や石器の研究に新しい視点が拓ける。現時点ではいくつかの可能性が示されている段階であるが、土器や石器などの生活用具の研究が進めば、個別的な研究世界の拡張が期待できる。

　それでは環境変動が文化の盛衰と関係するか否かを解明する有効な手法はあるだろうか。先史考古学では環境変動の詳細で広域的な痕跡を遺跡の中から直接的に抽出することは非常に難しい点があるものの、環境と人類の相互関係にかかわる情報を遺跡や遺物から取り出すことは十分可能である。

これらの手法を整理すると、外部環境を反映すると期待される動・植物資源と、それを利用した資源利用技術、そしてこれらの最終的な結果としての人体の形成の3点にまとめることができる。動植物は縄文人の食料であり、水域から陸域にかけて多様な環境に生息する生物資源は環境変動を直接的に示す可能性が高いと期待できる。とくに海水準変動は魚介類の生息に直接的にかかわるため、環境変動を敏感に反映する可能性が高い。もちろん、すでに一部の地域では貝類の管理などを行っていたこともわかっているが（阿部2001）、それでもすべての資源が管理されていたわけではない。

　また縄文土器の利用形態から見た場合、後期になると精製土器と粗製土器の作り分け・使い分けが明瞭になり、大量の煮沸容器群や低湿地遺跡における木組施設の増加や、製塩土器の出現と製塩遺跡の形成や各種の祭祀用土器の出現など、機能の特化した土器が出現することも後期から晩期の特徴である。これらの個別の現象については、すでに個々の研究分野での指摘がある。しかし、これらの現象間の相互関係を解明した事例は少ない。寒冷化の影響を受けて衰退したという後晩期の実態解明にはこれらの現象を結びつける方法論的な整備が前提条件となることは間違いない。

　これらは資源利用史として、自然物を資源として認識する過程とその資源の利用技術の問題として整理できる（図1）。そして古人骨の安定同位体分析による古食性の分析からは、陸上動物や堅果類、雑穀類や海産魚類や貝類などの利用比率を推定することが可能である。そのため、仮に文化停滞を導くような資源の枯渇や食文化の変容が生じれば、古食性分析の成果が参考になるであろう。年齢や性別をこれに加えることにより、個人から集団の食性のまとまりを評価することが可能になる。さらに古病理学的な人骨の分析からは栄養失調によるストレスマーカーの有無など食料資源や生活環境の変異を捉えることができる。

　そして最も重要な点は、これらの多視

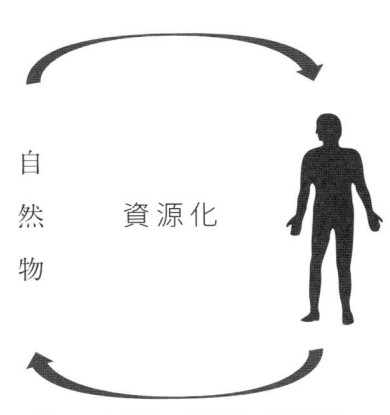

図1　自然物の資源化の仕組み

点的な分析をより狭い地域・短い時間軸の中で実施することで、空間的・時間的なノイズを排除することである。縄文文化の地域的多様性として東日本と西日本の地域差が指摘される場合も多いが、それぞれの内部においても地域的な差異が存在する。分析の最小の単位を整備することも重要な前提となる。これらの多視点的な分析をおこなうことで、4.3kaとされる気候寒冷化が縄文社会に及ぼした影響を具体的に評価すべきであろう。

5. 縄文後晩期の特質の解明

　我々の目的は、寒冷化の評価のみにあるわけではない。土器型式の細分とC^{14}年代の精緻化により後期から晩期の時期の関東地方は集落遺跡の継続期間が1000年を超えるきわめて長期間にわたるものが増加することがわかってきた。

　その一方で後期晩期の社会的な特質として、土偶や石棒・耳飾といった祭祀的な遺物の増加がこれまでにも幾度となく指摘されてきた（藤間1951など）。そしてその背景としては（縄文）「時代は後期以降それ自身の生産力の限界によって発展性を失い、停滞的な社会を営んでいた。…（筆者中略）…これにピリオドを打たせたのは、大陸より新たな水稲耕作技術をともなって波及した金属文化であった」（坪井1964など）、といったように停滞的な社会の中で呪術祭祀が発達したことが指摘されてきた。こうした考えは近年にいたるまで縄文時代観の底流として引き継がれているものの、具体的な論証が伴わない（勅使河原2016など）。停滞の論拠として指摘される遺跡数の減少、祭祀的要素の増加という現象について、遺跡群の構造や継続性に注視した場合、これらの解釈は整合的ではない。

　むしろ、後晩期の関東地方において長期的な居住活動が展開された社会の中で、土偶や石棒・耳飾などの祭祀的な遺物が増加している事実を正視し、その要因を解明することは、新たな縄文時代観の構築につながるであろう。一方で一地域の検討から導かれた結論を広域な地域に敷衍するには、標高や内陸や海浜部など、複雑な生態系に適応した縄文人の社会の特質を導きだす場合、妥当ではない。

　本書では、この点を意識し、東北地方から九州地方までの各地域の詳細な動向について各人が論じているので、これらの結果を比較してみる意義は大きい。

我々の取り組むべき課題は、諸説を批判的に検討した結果に導かれた中にある。関東地方を中心として東日本に認められる集落遺跡の継続性の長さとはいったいどのような要因によっているのだろうか。なぜ1000年もの長期間にわたり、居住活動が行われたのか、さらにまた、こうした現象は個々の遺跡のみではなく、一定の地域社会の存在を示す遺跡群において認められる。そのことは、当時の社会全体が長期的な継続性を可能としたシステムによって成り立っていた事実を示唆するであろう。この点で食料獲得や加工・貯蔵の技術の実態解明は経済的側面を描き出す重要な研究である。さらにまた停滞の根拠の1つとして掲げられてきた呪術や祭祀の発達といった文化現象の要因解明も学史的な議論の経過も含めて重要である。

　これらの中で我々はとりわけ生業と社会との関係を多視点的に交差させて評価を行う必要性を主張してきた。なぜならば、これまでに指摘されてきた現象はいずれも相互に関係しており、個々を切り離して評価すべきではないからである。

　このように我々は日本列島内に複数の検討対象地域を設け、個々の事象の量的な側面ではなく、質的な実態の解明に重心を置いた検討を進めた。列島の全体を評価するには、より多くの分析事例の蓄積が必要であるが、それでも広域な範囲での検討によって、縄文社会の地域的多様性や、それが生み出す社会の仕組みについて、その特質を素描することはできたと考えている。

引用・参考文献

阿部芳郎　2014「資源利用からみる縄文社会」『縄文の資源利用と社会』季刊考古学別冊 21、雄山閣

阿部芳郎・米田　穣・尾嵜大真・大森貴之　2016「西ヶ原貝塚出土人骨の同位体比からみた古食性と生業」『北区飛鳥山博物館研究報告』第 18 号

安斎正人　2014『気候変動と縄紋文化の変化』同成社

遠藤邦彦　2017『日本の沖積層』改訂版、富山房インターナショナル

岡本　勇ほか　1975「原始社会の生産と呪術」『岩波講座日本歴史 1　原始および古代 1』岩波書店

工藤雄一郎　2012『旧石器・縄文時代の環境文化史』新泉社

小林謙一　2008「縄文時代の暦年代」『縄文時代の考古学』2、同成社

谷口康浩　2011『縄文時代の社会複雑化と儀礼祭祀』同成社

坪井清足　1964「縄文文化論」『日本歴史』原始および古代、岩波書店

勅使河原彰　2016『縄文時代史』新泉社

樋泉岳二　2012「貝類の流通からみた縄文時代の社会関係」『人類史と時間情報』雄山閣

藤間生大　1951『日本民族の形成―東亜諸民族との連関において』岩波書店

藤森英一　1970『縄文農耕』学生社

渡辺　仁　1990『縄文式階層化社会』六興出版

横山裕典　2009「海水準変動と気候、海進・海退」『縄文時代の考古学』3、同成社

米田　穣　2013「縄文時代の環境変遷と食生活」『環境の日本史』吉川弘文館

米田　穣　2008「同位体分析からみた市川の縄文人の食生活」『市川縄文貝塚データブック』

米田　穣　2016「炭素・窒素同位体でみた縄文時代の食資源利用」『季刊考古学』別冊 21、雄山閣

米田　穣　2019「大木戸遺跡出土後期土器の付着炭化物の同位体分析」『大木戸遺跡』Ⅲ

Bond, G. *et al.*, 1997 A pervasive millennial-scale cycle in North Atlantic Holocene and di mates, *Science* 278

関東地方の後・晩期の生業と社会

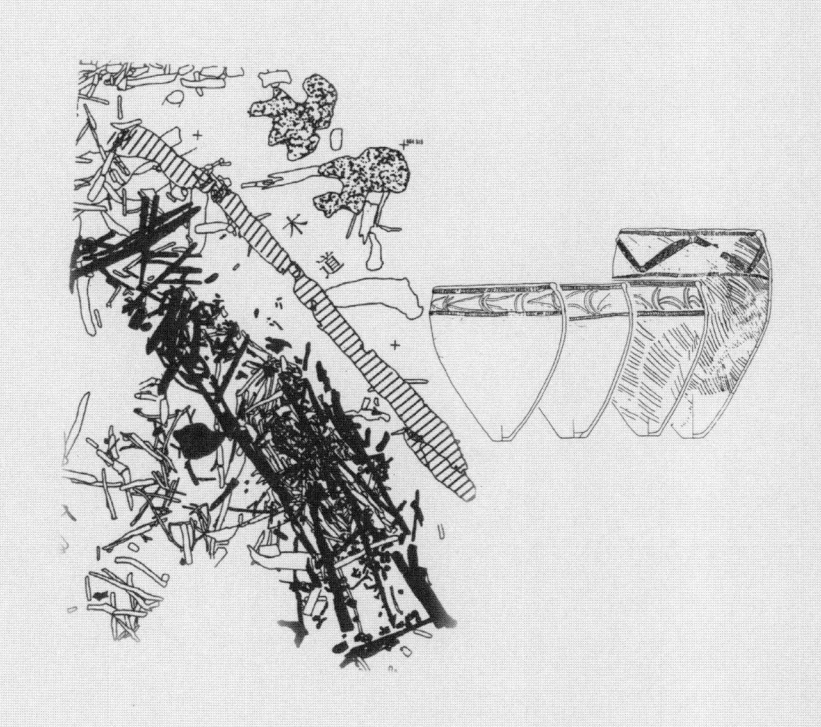

貝塚形成と狩猟活動

樋泉 岳二

はじめに

ここでは関東地方（とくに東京湾沿岸域）の貝塚を中心に、縄文時代中期中葉～晩期における動物資源利用の特質について、自然環境（とくに海水準）の変動との関連を念頭におきながら概観し、この時期における生業・資源利用の多様化と社会の複雑化を示唆する事例を示す。

ただし、これまでの動物遺体の分析は、遺跡・考古年代ごとの資料群を基本的な分析単位としているため、社会構造に関する検討もこの精度での社会集団を対象とした議論にとどまっており、現状ではより高精度（個人レベルなど）での検証は難しい。

1. 関東地方におけるヒプシサーマル期以降の海水準変動

遠藤（2017）はヒプシサーマル期の最高海面期以降、6000～5500、4000～3500、2500～2000 cal BP 頃にそれぞれ 1～2m 程度の段階的な海面低下を経て、2000 cal BP 前後には現海面下までの低下を推定している（図1）。ただし、4400 BP（未較正）頃に現海面付近までの一時的な海面低下を推定する説（松島 2011）や、3000 cal BP 頃に現海面下への急激な海面低下を推定する説（田辺・石原 2013）もあり、ヒプシサーマル期以降の海面低下期の変動曲線については未解明の部分も多い。

2. 縄文中期中葉～晩期における動物資源利用の様相

東京湾岸における貝塚数の変遷および縄文中期～晩期の貝塚分布を図2・

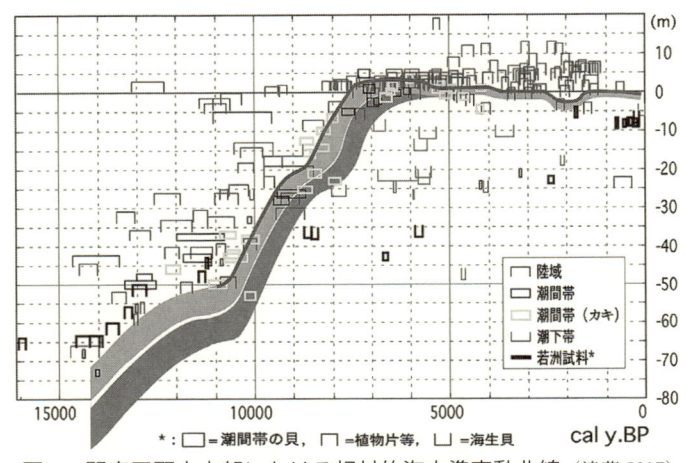

図1　関東平野中央部における相対的海水準変動曲線 （遠藤 2017）

図3に示した。ここでは貝塚の形成状況や動物遺体のデータから推定される中期中葉～晩期の動物資源利用の特色にもとづいて、暫定的に以下のような時期区分を設定した：(1)中期中葉～後葉、(2)中期末～後期初頭、(3)後期前葉～中葉（前半・後半に区分）、(4)後期後葉～晩期。以下、各時期の動物資源利用の特徴について概要を述べる。

（1）縄文中期中葉～後葉
（勝坂／阿玉台～加曽利E式期前半＝5400～4700cal BP）

　東京湾の東西で様相が大きく異なる。東岸（千葉県域）では集落付随型貝塚の増加と大規模化（環状／馬蹄形貝塚の出現）がみられる（表1）。現千葉市域の都川・村田川水系貝塚群では、各貝塚の立地や動物資源利用の均質性が高いことから（西野 2009）、各集落がそれぞれ独自に、比較的自己完結性の高い資源利用を行っていた可能性が強い。これに対して東京湾西岸（武蔵野台地）では、海浜部に巨大な加工場型貝塚である中里貝塚、内陸域に多数の大規模集落遺跡群が形成され、両者の間に広域的な貝類流通システムが成立したと推定されている（保坂編 2000）。

（2）縄文中期末～後期初頭
（加曽利E後半～称名寺式期＝4700～4300cal BP 前後）

　東京湾東岸では大型貝塚が消滅し、小規模貝塚の分散化がみられる（表1）。

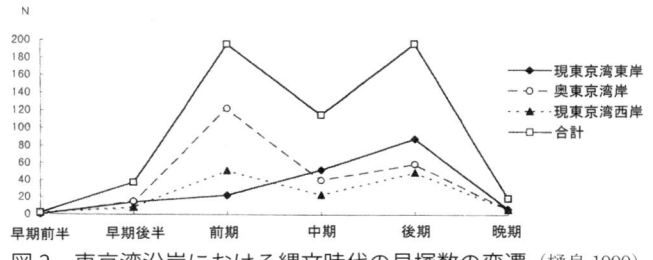

図2　東京湾沿岸における縄文時代の貝塚数の変遷（樋泉 1999）

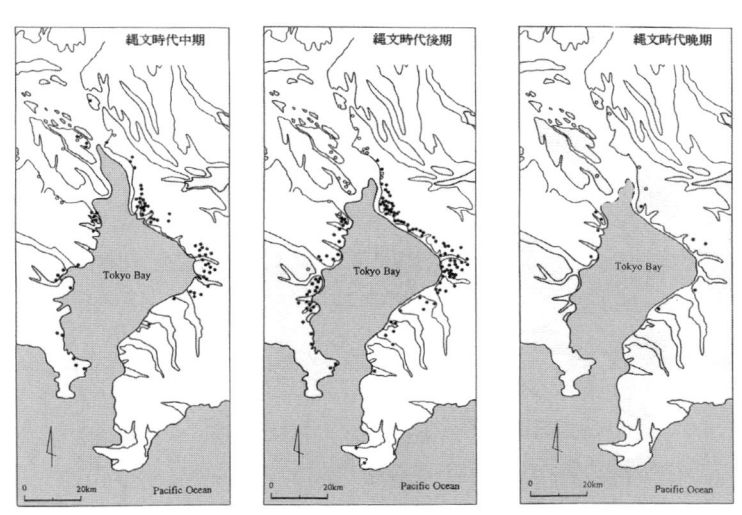

図3　東京湾岸における縄文中期～晩期の海岸線と貝塚分布の変遷（樋泉 1999）

●：海産種主体　○：汽水性種主体

西岸では中里貝塚や内陸の大型集落が衰退し、両者の間の広域的貝類流通システムも消滅する。いっぽう湾口域では、後期初頭に海獣狩猟や外洋漁撈に強い特化傾向を示す遺跡（称名寺貝塚や鉈切洞窟）が突然出現するが、後期前葉には急速に衰退する。

（3）縄文後期前葉～中葉
（堀之内～加曽利B／曽谷式期＝4300～3500 cal BP 前後）

　東京湾東岸では大型貝塚が復活し（表1）、内湾・干潟の魚貝類を対象とする多様な漁撈が発達する。西岸でも居住地付随型の大型貝塚（西ヶ原貝塚など）が出現し、中期にみられた東岸と西岸の差が解消される。貝塚分布も、湾岸全

表1　千葉県内の発掘成果をもとにした縄文時代の様相の変化 （西野 2009）

時期区分		土器型式		大きな変化・画期	遺構の特徴	貝塚形成の特徴	おもな集落
草創期		+	−	住居なし	溝型陥し穴盛行？	なし	−
早期	前葉	a 撚糸文	Ⅰ期	住居ごく少	分水嶺に包含層多い	貝塚の出現もごく少な	西之城貝塚
	中葉	b 沈線文			大須賀川流域に中心	く魚貝類利用低調	城ノ台貝塚
	後葉	条痕文	Ⅱ期	炉穴群多数、住居少数	台地上炉穴群多、住居少。神門に貝層	小規模集落に貝層多数形成。拠点的集落で獣骨・魚骨伴う	飛ノ台貝塚
前期	初頭	a 花積下層	Ⅲ期	堅穴住居一般化、広場集落出現。包含層のみの遺跡多数	特定の集落に集中	ごく一部で形成	新田野貝塚
	前葉	b 関山			奥東京湾沿岸に中心	小規模集落に貝層形成。奥東京湾沿岸と周囲で活発	幸田貝塚
	中葉	c 黒浜					庚塚貝塚
	後葉	d 諸磯・浮島			古鬼怒湾沿岸にも多い		宝導寺台貝塚
	初頭	e 五領ヶ台			集落減少		新田野貝塚
	前葉	阿玉台Ⅰ・Ⅱ			古鬼怒湾沿岸で集落	古鬼怒湾に大規模貝層	白井大宮台
中期	中葉	a 阿玉台Ⅲ・中峠	Ⅳ期	通年定住型・集中居住型集落が長期継続	広場集落に多数の住居と貯蔵穴	大規模貝層＋小貝層多	加曽利貝塚
		b 加曽利EⅠ・Ⅱ					有吉北貝塚
	後葉	a 加曽利EⅢ	Ⅴ期	広場集落消滅。分散居住が一般化	住居分散。古鬼怒湾沿岸は非貝塚集落形成	小規模な集落に貝層形成	新山遺跡群
		加曽利EⅣ			小集落点在、一部後期の広場集落開始		
	初頭	b 称名寺					宮本台貝塚
後期	前葉	a 堀之内	Ⅵ期	通年定住型・集中居住型集落が長期継続	広場集落に馬蹄形貝層、多数の住居	大規模貝層＋小貝層多	加曽利貝塚西広貝塚
	中葉	b 加曽利B1					
	後葉	a 加曽利B2・3	Ⅶ期	広場集落減るが一部が拠点化	土盛りや中央窪みなどの土木工事例。住居は検出しにくい？	大規模貝塚の一部のみ継続。魚貝類利用低調に。獣骨増える	
		b 後期安行					
晩期	前半	c 晩期安行					
	後半	千網・荒海	Ⅷ期	ごく一部で集落群。ほかは包含層のみ	遺構検出例ごく少ない	古鬼怒湾にヤマトシジミの大規模貝層形成	荒海貝塚

域にわたって広く均質な分布がみられるようになる（図3）。また、この時期には湾岸全体において加曽利B式期を境として前半と後半で様相に変化が認められる点が特徴である。

　地域ごとの様相について詳しくみると、東岸では前半の堀之内1式期に多数の大型貝塚が一斉に成立するが、貝塚の立地には海岸部や内陸域に偏ったものなど多様性がみられるようになるとともに資源利用の面でも魚類利用やハマグリの採集季節、生産用具の組成などに遺跡間の差異が明確となることから、これらが連動した現象であることが示唆される。こうした複雑な状況を説明するための集落間関係モデルとして、筆者は加曽利南貝塚のような大規模中核集落と周囲を取り巻く中小規模の衛生集落によるネットワークを想定し、ネットワークに所属するメンバーの一部が季節ごとの生業状況に応じて集落間を移動する柔軟な居住─生業システムを示したが（樋泉2013、図4）、その正否は

さておき、当該時期において資源利用にかかわる集落間の相互補完的関係性が強まった可能性は高いとみてよいだろう。いっぽう加曽利B式期後半になると貝塚形成は衰退（減少・小規模化）し始め、以後一部の大型貝塚のみが貝層規模を縮小させながら継続・拠点化していくとともに、狩猟への傾倒を次第に強めていく（表1）。

印旛沼周辺域では、堀之内式期には貝塚形成がみられないが、加曽利B式期（とくにその後半）になるとヤマトシジミ主体の貝塚が激増するとともに、東京湾岸域との間に海産貝類の流通網が成立する（図5）。両地域の中間点に位置する八木原貝塚では東京湾産の貝を主体とする大規模な貝層がみられることから、こう

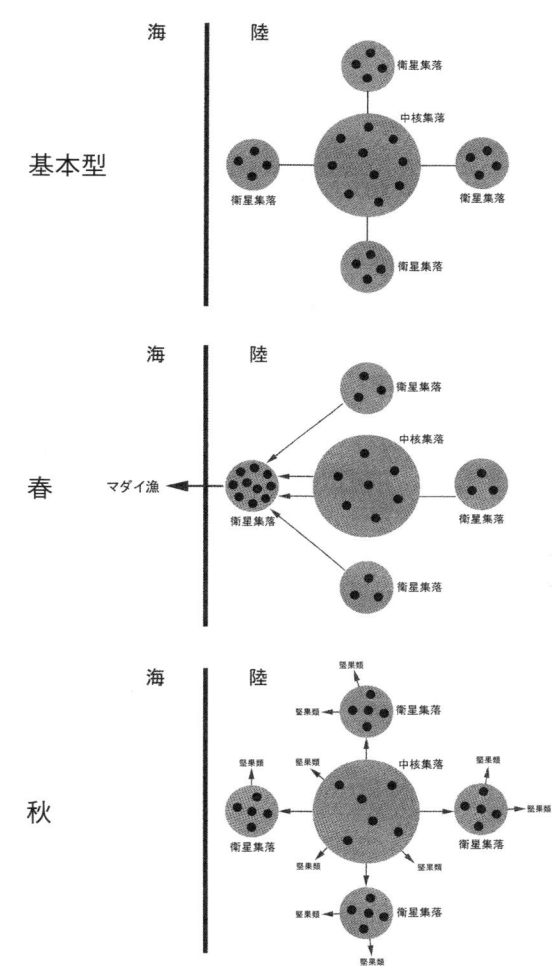

図4　季節性からみた都川─村田川水系の貝塚（集落）間関係を示すモデル（樋泉2013）

した流通網の中継地と推定されており、とくに加曽利B3式期後半に流通する貝の種類や季節性の集約化傾向が認められる（樋泉2012、坂本2017）。東京湾の貝の出荷元のひとつと推定される園生貝塚でも、加曽利B式期以降に主要流通種であるオキアサリ採集への特化傾向が認められる（田中・樋泉2010）。

東京湾西岸でも加曽利B式期の中頃を境として漁撈と狩猟の様相に大きな変

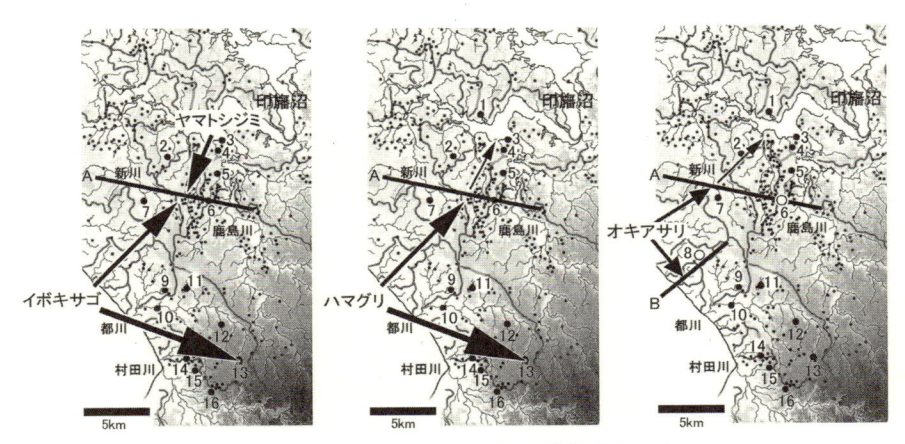

**図5　東京湾岸〜印旛沼周辺の縄文後期貝塚における
貝類の分布・流通状況を示す模式図**（樋泉2014）

1：石神台　2：井野長割　3：遠部台　4：曲輪ノ内　5：吉見台　6：八木原
7：内野第1　8：園生　9：台門　10：矢作　11：加曽利南　12：多部田
13：誉田高田　14：木戸作　15：六通　16：大膳野南

化がみられる。すなわち、前半の堀之内式〜加曽利B1式期には、漁撈（とく
にアジ類などを主対象とする小型魚漁）がきわめて活発であるのに対して、加
曽利B式期後半（少なくとも加曽利B3式期以降）になると小型魚漁が急激に衰
退する一方、シカ・イノシシを主対象とする狩猟が活発化する（樋泉2014）。
こうした変化は自然環境の変化が原因とは考えにくいことから、社会内部の変
化に原因がある可能性が強い。

（4）縄文後期後葉〜弥生初頭
（安行〜荒海式期＝3500〜2500 cal BP 前後）

　東京湾岸・印旛沼周辺を含む関東全域にわたって貝塚の急激な衰退がみら
れ（図2）、晩期後半には印旛沼周辺を除き貝塚が消滅する。なお、この時期に
は貝塚以外の遺跡も激減しており、晩期後半には人間活動の痕跡が希薄とな
る。ただし印旛沼周辺は、関東で唯一晩期後葉〜弥生初頭（千網式〜荒海式期）
まで貝塚形成が継続する地域であり、荒海貝塚や台方花輪貝塚などではこの
時期の比較的大規模な貝層が確認されている。

　いっぽう、狩猟は著しく活発化し、シカ・イノシシを主とする獣骨の集中的
な出土状況（いわゆる「骨塚」）がみられるようになる。なお、狩猟の活発化は

関東の縄文晩期遺跡に普遍的にみられるパターンであり、特定の遺跡だけが狩猟に特化するわけではないので、この現象を「専業化」としてとらえることはできない。ただし狩猟具である石鏃を多数出土する遺跡（西広貝塚など）とほとんど出土しない遺跡（台方花輪貝塚など）がみられることから、必ずしもこの時期の集落がすべて均質な狩猟活動を行っていたとは限らず、集落間である程度相互補完的な関係性が存在した可能性も考えられる。

3. 台方花輪貝塚から出土した動物遺体の概要と狩猟の特徴

　印旛沼北部沿岸に位置する台方花輪貝塚は関東では数少ない縄文晩期後半〜弥生初頭の貝塚のひとつである。また本遺跡では上記のような獣骨の集中的な出土状況が典型的に認められ、またそうした様相が遅くとも縄文晩期中葉（前浦式期）には成立し、弥生時代初頭（荒海式期）まで継続していることが確認されている。以下では縄文晩期の動物資源利用の様相を示す一例として、本遺跡における動物遺体の内容と特徴（樋泉 2010）について概要を述べる。

　貝類はヤマトシジミが圧倒的多数を占める。その他の貝については、ムラサキガイ、ハマグリ、オキアサリ、シオフキなどがわずかに確認されたにとどまる。魚類については、発掘現場で採集された大型魚骨ではクロダイ属、スズキ属など、貝層サンプル検出の小型魚骨ではコイ、ボラ科、エイ類などが確認されているが、出土量はきわめて少ない。なお、小型魚骨については、印旛沼周辺の縄文後期〜晩期前葉の貝塚ではウナギ属とハゼ科が多産するのに対して、本貝塚や同時代の荒海川表貝塚（山田 2001）ではコイが主体となる点で大きな変化が認められる。

　獣骨の出土量は著しく多く、そのほとんどがイノシシとシカの骨で占められている。そのほかでは鳥類、小型獣（イヌ、オオカミ、ニホンザル、アナグマ）、クジラ類などが確認されているが、出土量はきわめて少ない。こうした様相は晩期中葉から弥生時代初頭まで大きな変化を示すことなく継続している。なお、こうしたイノシシ・シカの集中的出土は関東の晩期遺跡に広くみられるパターンだが、両種の比率をみると、本遺跡の近隣に位置する荒海川表貝塚ではシカが卓越する傾向にあるのに対して、台方花輪貝塚では両者がおおむね等量であり、やや傾向が異なるように思われる。

イノシシ・シカの部位組成についてみると、全体を通じてシカでは頭蓋以外の部位（おもに四肢骨）が多いのに対して、イノシシでは頭蓋骨（おもに顎骨・歯）の占める比率が相対的に高い傾向を示した。とくに一部の調査区では保存状態の良いイノシシ下顎骨がまとまって出土する状況が確認されており、意図的な選択がなされていた可能性が考慮される。ただし、この点を除けばとくに偏った部位組成を示す出土状況は確認されていない。またイノシシ・シカの骨には打ち割られたと考えられるものが普通にみられた。これは骨髄食が行われたことを示す証拠と考えられることから、出土したシカ・イノシシは基本的には食用とされたものと推定される。

　ただし、台地下のⅣd層やⅦ層などでは獣骨・土器の集中的な廃棄状況が確認されており、台地上 TP1 でも獣骨・土器が数枚の集中面を成して堆積している可能性がある。このことから、獣骨・土器の廃棄がランダムではなく、ある程度の周期性をもって集中的に行われていた可能性があり、日常的な廃棄行為とは別の意図が関与している可能性も考えられる。

　以上に基づき台方花輪貝塚にみられる縄文晩期の動物資源利用の特徴について以下にまとめる。

　本遺跡における動物資源利用はヤマトシジミ採集とイノシシ・シカ猟に集中しており、ほかの動物資源利用はきわめて低調であったと推定される。シカ・イノシシの出土量はきわめて多く、密集した「骨塚」的な出土状況が確認された。これは関東の縄文晩期遺跡に一般的にみられるパターンであるが、本遺跡ではこうした様相が縄文時代晩期中葉から弥生時代初頭まで継続している点で注目される。イノシシとシカの比率は、シカがやや多いものの両者の差はそれほど顕著ではない。この点でシカの卓越傾向が明確な荒海川表遺跡とは傾向が異なっている可能性が強く、遺跡の性格を考える上で注意を要する。

　出土したシカ・イノシシ遺体は、基本的には食料として利用されたものの残滓であると推測される。ただし、部位組成においてイノシシの顎・歯が目立つ点については意図的な選択の可能性も含め検討を要する。また獣骨の廃棄パターンが貝とは異なっており、周期的・集中的に行われていた可能性があることから、日常的な残滓廃棄とは別の要因が関与している可能性も考慮する必要がある。

4. 縄文後晩期の動物資源利用をめぐる諸問題

　縄文後期後半〜晩期における遺跡数の減少は一般的に「文化・社会の衰退」と解釈されており、その原因として気候の寒冷化が指摘されている。本当にそうなのだろうか。これまでの検討を踏まえ、この問題について考察する。

（1）遺跡出土の魚貝類遺体から縄文後晩期の寒冷化は認められるか

　縄文後晩期の社会変動と気候変動の関係に関する従来の研究は、たとえば海面低下（図1）など寒冷化を示唆する（と考えられている）証拠と、考古学的に観察される遺跡の減少・小規模化の同期性（＝状況証拠）を根拠として、両者の関連性を間接的に推測する手法がとられているように思われる。そして、その背後には「寒冷化→資源生産力の低下→社会の衰退」という図式があるようにみえる。

　しかし社会変動と気候変動の因果関係を明らかにするためには、日本列島において縄文後晩期の寒冷化は本当にあったのか、あったとすれば、それはどのような形で現れ、またそれは本当に資源生産力の低下を招いたのか、さらに、それらは当時の人びとの資源利用システムとの関係性の中でどのような影響を与えたのか（あるいは与えなかったのか）を具体的に検証する必要がある。また寒冷化の与える影響は地域（緯度・標高、その他の諸条件）によっても異なるはずであり、検証も地域ごとに行う必要がある。

　そこで、ここでは関東の遺跡産魚貝類から「寒冷化」（海水温の低下）の影響が認められるかについて検討する。寒冷化の指標種としては、関東が分布限界（温暖種では北限、寒冷種では南限）付近に相当する種が有効であると考えられる。

　まず温暖種について、松島（1984）による貝類の分布変遷をみると（図6）、熱帯種とされる貝類（タイワンシラトリなど）がヒプシサーマル期に関東まで分布を北上させるが、縄文後期〜弥生時代には関東から消滅しており、寒冷化の影響と推定されている。ただし、これら熱帯種の関東での生息域は南房総・三浦半島など南部沿岸に限られており、東京湾内での生息は確認されておらず、貝塚からの出土もほとんどみられないことから、食料資源としての影響はほぼなかったとみてよい。いっぽう貝塚からの出土量が多く食料資源として重要であったと考えられる亜熱帯種のハイガイは、東京湾における絶滅年代は

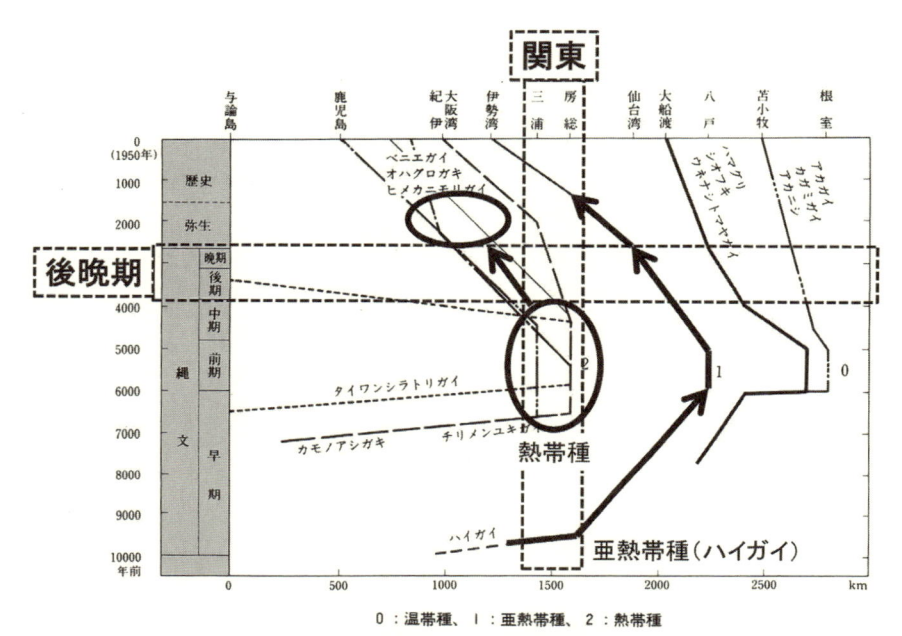

図 6　日本列島太平洋岸における完新世の貝類温暖種の分布変遷（松島 1984 に加筆）

1500〜1300 年前（松島 1984）とされており、湾岸の後晩期貝塚でも出土していることから、寒冷化の影響はそれほど大きくなかったと推定される。

　寒冷種については、魚類では銚子付近を現在の南限とし、資源的にも重要なニシン・サケ類（サクラマス・サケ）がよい指標になると考えられるが、筆者の知る限り利根川水系の遺跡を含め関東の後晩期遺跡での確認例はない。貝類についても寒冷種の南関東〜東京湾への進入は認められない。

　要するに、遺跡産の魚貝類からみる限り、関東ではヒプシサーマル期〜縄文晩期を通じて寒冷化（水温低下）に起因すると思われるような変化はほとんど認められない。以上をまとめると、縄文後晩期には関東南部沿岸で若干の水温低下が生じたと推定されるものの、漁労活動に影響を与えるほどの寒冷化を読み取ることは今のところ困難である。したがって、少なくとも関東の水産資源に関する限り、「寒冷化→資源生産力の低下」という図式は当てはまらないといえる。

　関東は緯度的には温帯域の中ほどに位置するため、多少の気候変動によって

温帯域の範囲が移動したとしても、その影響は小さかったと思われる。 また、もし寒冷地ほど資源生産力が低いとすれば、北方ほど社会は「衰退」するはずだが、実際にはそうではないことは明らかである。このことからみても、寒冷化（温度環境）と社会の変動を直接結びつけて考える図式は単純に過ぎると言わざるを得ない。

（2）縄文晩期における人口の減少は文化・社会の「衰退」か

最後に触れておきたいのは「人口の減少は本当に文化や社会の「衰退」なのか」という点である。縄文晩期には遺跡数が激減することから、急激な人口減少が生じたことは間違いないだろう。この時期には、すでに述べたとおり、貝塚形成や漁撈が著しく低調となり、かわって狩猟が活発化する。縄文晩期の生業・資源利用の構成や食料資源の内容についてはなお不明な点が多いが、食料資源中に占めるイノシシ・シカの比重が増加したことは確かと思われる。

ここで資源量の観点からみれば、シカ・イノシシの資源量が植物資源や水産資源よりもはるかに少ないことは明らかであるから、もし縄文晩期の人びとが狩猟中心・肉食重視の戦略を選択したのであれば、社会を安定して持続させるためには人口をシカ・イノシシの資源量で維持できるレベルに抑制することこそが必須要件であり、人口の増加はむしろ資源の枯渇と食料不足を招く危険な状況でしかない。要するに「肉食動物は数が少ない」というのと同じことで、社会や文化の「繁栄」・「衰退」とは別次元の問題である。

仮にタイムマシンで台方花輪ムラを訪れて、住民に「君たちは衰退しているぞ！」と言ったら、彼らは怒るだろう、と私は思う。関東の晩期縄文人は、寒冷化と資源不足にあえぎ、儀礼を盛んに行って神に救いを求める人々だったのか、人口は少なくても誇りに満ちた狩人たちだったのか。改めて考えてみる必要があるだろう。

引用・参考文献

遠藤邦彦　2017『日本の沖積層―未来と過去を結ぶ最新の地層―改訂版』冨山房インターナショナル

坂本　匠　2017「季節性からみる縄文時代後期の水産資源利用―八木原貝塚における貝殻成長線分析―」『駿台史学』160、pp.31-54

田中英世・樋泉岳二　2010『千葉市園生貝塚』千葉市教育委員会・財団法人千葉

　　市教育振興財団

田辺　晋・石原与四郎　2013「東京低地と中川低地における沖積層最上部陸成層
　　の発達様式：“弥生の小海退”への応答」『地学雑誌』119、pp.350-367

樋泉岳二　1999「東京湾地域における完新世の海洋環境変遷と縄文貝塚形成史」『国
　　立歴史民俗博物館研究報告』81、pp.289-310

樋泉岳二　2010「台方花輪貝塚第1次・第2次調査で出土した動物遺体の概要」
　　『台方花輪貝塚発掘調査概報―印旛沼東岸地域における縄文時代終末～弥生時
　　代初頭貝塚の研究』明治大学古文化財研究所

樋泉岳二　2012「貝類の流通からみた縄文時代の社会関係―オキアサリの成長線
　　分析の試み―」『人類史と時間情報―「過去」の形成過程と先史考古学―』雄
　　山閣

樋泉岳二　2013「動物資源利用からみた縄文後期における東京湾東岸の地域社会」
　　『動物考古学』30、pp.3-18

樋泉岳二　2014「海洋資源の利用と縄文文化―縄文後期東京湾岸・印旛沼周辺貝
　　塚の魚貝類利用にみる資源認識の多様性―」『季刊考古学別冊』21、pp.133-
　　140

西野雅人　2009「大型貝塚形成の背景をさぐる」『東京湾　巨大貝塚の時代と社会』
　　雄山閣

保坂太一編　2000『中里貝塚』東京都北区教育委員会

松島義章　1984「日本列島における後氷期の浅海性貝類群集―特に環境変遷に伴
　　うその時間的・空間的変遷―」神奈川県立博物館研究報告（自然科学）15

松島義章　2011「東京湾西岸、平潟湾における縄文海進と遺跡の立地」『環境史と
　　人類』4、pp.227-263

山田敏史　2001「コラムサンプルと動物遺存体の分析」『成田市荒海川表遺跡発掘
　　調査報告書（第2分冊）』千葉県

植物資源利用から見た
関東地方の縄文時代後・晩期の生業

佐々木由香・能城修一

はじめに

　縄文時代の人々は、土器を製作し、竪穴住居を構築するが、農耕をしない人々として、世界の新石器時代のなかで位置づけられている。そのため、縄文時代の人々の生活は裕福な狩猟採集民として描かれてきており（Habu 2004、DK 2016）、その生業は狩猟採集民の視点と農耕民の視点の両面から様々に論じられてきた（Matsui and Kanehara 2006、Crawford 2008、小畑 2016、Morgan *et al.* 2017）。縄文時代の遺跡から出土する動物と植物の遺体は、人々が草創期から早期においてもすでに優れた狩猟採集民であったと示している（例えば、酒詰 1961、樋泉 2006）。縄文時代の植物遺体を総覧した近年の総説によると、本州東半部を中心とする集落の周辺の人々は、有用な植物資源を管理して利用していた（Noshiro and Sasaki 2013、能城・佐々木 2014）。Gary Crawford（2008）は、北海道における自身の研究とアイヌの生業研究を総括して、縄文時代の生業を狩猟採集民と集約的な農耕民の中間と位置づけて、Bruce D. Smith（2001）が提示した「低レベル食料生産システム」と関連づけた。西田正規は、縄文時代の集落周辺での植物資源利用を現代の農村での植物資源利用と比較して、植物資源の管理と利用は様々なレベルで行われていて、概念的にみると縄文時代でも現代でもほぼ集落を中心とする同心円をなすと提示した（西田 1981、Nishida 1983）。Crawford は亀田半島での雑草群集の解析（Crawford 1983）から、植物の栽培化と栽培が日本列島の東北部では縄文時代後期の終末までには起こっており、周辺の環境に対して人の居住が与える影響がその下地となったと提唱した（Crawford 1997）。Crawford（2011）は縄文時代の遺跡で、ヒエ属やアサ、

ヒョウタン、ゴボウ、ダイズ属、ササゲ属アズキ亜属、ウルシといった栽培種や栽培の可能性の高い種が出土することから、縄文時代の人々は食料だけでなく、ほかの有用資源も生産しており、「資源生産」という用語のほうが、「低レベル食料生産」よりも、縄文時代の生業をより的確に表現するとした。このように、植物資源利用から見て縄文時代の人々の生業は「狩猟採集民と農耕民の中間」に位置づけられ、生業システムの進化という点で貴重な研究課題である。

　本州の中央部から東北部では、縄文時代前期には植物資源の管理と利用が開始され、晩期まで継続的に行われた（Noshiro and Sasaki 2013、能城・佐々木2014）。その中で、クリとウルシの管理と利用はもっとも明瞭に把握されており、縄文時代の終末まで継続した（Noshiro 2016）。縄文時代中期から後期には、花粉分析によって、トチノキがクリを凌駕する様相がいくつかの遺跡で把握され、この時期における気候の寒冷化によってクリ林がトチノキ林に置き換わって植物利用も変化したという考えが提示された（Kitagawa and Yasuda 2004、吉川 2008）。羽生（2015）は、青森県三内丸山遺跡では、この寒冷化が人口の減少をもたらし、植物資源への依存も低下し、生態システムの解体期にあたるとした。しかし例えば東京都下宅部遺跡では、縄文時代中期から後期にかけて大型植物遺体や木材遺体の組成には寒冷化による変化は認められず、縄文時代後・晩期になってトチノキの利用がクリの利用に重複して行われるようになる（佐々木ほか2007）。トチノキの種子はタンニンのほかにサポニンを含んでおり、食料とするまえに複雑なアク抜きを必要とする（松山1982、口蔵1996）。トチノキの種子自体は、縄文時代中期後半から利用されており、東北地方では簡素な水場遺構も伴うが（國木田ほか2008）、後・晩期になって、本格的なアク抜き技術が確立された。同時に、後・晩期の人々は低地に加工施設である水場遺構を構築して、トチノキやほかの種実のアク抜きや、繊維性素材の加工、木材の加工といった、様々なかたちで水を利用するようになる（佐々木2007、Noshiro and Sasaki 2013、能城・佐々木2014）。そこで、縄文時代の中期から後期にかけての植物利用の変化を詳細に検討するため、関東地方の4遺跡において植物遺体の組成を総覧し、縄文時代中期から後期におこった環境変遷が植生や植物資源利用におよぼした影響を検討する。

1. 関東地方の環境変動と検討する縄文時代中期〜晩期の遺跡

　工藤（2012）は海洋同位体ステージの MS1 から後氷期にかけて日本列島とその周辺でおこった環境変化のイベントと対比して、関東地方における環境変遷には5つのステージ（PG Warm-1、PG Warm-2、PG Cold-1、PG Cold-2、and PG Cold-3）があったとした（図1）。本稿では工藤の区分にもとづいて、縄文時代前期から晩期にかけての、環境と植生、植物利用を検討する。

　最初のステージ PG Warm-1 は、後氷期初頭の約11500cal BP から約8400cal BP の縄文時代早期の表裏縄文〜野島式併行期で、急激な温暖化にともなって、コナラ属コナラ亜属の落葉広葉樹林が拡大し、この時期の後半にはクリも主要な落葉広葉樹林の要素の一つとなった時期である。

　完新世の気候最温暖期に相当する PG Warm-2 は、約8400cal BP から約5900cal BP の縄文時代早期の鵜ヶ島台式〜前期の諸磯b式併行期で、縄文海進と呼ばれているように海水準が後氷期でもっとも高くなり、コナラ属アカガシ亜属が優占する照葉樹林が関東地方南部や東京湾岸に広がった時期である。それ以外の地域では、コナラ属コナラ亜属の落葉広葉樹林が存続した。

　縄文海進後に海水準が低下した PG Cold-1 は、約5900cal BP から約4400cal BP の縄文時代前期の諸磯c式〜中期の加曽利E4式併行期で、クリが台地上で優占するようになり、谷にはハンノキの低地林が拡大し、その縁辺にトチノキ林が散在するようになる時期である。

　短期間の寒冷化ではじまる PG Cold-2 は、約4400cal BP から約2800cal BP の縄文時代後期の称名寺1式〜晩期の安行3d式併行期で、ヤチダモとハンノキの低地林が谷に広がり、縁辺にトチノキ林が散在し、台地上や台地斜面の集落周辺には、コナラ属コナラ節の落葉広葉樹林を背景としてクリ林が存在する時期である。

　PG Cold-3 は約2800cal BP の寒冷化で始まるが、植生への影響はあまり明瞭ではない。植生が大きく変わるのは、約2200[14]C BP ごろの弥生時代の小海退に伴う時期で、低地林はスゲ属の優占する草本湿原に置き換わり、照葉樹林が内陸の台地上にも広がっていく。

　縄文時代中期から後期において、こうした環境変遷が植生と植物資源利用に

(cal BP)	Bond et al. 1997 Bond event	Wang et al. 2005 AM event	東郷池 福澤ほか 1999 海水準下降event	関東平野 植生変遷 吉川 1999a	関東平野 海水準変動 遠藤・小杉 1990	古流山湾周辺域 環境変遷 遠藤ほか 1989	赤山陣屋跡遺跡 植生変遷 辻 1989	段階設定 工藤 2012
1,000	**Event 1** 1,400 cal BP (1,600 BP)	1,600 ²³⁰Th BP			小海進			
2,000			顕著	HE5 (ca. 2,200 BP)	(ca. 1,800 BP)	海水準の低下 スギ属を代表とする針葉樹の拡大 気候の冷涼化・湿潤化	V・VI期 (ca. 2,200 BP) IV期	PG Cold-3 (ca. 2,800 cal BP)
3,000	**Event 2** 2,800 cal BP (2,700 BP)	2,700 ²³⁰Th BP		海水準の低下により浅谷が形成 南関東を中心にスギ林が拡大 各地でクリ林が拡大 照葉樹林が拡大	浅谷の形成 小海退 (ca. 3,000 BP)		谷内での浅い浸食谷の形成 ヤチダモ・ハンノキ湿地林の形成 トチノキ・カエデ属の拡大 スギやアカガシ亜属の急速な拡大	PG Cold-2
4,000	**Event 3** 4,300 cal BP (4,000 BP)	4,400 ²³⁰Th BP	顕著	HE4 (ca. 4,000 BP) 海水準の上昇、安定から低下に転じる時期 各地でクリ林が優勢に	(ca. 3,500 BP) 海水準 は+1.5〜+1m付近に停滞	(ca. 3,500 BP) 海水準の安定 アカガシ亜属主体の照葉樹林が分布拡大 ハンノキ湿地林の成立	(ca. 4,000 BP) III期 海水準の停滞もしくは低下 ハンノキ湿地林の拡大・クリ属-シイノキ属花粉の多産	(ca. 4,400 cal BP) PG Cold-1
5,000	**Event 4** 5,900 cal BP (5,200 BP)	5,500 ²³⁰Th BP		HE3 (ca. 5,000 BP) 海水準の一時的停滞から再び急上昇した時期 関東南部や奥東京湾周辺地域で照葉樹林が拡大	小海退の開始 (ca. 5,300 BP) (ca. 5,500 BP)	(ca. 4,500 BP) 海水準の低下 コナラ亜属などの落葉広葉樹主体の森林にアカガシ亜属も存在 (ca. 5,300 BP)	(ca. 5,300 BP)	(ca. 5,900 cal BP)
6,000		6,300 ²³⁰Th BP					II期	PG Warm-2
7,000		7,200 ²³⁰Th BP			海進最盛期の最高海水準+2.5〜+2mで安定 (ca. 6,500 BP)	海水準の高位安定 (ca. 6,500 BP) 急速な海水準の上昇 コナラ亜属を主とする落葉広葉樹林	海進期 I期とほぼ同様 (ca. 6,500 BP) I期	
8,000	**Event 5** 8,200 cal BP (7,400 BP)	8,300 ²³⁰Th BP	顕著	HE2 (ca. 7,500 BP) 海水準の一時的停滞ないし小海退 (ca. 8,000 BP)	(ca. 7,500 BP)	(ca. 7,500 BP)	海進期 コナラ・アサダ・ムクノキ・エノキを中心とする暖温帯落葉広葉樹林 (ca. 8,000 BP)	(ca. 8,400 cal BP)
9,000	**Event 6** 9,500 cal BP (8,600 BP)							
10,000	**Event 7** 10,300 cal BP (9,100 BP)	記載なし	記載なし	海水準の一時的停滞から急上昇した時期 クリが主要な森林構成要素となる	(ca. 9,000 BP) 海水準は-35〜-40m付近で停滞	記載なし	記載なし	PG Warm-1
11,000	**Event 8** 11,100 cal BP (9,800 BP)							(ca. 11,500 cal BP)
12,000				HE1				

図1　環境変遷イベント（工藤 2012）

　関東平野の古環境変遷は ¹⁴C 年代で区切られたものであるため、これらをおおよその較正年代に変換して、Bond et al.（1997）の年代や東郷池の年縞堆積物の年代と比較した。ドンゲ洞窟の石筍はウラニ−トリウム年代。アジアモンスーンが弱まる 8 つのイベントのうち 7 つのピークの年代を示している。

どのように影響を及ぼしたかを検討するため、下記の3つの仮説を提示して検討する。

1. 最初に検討するのは、約4400 cal BPの縄文時代後期初頭の称名寺1式期頃に寒冷化によって植生が変化し、この結果、植物利用がクリからトチノキに置きかわった可能性である。Kitagawa and Yasuda（2004）は青森県三内丸山遺跡と亀ヶ岡遺跡の花粉分析結果から、この時期の寒冷化によって北限の生育地のクリ林が減少したため、縄文時代の人々は複雑なアク抜きを必要とするトチノキを利用するようになったとした。本稿では、約4400 cal BPの寒冷化が地形環境と植生にあたえた影響を検討し、人々の植物利用への影響も検討する。

2. つぎに検討するのは、花粉化石から想定されるトチノキ林の拡大が、寒冷化ではなく、人為によって起こった可能性である。吉川（2008）は縄文時代中期から後期の花粉分析結果を複数の遺跡で検討し、クリ林は寒冷化の影響を受けておらず、トチノキ林が低地で増大したとした。遺跡の周辺でトチノキ花粉が明瞭に増大しているため、縄文時代の人々がトチノキ林を集落の周辺に増やしたと提唱した。

3. 最後に検討するのは、地形環境の変化がトチノキ林の成立を促した可能性である。辻（1989）は、PG Cold-1における小海退の後、低地にハンノキの低地林が縄文時代中期に形成されるようになり、それが後・晩期になってヤチダモ・ハンノキ低地林に発展し、低地の周縁はトチノキやカエデ属が生育していたと提示した。

以上の仮説にもとづいて、関東地方における縄文時代の中期から後期にかけての植物資源利用の変化について検討する。

2. 関東地方の4遺跡における縄文時代の植物遺体

縄文時代前期から晩期にかけてのほぼ連続した植物遺体が得られていて、年代測定も十分行われている遺跡として、東京都下宅部遺跡（下宅部遺跡調査団編2006a・b、工藤ほか2007）と、千葉県道免き谷津遺跡（千葉県教育振興財団編2014）、埼玉県赤山陣屋跡遺跡（川口市遺跡調査会編1987、辻1989）、埼玉県南鴻沼遺跡（さいたま市遺跡調査会編2015）を選んで検討する（図2）。武蔵野

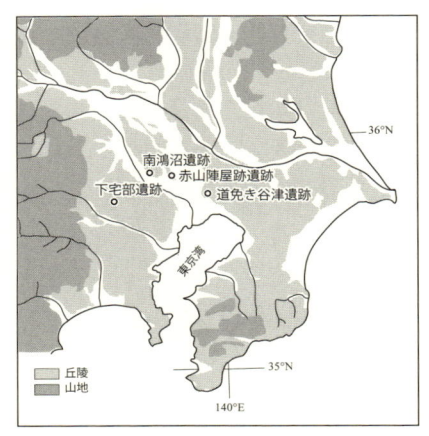

図2 検討した関東地方の遺跡の位置（Sasaki and Noshiro 2018 を改変）

台地の中央にある狭山丘陵に立地する下宅部遺跡を除いて、ほかの3遺跡は東京低地に面する台地の縁に立地する。この4遺跡では、花粉化石と大型植物遺体、木材遺体の分析などが行われている。

（1）東京都東村山市下宅部遺跡

下宅部遺跡は約 5300 cal BP の縄文時代中期中葉から約 2800 cal BP の晩期中葉まで継続する（下宅部遺跡調査団編 2006a・b、工藤ほか 2007）。集落は不明であるが、様々な遺構が河道内を中心とする低地から見つかっており、縄文時代中期後半ではクルミ塚が、後期ではトチ塚や水場遺構、杭列、編組製品、漆器などが、晩期前半では水場遺構や木道などが見つかっている。花粉化石は吉川・工藤（2014）で、木材や大型植物遺体の利用は能城・佐々木（2007）と佐々木ほか（2007）で解析されている。下宅部遺跡における樹木資源の管理と利用の特徴は、狭山丘陵の北部に位置する埼玉県お伊勢山遺跡の自然木と対比して議論されている（Noshiro *et al.* 2009）。

下宅部遺跡の花粉分析結果によると、縄文時代中期後半から晩期前半まで、コナラ属コナラ節が優占する落葉広葉樹林が、ほかの落葉広葉樹やコナラ属アカガシ亜属をともなって、台地上から丘陵に優占し、川縁にはクルミ属やトネリコ属が生育していた（図3、吉川・工藤 2014）。クリ林はこの時期を通じて維持されていたが、クリ花粉の狭い散布特性から考えて（吉川 2011）、クリ林の位置は川縁から台地上の丘陵よりと変化した。トチノキ花粉の存在は縄文時代中期では不明瞭であるが、後期には確認でき、晩期まで生育していた。

木材遺体でも同様の植生が認められ、お伊勢山遺跡の自然木との対比から、下宅部遺跡の人々によるウルシ林とクリ林の管理と利用、二次林からの薪炭材や構造材の採取、天然林における道具用材や構造材の取得といった様々なレベルの植物資源利用が示された（図4、Noshiro *et al.* 2009）。川縁の要素であ

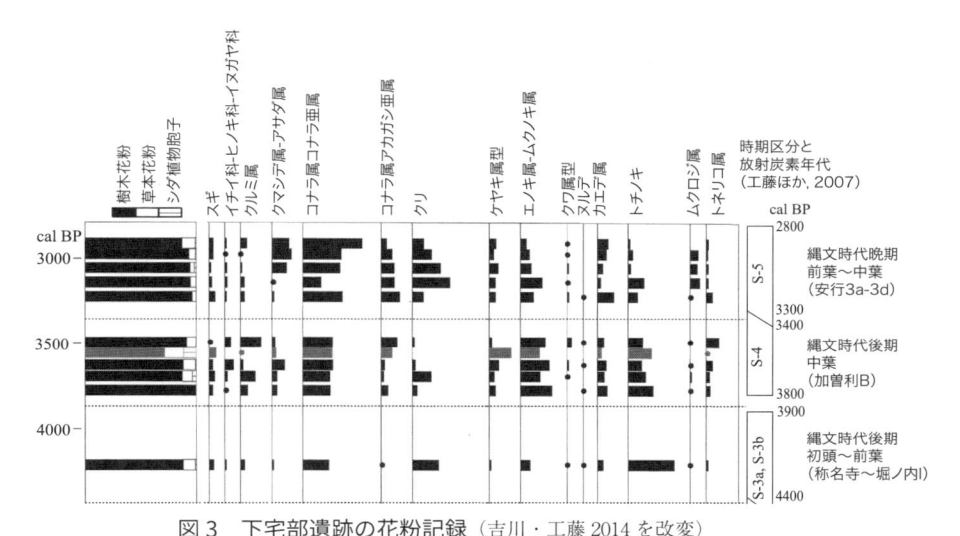

図3　下宅部遺跡の花粉記録（吉川・工藤 2014 を改変）

灰色のバーはほとんど花粉が含まれない層準で、樹木花粉は 111 粒子しかカウントできなかった。時期区分は工藤ほか（2007）による。下宅部遺跡ではトチノキが縄文時代後・晩期に川縁に生育していた。

るトチノキやトネリコ属は縄文時代後期前葉から利用されたが、エノキ属やケヤキと同様に少ししか使われていなかった。

　種実の利用は、縄文時代中期後半におけるオニグルミの重用から後・晩期におけるトチノキ、コナラ属クヌギ節、クリの重用に変化した（図5、佐々木ほか2007）。しかし、オニグルミとトチノキの利用は、いずれも塚の存在によって実際の利用よりも誇張されている。いずれも川縁に生育する樹種で、とくにトチノキは水でのアク抜きが必要なため、両者とも水辺で処理されて、低地の堆積物中に塚をなしたと想定される。台地よりに生育するコナラ属クヌギ節やクリは台地上で処理されたために、低地の堆積物中には保存されにくかったと推定される。縄文時代後期中葉以降には、トチノキに加えてコナラ属アカガシ亜属の果実が利用されるようになり、植物利用は重層化した（佐々木ほか2007）。草本植物では、鱗茎類や、ダイズ属、ササゲ属アズキ亜属、エゴマ、ヒョウタン仲間が縄文時代中期中葉から利用され、アサが後期に加わった。ニワトコやクワ属などの漿果も後・晩期には利用されていた。

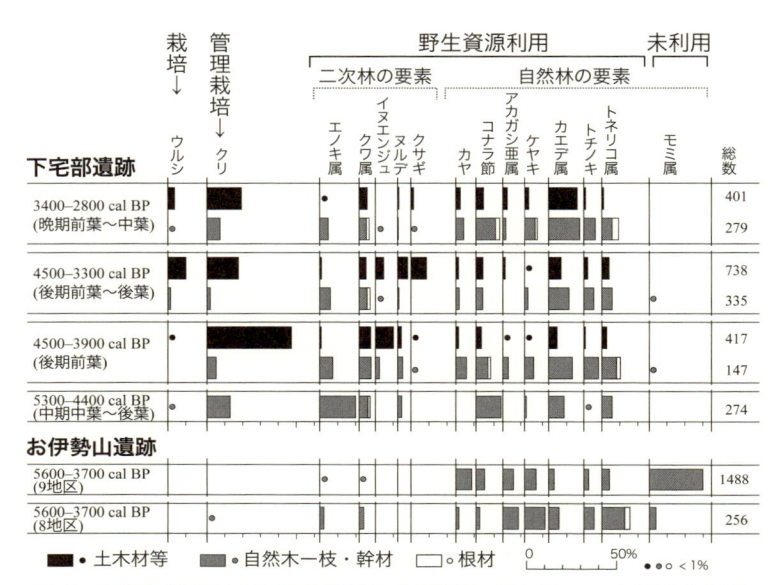

図4　下宅部遺跡とお伊勢山遺跡の木材遺体（Noshiro *et al.* 2009 を改変）
下宅部遺跡は人による木材の利用が明瞭で、お伊勢山遺跡はほとんど利用されていなかった。いずれの遺跡でもトチノキは縄文時代中期〜晩期に生育していた。

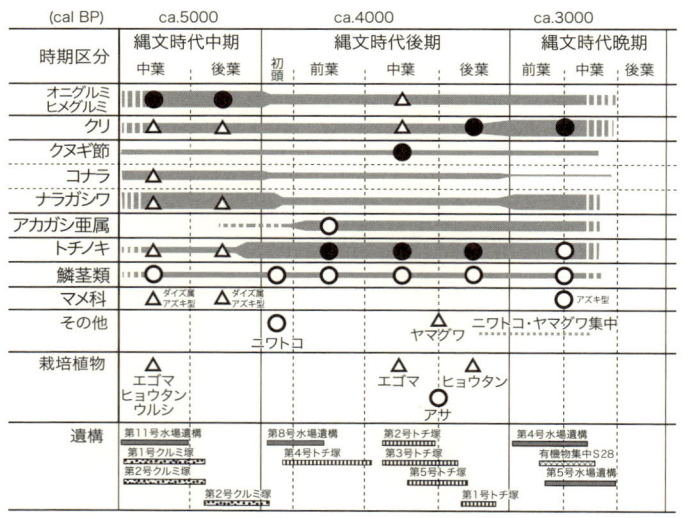

図5　下宅部遺跡における大型植物遺体（佐々木ほか 2007 を改変）
さかんに利用されて塚を残した分類群は時期によって変遷した。トチノキは縄文時代後期に利用されるようになった。

(2) 千葉県市川市道免き谷津遺跡

道免き谷津遺跡は縄文時代前期から晩期まで利用されたが（千葉県教育振興財団編 2014）、植物利用が明瞭に捉えられるのは、複数の水場遺構が構築された晩期前半である。ただし年代測定は 4 点しか行われておらず、時間解像度はほかの遺跡に比べて低い。

花粉化石によると、コナラ属コナラ節が優占する落葉広葉樹林が、縄文時代前期から晩期まで台地上に優占し、低地ではトネリコ属をまじえたハンノキ属の低地林が中期以降に成立した（図6、鈴木 2014）。台地の縁には縄文時代前期以降、クリ林が維持されていた。トチノキは低地の縁にまばらに生育していた。

木材遺体の組成も花粉化石に対応しており、コナラ属コナラ節が優占する落葉広葉樹林が、縄文時代後期から晩期にかけて台地上に成立していた（図7、能城 2014）。低地林では、トネリコ属とハンノキ属が優占していた。トチノキの木材遺体は少なく、後期から晩期にかけて、低地の縁辺にまれに生育していたようである。この遺跡の縄文時代晩期前半の水場遺構では、木組の主要な構造材にクリが優先的に用いられ、クリの構造材を支持する部材にほかの樹種が利用されていた（千葉県教育振興財団編 2014）。

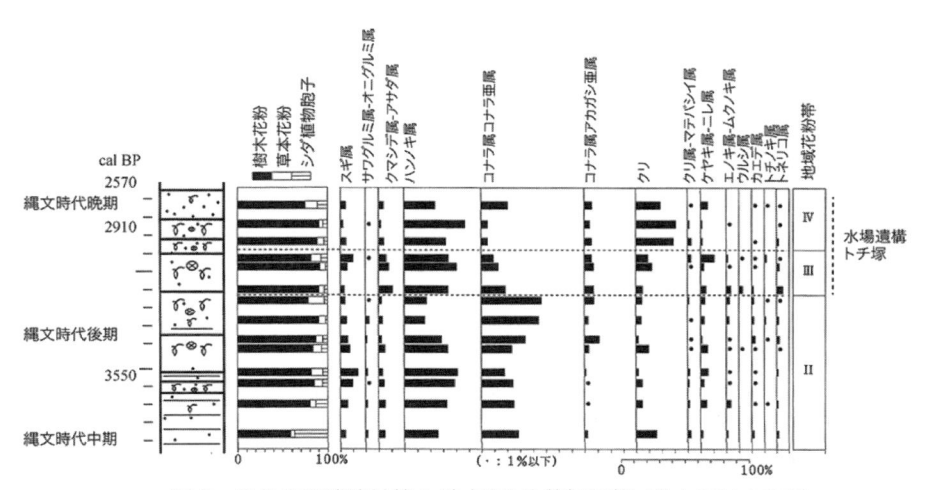

図6　道免き谷津遺跡第 1 地点(3)の花粉記録（鈴木 2014 を改変）
ハンノキ属を主体とする湿地林が縄文時代中期に谷の中に成立してそれ以降存続したが、トチノキは周辺に散発的にしか生育していなかった。

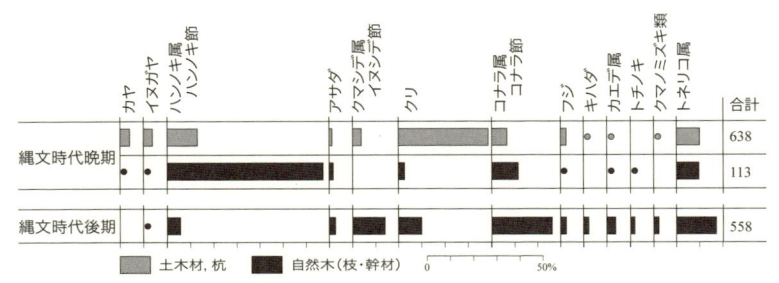

図7　道免き谷津遺跡第1地点(1)(2)(3)(4)の木材遺体（能城2014を改変）
クリが水場遺構の構造材や杭に選択されたが、自然木ではクリはハンノキ属ハンノキ節やコナラ属コナラ節、トネリコ属よりも少なかった。トチノキは散発的に生育していた。

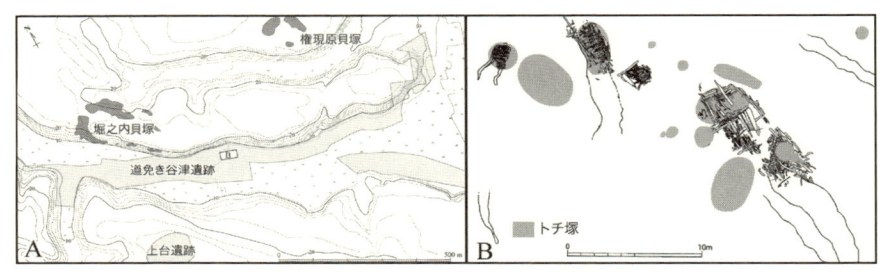

**図8　道免き谷津遺跡周辺の谷の中における水場遺構の位置(A)と
木組遺構とトチ塚との関係(B)**（千葉県教育振興財団編2014を改変）
木組遺構内部と周辺のトチ塚の存在は木組遺構がトチのアク抜きに使われていたことを示唆している。

　縄文時代晩期前半の水場遺構は支流の北岸に構築され、内部と周辺にはトチ塚が伴っていた（図8）。支流の北岸は、台地上の集落から簡単に行ける場所であり、谷の縁は洪水による破壊を受けにくい。道免き谷津遺跡では縄文時代前期から晩期におけるトチノキの存在は不明瞭であるが、トチノキの種子の収集と加工を行っており、食料として使えるだけの本数の木が晩期には周辺に生育していたと想定される。

　大型植物遺体によると、縄文時代前期から後期にコナラ属コナラ亜属が生育し、クリとコナラ属コナラ亜属、トチノキがトチ塚の形成される晩期に利用されていた（佐々木・バンダリ2014a・b）。

(3)　埼玉県川口市赤山陣屋跡遺跡

　赤山陣屋跡遺跡では、環境変遷や植生の変遷が火山灰層序や年代測定とともに検討され、縄文時代早期から晩期にわたる植生の変遷が解明された（川口

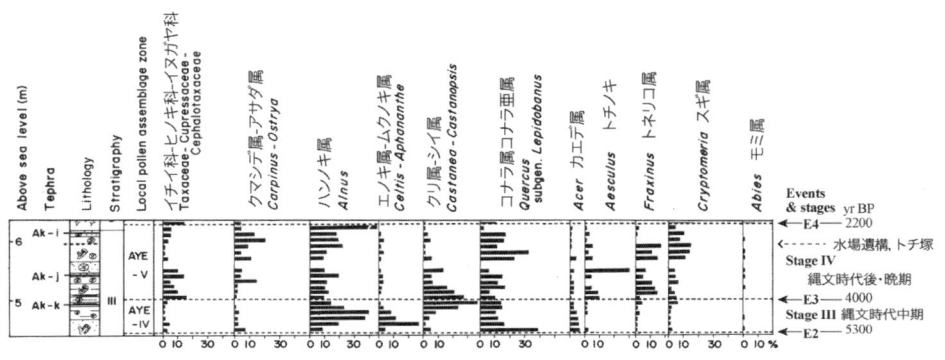

図9　赤山陣屋跡遺跡の花粉記録と環境変遷（辻 1989 を改変）

ハンノキ属の湿地林が縄文時代中期に谷の中に成立し、後・晩期まで継続的に優占した。トチノキは周辺に散発的にしか生育していなかった。

市遺跡調査会 1987、辻 1989）。この検討により、関東地方における後氷期の約8000 年前以降の環境と植生変化の画期とステージがはじめて提示された。

　花粉化石によると、コナラ属コナラ節が優占する落葉広葉樹林が、縄文時代早期から後・晩期まで台地上に存続していた。中期のステージⅢにハンノキの低地林が出現し、後・晩期のステージⅣにはヤチダモがハンノキに混生した（図9、辻 1989）。低地林の下には、これらの樹木の枝・幹材や根材を主体とする木本泥炭が形成された（辻 1992）。低地林は、弥生時代前期の海退のあとスゲ属の草本湿地に置き換わった。台地上では縄文時代中期の約 4000 cal BP にクリ林が人為的に形成された。トチノキは、縄文時代早期からわずかに生育していたが、後期になると低地林の縁に繁茂した。後・晩期の約 3000 cal BP には水場遺構が構築され、トチ塚を伴った。

　木材遺体でみても、台地上にコナラ属コナラ節が優占する落葉広葉樹林が、縄文時代前期から後・晩期まで存続していた（図10、Noshiro and Suzuki 1993）。しかし木材遺体からみると、縄文時代中期以降の低地林で優占していたのは、ハンノキ属ハンノキ節ではなくトネリコ属（おそらくヤチダモ）であった。クリ林は縄文時代前期以降、常に台地上で維持されていたと考えられ、トチノキは、縄文時代中期以降、低地の縁辺や台地斜面下部に生育していた。

　大型植物遺体によると、縄文時代前期にクリとコナラ属コナラ亜属が生育しており、後・晩期には、オニグルミとクリ、コナラ属コナラ亜属、トチノキが

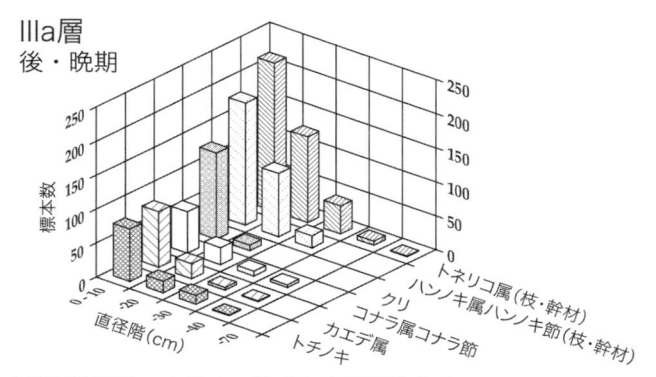

図 10　赤山陣屋跡遺跡の自然木の組成と直径階分布（Noshiro and Suzuki 1993 を改変）
低地林を構成した樹木の枝・幹材の大きさと組成を示している。トネリコ属とハンノキ属が低地林を構成し、カエデ属やトチノキがその縁辺の台地斜面下部に生育していた。

生育していた。しかしトチ塚から検出された種実を除くと、種実の利用はあまり検討されていない（南木ほか 1987）。

（4）埼玉県さいたま市南鴻沼遺跡

　南鴻沼遺跡の低地は、縄文時代前期には縄文海進により海水から汽水で満たされていたが、中期前半の約 5200 cal BP 以降は閉鎖された沼沢に変わった（さいたま市遺跡調査会編 2015）。この閉鎖的な環境は、縄文海進のあと、谷の出口が利根川の沖積デルタによって塞がれて形成された（遠藤・高橋 2015）。

　花粉化石によると、コナラ属コナラ節が優占する落葉広葉樹林が台地上に縄文時代前期から晩期まで存続し、晩期以降になるとコナラ属アカガシ亜属が主要な要素の一つとなった（図 11、森 2015）。クリ林は縄文時代前期終末以降、常に低地の縁に維持されていて、ニワトコが多数生育する明るい空間も中期終末から後期前葉には広がっていた。低地ではヤナギ属やハンノキ属、トネリコ属が生育していたが、低地林を形成するほどの数ではなかった。トチノキは縄文時代前期以降、わずかに生育し、中期末葉の約 5000 cal BP と晩期中葉の約 2800 cal BP では、沼沢地の縁辺に散在していた。

　木材遺体でみると、縄文時代中期から晩期中葉までクリ林が周辺で維持されて利用されていた（能城 2014）。この間、低地にはヤナギ属とハンノキ属が生育していたが、トチノキの自然木はなく、トチノキ製の容器のみが出土した。

　大型植物遺体でみると、オニグルミは縄文時代前期以降に利用され、とくに

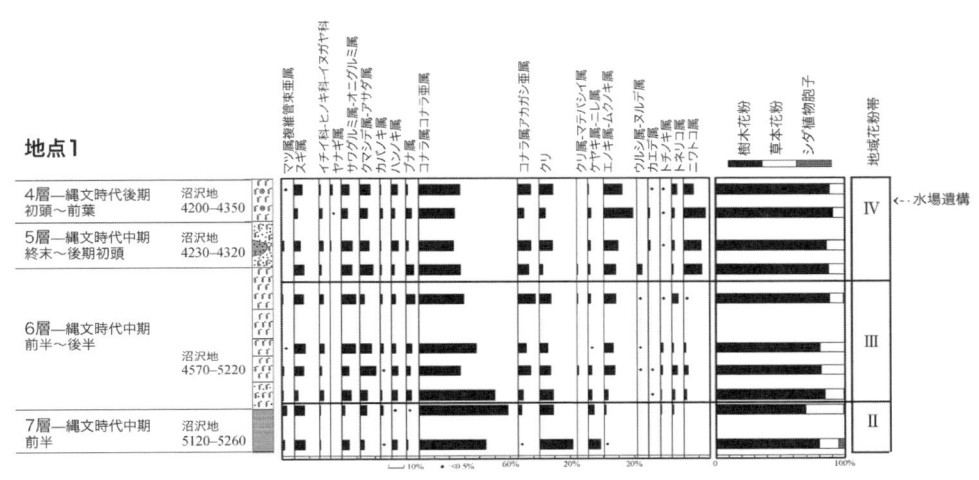

図11 南鴻沼遺跡の地点1と地点6の花粉記録（森2015を改変）
低地林が沼沢地に形成され、台地上ではコナラ属コナラ亜属が優占した。トチノキは散発的に生育していた。

中期から晩期中葉には多量に利用されていた（目黒ほか2015）。クリとコナラ属コナラ亜属、トチノキは中期から晩期中葉まで利用され、トチノキの利用は後・晩期にもっとも盛んであった（目黒ほか2015、佐々木ほか2015）。こうした堅果類のほかに、ヒシ属が中期から晩期に、ダイズ属やササゲ属アズキ亜属などのマメ類が後・晩期に、ヒョウタン仲間が中・後期に利用されていた。水場遺構が後期前葉に構築されたが、種実利用の痕跡は伴っていなかった。

3. 環境変遷が植生と植物利用におよぼした影響

（1）縄文時代中期から後期の寒冷化の影響

縄文時代中期から後期の境目は、PG Cold-1 と PG-Cold 2 の境目の約4400 cal BP に対応する（図1、工藤2012）。この境界付近でおこった寒冷化は、東郷池の年縞で長期の海退としてもっとも明瞭に記録されていて（福沢ほか1999）、ほかにもアジアのモンスーンの弱体化（Wang *et al.* 2005）や北大西洋コアの完新世 IRD イベント3（Bond *et al.* 1997）としても把握されている。この寒冷化とそれに伴う海退によって、関東地方の低地では浅い谷が形成されたが、低地ではすぐヤチダモ―ハンノキ低地林が回復しており（辻1989、吉川1999）、この寒冷化は東郷池の記録ほどは長くなかったと考えられる。今回検討した

4遺跡でも、この寒冷化による森林植生の大きな変化は認められず、関東地方の台地上では、コナラ属コナラ亜属の落葉広葉樹林が存続した。

　縄文時代後期にトチノキの花粉が急増する様相は、下宅部遺跡と赤山陣屋跡遺跡で確認されたが、いずれの遺跡でも短期間で終息している。トチノキ花粉はクリ花粉よりも飛散しにくく、クリ花粉が 100 粒／cm²以下となるのは母樹から 33 m なのに対し、トチノキ花粉は母樹から 15 m 離れるとその水準となる（吉川 2014）。このため、トチノキ花粉の急増はトチノキの木のひじょうに局地的な増加を示しており、遺跡の周辺においてトチノキが全般的に増えた訳ではないと考えられる。トチノキの生育地は低地の縁辺から台地斜面下部あるいは河川沿いの斜面であるため、縄文時代後・晩期における散点的なトチノキ花粉の急増は関東地方の低地に広く成立したヤチダモ—ハンノキ低地林によってもたらされたと言える。この現象は本州北部の青森県においても確認されており、トチノキ花粉はヤチダモ—ハンノキ低地林によって木本泥炭が形成される縄文時代中期から晩期に増加する（後藤・辻 2000、吉川ほか 2006）。

　したがって、関東地方におけるトチノキ花粉の急激な短期的増加や散点的な産出はトチノキが低地の縁辺にまばらに生えていたことを示している。すなわちトチノキ林の成立は約 4400 cal BP の寒冷化によって直接もたらされたのではなく、この時期以降に沖積低地や支谷の各所にトチノキの生育に好適な立地が形成された地形環境の変化が原因と考えられる。

（2）縄文時代中期から後期における植物利用の変化

　関東地方において縄文時代中期から後期における食用となる種実の変遷をみると、時代が進むにつれて人々はより多くの種類の植物を使うようになった（図12）。利用植物をみると、縄文時代中期後半に、トチノキやマメ類、エゴマ、漿果類、鱗茎類の利用痕跡が急増する。縄文時代中期は植物資源利用の一つの画期であり、最近の土器圧痕の研究により確かめられたように（小畑ほか 2007、中山 2010・2015、小畑 2011・2016、那須 2018）、在来のダイズ属やササゲ属アズキ亜属のマメ類から現在の栽培品種の大きさに匹敵する種子が開発された。これらの研究が示すように、縄文時代草創期から前期には現在の野生種とほぼ同じ大きさであったマメ類は、中期から後期には現在の栽培品種と同じくらいの大きさになった。同様の大型化は、北海道南部で縄文時代中

時期 (cal BP)	縄文時代前期	縄文時代中期		縄文時代後期		縄文時代晩期
	後半　5580	前半	後半　4530	前半	後半　3240	前半
オニグルミ	●	●	● ○	● ○	● ○ ☆	● ○
クリ	☆		● ○	● ○ ☆	● ○ ☆	● ○ △
堅果類	△ ☆		● ○	● ○ △	● ○	● ○ △
トチノキ			☆	● ○ ☆	● ○ ☆	● ○ △ ☆
マメ類			○	○	○	○
エゴマ			○	○	○	○
漿果類			○	○	○	○
鱗茎			● ○	● ○	● ○	○

● ● 南鴻沼遺跡　　○ ○ 下宅部遺跡　　△ △ 道免き谷津遺跡　　☆ ☆ 赤山陣屋跡遺跡

図 12　大型植物遺体から推定した下宅部遺跡と、道免き谷津遺跡、赤山陣屋跡遺跡、南鴻沼遺跡における縄文時代の果実と種子、鱗茎の利用
（佐々木ほか 2017、佐々木・バンダリ 2014a・b、南木ほか 1987、目黒ほか 2015、佐々木ほか 2015）
トチノキの利用は縄文時代中期に始まり、後期に本格的となった。

期のヒエ属でも指摘されている（Crawford 1983、那須 2018）。ちょうどこの縄文時代中期にトチノキの利用がはじまり、後・晩期になるともっとも盛んに利用され、水場遺構に伴ってしばしばトチ塚が形成された。このように縄文時代中期には植物利用が様々な側面で進展し、その結果、後・晩期には重層的な植物利用が行われるようになった。

こうした植物資源利用の進展とともに、縄文時代の人々は、前期から行われていたクリとウルシを中心とした植物資源の管理と利用により多くの植物を組み込んだ（図 13、能城・佐々木 2014、sasaki and noshiro 2018）。縄文時代前期でも、植物資源管

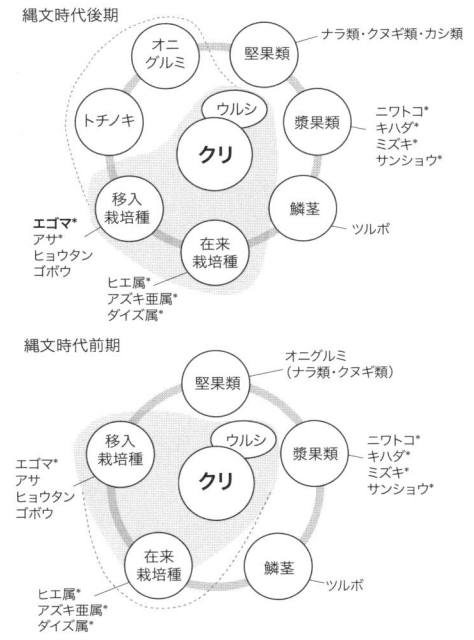

図 13　縄文時代前期から後期にかけての植物利用の変遷（Sasaki and Noshiro 2018 を改変）
陰をつけた範囲は縄文時代の人々が管理もしくは栽培した植物、点線はおそらく管理か栽培された植物、＊は土器圧痕としても見つかる植物。栽培種は移入種のほか在来種からも開発され、後期には植物利用体系に組み込まれていた。

理にはエゴマやアサ、ヒョウタン、ゴボウといった移入植物やヒエ属、ダイズ属、ササゲ属アズキ亜属といった在来植物が含まれていたが、この時期の在来植物は、Crawford（1983・1997）がヒエ属で示しているように、野生種と栽培品種の間の様々な中間型を含んでいた。中期になると、在来のダイズ属から作出された栽培品種は現在の栽培品種とほぼ同様の大きさとなり、後・晩期になると、さらにいくつかタイプが見られるようになった（中山2015）。同様に、クリの果実も縄文時代中期には現在の栽培品種とほぼ同じ大きさとなり、こうした樹木でも品種が確立されたと考えられる（南木1994、吉川2011）。この植物資源管理の縁辺に生育していたオニグルミやトチノキは野生種に由来するとされているが、中期後半以降のオニグルミの核は現在の野生種の核よりも一般に大きく（佐々木ほか2007）、オニグルミにも栽培品種が存在した可能性がある。こうした種実の大型化はトチノキでは知られていないが、天然に成立したトチノキ林の手入れをして生産性を向上させ、早く更新するように管理するなど、トチノキの資源を有効に活用する手立てがあってもおかしくはない。しかし、クリがトチノキに置き換わったという現象は認められておらず、それまでに行われていた植物資源の管理と利用にトチノキが本格的に加わったといえる。

（3）縄文時代中期から後期における集落の位置の変化

地表面の安定性は海水準の変動によって大きく影響される。縄文海進のあとで大規模な海退がはじまった縄文時代中期には、地表面、とくに河川沿いの斜面はひじょうに不安定となり、人々は台地上に集落を構えた（図14、佐々木2014）。ほぼ海水準が安定した後・晩期になると、下宅部遺跡や道免き谷津遺跡にみるように、人々は水辺に水場遺構や木道、杭列などを構築して、安定した河川沿いの斜面を活用し、河川沿いの斜面や低地に形成された植物資源を利用するようになる。人々はトチノキを大量に処理するための加工施設を用いたアク抜き方法を開発し、後期には大々的に斜面や低地を活用するようになる。水場遺構を構築する目的の一つはトチノキのアク抜きで、道免き谷津遺跡や赤山陣屋跡遺跡のように、水場遺構にはしばしばトチ塚が伴っている。

水場遺構は、クリとウルシを中心とした資源の管理と利用が認められている本州の中央部から東北部に構築された（図15、能城・佐々木2014）。初期に内陸部に構築された水場遺構を除いて、縄文時代後・晩期のほとんどの水場遺構は

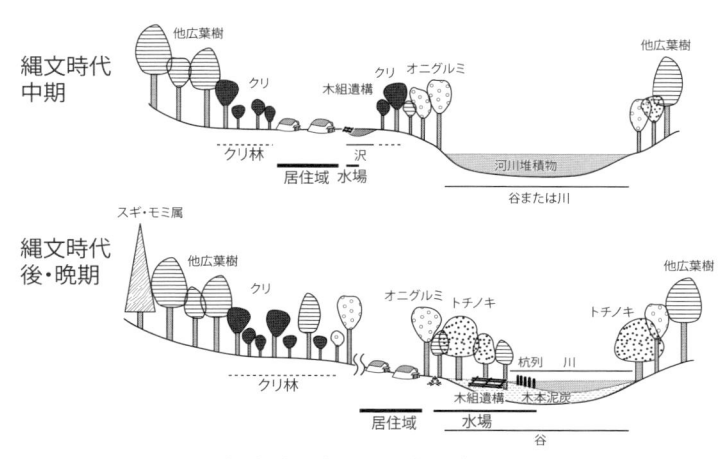

**図 14 縄文時代中期から後・晩期における
低地の環境の変遷と遺構の位置**（佐々木 2014 を改変）

縄文時代中期の後半頃に川沿いの斜面が安定するとともに、人々は川縁に居住
するようになり、低地林内や周辺の資源を活用するようになった。

図 15 縄文時代における水場遺構の分布
（能城・佐々木 2014 を改変）

水場遺構は当初内陸部に作られ、海水準の安定にともなって低地林が広がる
ようになった縄文時代後・晩期になって沖積低地に作られるようになる。

沖積低地に構築されている。このようにトチノキの利用と水場遺構の構築は、縄文時代後・晩期における河川沿い斜面の安定化と沖積平野における低地林の形成と密接に結びついている。

佐々木（2014）で述べたように、トチノキの種子利用はこれまでの植物利用とは異なる資源利用のあり方であり、単に食用として食料リストに加わっただけでなく、水場において加工施設を構築し、労働力を投下して集約的に加工して利用する技術開発が伴っていた。

（4）仮説の検証

今回検討した関東平野の4遺跡では、縄文時代前期から晩期にかけて、コナラ属コナラ節の落葉広葉樹林が台地上に広がり、トネリコ属—ハンノキ属の低地林が谷の中に広がって、台地上ではクリ林がしばしば人為的に仕立てられて維持されていた。また中期から後期の寒冷化は森林植生にほとんど影響を及ぼしておらず、トチノキはこうした環境のなかで散点的に生育していた。したがって、

1. 最初の仮説である約 4400 cal BP の縄文時代後期初頭頃の寒冷化によって植生が変化し、その結果、植物利用がクリからトチノキに置き換わったという可能性は否定される。しかし弥生の小海退を引き起こした約 2200 ^{14}C BP の弥生時代中期頃の寒冷化は植生に大きな影響を与えて、低地の植生は低地林から草本湿原に置き換わり、台地上では照葉樹林の要素が増加した。

2. 2番目の仮説である、トチノキ林の拡大が、寒冷化ではなく、人為によって起こったとする可能性も否定される。関東地方では、少量しか生産されず飛散しないという散布特性にもかかわらず（吉川 2011）、クリ花粉が大きな変動を伴うものの継続的に出土する状況は、クリ林が断続的に維持されたことを示している。同様に、もしトチノキ林が人為的に仕立てられていたならば、散布範囲の狭いトチノキ花粉もクリ花粉と同様に、変動の大きい継続的な出土をするはずである。しかしトチノキ花粉は短期的に急増したり、ごく低率に出土したり、まったく出土しなかったりしており、トチノキが非常に局地的に生育していた状況を示している。このようにトチノキは自然にまばらに生えていたもので、人為的にトチノキ林が作り出されたとは考えられず、まして後・晩期にクリ林から置き換わったとは考えられない。

3．第3の仮説である、地形環境の変化が低地におけるトチノキ林の成立を促した可能性がもっとも支持される。縄文海進後に低下していた海水準は、カキ礁の形成から考えて縄文時代中期末葉のおそらく約 4500 cal BP 頃に安定し（遠藤・小杉 1990）、その後、小谷の中に低地林が形成されていく。縄文時代後期初頭の約 4400 cal BP 頃にも軽微な海退があるが、低地林は低地を占有しつづけ、木本泥炭を晩期まで形成する（辻 1992）。この低地林の縁辺から台地斜面下部あるいは河川沿い斜面はオニグルミやトチノキ、カエデ属の樹種にとって絶好の立地である。こうした樹種の中でも、縄文時代の人々はトチノキに食料資源としての価値を見いだし、複雑なアク抜きを本格的に行う装置として水場遺構もこの時期に開発して構築するようになったと考えられる。

　このように縄文時代中期から後期において、地形環境の変化によって低地林が谷の中に形成され、集落周辺の低地にトチノキの生育好適地が広がったという現象が、この時期にトチノキが植物資源に加わったもっとも合理的な説明といえる。

おわりに

　縄文時代の人々は優れた狩猟採集民であったが、少なくとも縄文時代前期以降では、集落周辺における植物資源の管理と、開発、利用においても優れていた。彼らはすでに縄文時代前期にはアサやヒョウタン、ウルシなどの移入植物を栽培して利用していた。すなわち、縄文時代の人々は、縄文時代前期から晩期にかけて、気候の寒冷化や海水準の低下、それにともなう地形環境の変化に対応しただけでなく、集落の周辺で生業に有用な植物資源を木材や食料資源などとして複合的に利用していた。完新世の気候最温暖期のあと、大きな環境変遷がおこった縄文時代中期には、在来のダイズ属やササゲ属アズキ亜属、そしておそらくクリから栽培品種を作り出し、トチノキといった従来の加工技術では食用としえなかった資源の加工方法も見いだした。トチノキの利用は、複雑なアク抜き方法の発見や水場遺構の構築、豊富な水をつかった大量の種子の一括処理など、縄文時代の人々の創造力を端的に示している。この点で、縄文時代中期は、縄文時代の植物資源利用において、もっとも創造的な時期の一つと言える。西田正規が想定した同心円状の植物資源の管理と利用の空

間は（西田 1981、Nishida 1983）、地形環境や低地の植生の変遷や集落の川縁への移動ともに、この時期に大きく変化したと想定される。Crawford（1997）が提起する集落周辺の人為的環境もこの時期に拡大し、周辺の環境にたいする影響が増大した。その結果、後・晩期に形成された縄文時代の人々の生業は、Crawford（2008・2011）が提起した狩猟採集民と集約的な農耕民の中間的な生業の到達点といえる。このように、寒冷化をへて縄文時代の生業システムがより発展したのは明らかであり、その生業システムはひじょうに柔軟で、そうした環境変遷に十分対応できるものであり、レジアンス理論の安定期における一層の発展を示す例と言えよう。

本稿は Sasaki and Noshiro（2018）を改訂して作成した。

謝辞
　この研究は部分的に JSPS 科研費（Nos. JP24240109、JP15H01777、JP17K01198）により補助を受けた。また研究資料を提供して下さった埋蔵文化財調査関係者と環境変遷図の使用をご許可いただいた工藤雄一郎氏に御礼申しあげます。

引用・参考文献
遠藤邦彦・小杉正人　1990「海水準変動と古環境」広島大学総合地誌研究叢書『モンスーン・アジアの環境変遷』20（1990）、pp.93-103

遠藤邦彦・高橋　緑　2015「南鴻沼遺跡で見られた異常な堆積構造を示す砂層（5層）について」さいたま市遺跡調査会編『埼玉県さいたま市南鴻沼遺跡（第1分冊）』さいたま市遺跡調査会、pp.168-172

遠藤邦彦・小杉正人・松下まり子・宮地直道・菱田　量・高野　司　1989「千葉県古流山湾周辺域における完新世の環境変遷史とその意義」『第四紀研究』28、pp.61-77

小畑弘己　2011『東北アジア古民族植物学と縄文農耕』同成社

小畑弘己　2016『タネをまく縄文人』吉川弘文館

小畑弘己・佐々木由香・仙波靖子　2007「土器圧痕からみた縄文時代後・晩期における九州のダイズ栽培」『植生史研究』15、pp.97-114

川口市遺跡調査会編　1987『赤山・古環境編』埼玉県川口市遺跡調査会

國木田　大・吉田邦夫・辻　誠一郎　2008「東北北部におけるトチノキ利用の変遷」『環境文化史研究』No.1、pp.7-19

口蔵幸雄　1996「あく抜き技術の展開」『週間朝日百科植物の世界』96、14-230-

14-233

工藤雄一郎　2012『旧石器・縄文時代の環境文化史』新泉社

工藤雄一郎・百原　新　2014「道免き谷津遺跡第1地点（1）およびケースBから出土した大型植物遺体の放射性炭素年代」千葉県教育振興財団編『東京外かく環状道路埋蔵文化財調査報告書―市川市道免き谷津遺跡第1地点（3）―』国土交通省・千葉県教育振興財団、pp.272-274

工藤雄一郎・佐々木由香・坂本　稔・小林謙一・松崎浩之　2007「東京都下宅部遺跡から出土した縄文時代後半期の植物利用に関連する遺構・遺物の年代学的研究」『植生史研究』15、pp.5-17

後藤香奈子・辻　誠一郎　2000「青森平野南部、青森市大矢沢における縄文時代前期以降の植生史」『植生史研究』9、pp.43-53

さいたま市遺跡調査会編　2015『埼玉県さいたま市南鴻沼遺跡（第1分冊）』さいたま市遺跡調査会

酒詰仲男　1961『日本縄文石器時代食料総説』土曜会

佐々木由香　2007「水場遺構」小杉　康・谷口康浩・西田泰民・水ノ江和同・矢野健一編『縄文時代の考古学5 なりわい　食料生産の技術』同成社、pp.51-63

佐々木由香・工藤雄一郎・百原　新　2007「東京都下宅部遺跡の大型植物遺体からみた縄文時代後半期の植物資源利用」『植生史研究』15、pp.35-50

佐々木由香　2014「植生と植物資源利用の地域性」『季刊考古学』別冊 No. 21, pp.107-114

佐々木由香・バンダリ スダルシャン　2014a「道免き谷津遺跡第1地点（3）から出土した大型植物遺体」千葉県教育振興財団編『東京外かく環状道路埋蔵文化財調査報告書―市川市道免き谷津遺跡第1地点（3）―』国土交通省・千葉県教育振興財団、pp.275-280

佐々木由香・バンダリ スダルシャン　2014b「道免き谷津遺跡第1地点（3）から出土した大型植物遺体（種実同定）」千葉県教育振興財団編『東京外かく環状道路埋蔵文化財調査報告書―市川市道免き谷津遺跡第1地点（3）―』国土交通省・千葉県教育振興財団、pp.281-287

佐々木由香・バンダリ スダルシャン・目黒まゆ美　2015「堆積物試料中の大型植物遺体」さいたま市遺跡調査会編『埼玉県さいたま市南鴻沼遺跡（第1分冊）』さいたま市遺跡調査会、pp.188-214

下宅部遺跡調査団編　2006a『下宅部遺跡 I （1）』東村山市遺跡調査会

下宅部遺跡調査団編　2006b『下宅部遺跡 I （2）』東村山市遺跡調査会

鈴木　茂　2014「道免き谷津遺跡第1地点（3）の花粉化石」千葉県教育振興財団編『東京外かく環状道路埋蔵文化財調査報告書―市川市道免き谷津遺跡第1

地点 (3) 一』国土交通省・千葉県教育振興財団、pp.288-294

千葉県教育振興財団編　2014『東京外かく環状道路埋蔵文化財調査報告書―市川市道免き谷津遺跡第 1 地点 (3) ―』国土交通省・千葉県教育振興財団

辻　圭子・辻　誠一郎・南木睦彦　2006「青森県三内丸山遺跡の縄文時代前期から中期の種実遺体群と植物利用」『植生史研究』特別第 2 号、pp.101-120

辻　誠一郎　1989「開析谷の遺跡とそれをとりまく古環境復元：関東平野中央部の川口市赤山陣屋跡遺跡における完新世の古環境」『第四紀研究』27、pp.331-356

辻　誠一郎　1992「沖積平野における木本泥炭の性質と堆積環境」『植生史研究』No.9、pp.23-31

樋泉岳二　2006「魚貝類遺体群からみた三内丸山遺跡における水産資源利用とその古生態学的特徴」『植生史研究』特別第 2 号、pp.121-138

中山誠二　2010『植物考古学と日本の農耕の起源』同成社

中山誠二　2015「縄文時代のダイズの栽培化と種子の形態分化」『植生史研究』23、pp.33-42

西田正規　1981「縄文時代の人間―植物関係―食料生産の出現過程」『国立歴史民族博物館研究報告』6 巻、pp.234-255

能城修一　2014「道免き谷津遺跡出土木材の樹種」千葉県教育振興財団編『東京外かく環状道路埋蔵文化財調査報告書―市川市道免き谷津遺跡第 1 地点 (3) ―』国土交通省・千葉県教育振興財団、pp.244-266

能城修一　2015「南鴻沼遺跡から出土した木製品類と自然木の樹種」さいたま市遺跡調査会編『埼玉県さいたま市南鴻沼遺跡 (第 1 分冊)』さいたま市遺跡調査会、pp.215-242

能城修一・佐々木由香　2007「東京都東村山市下宅部遺跡の出土木材からみた関東地方の縄文時代後・晩期の木材資源利用」『植生史研究』15 巻、pp.19-34

能城修一・佐々木由香　2014「遺跡出土植物遺体からみた縄文時代の森林資源利用」『国立歴史民俗博物館研究報告』第 187 集、pp.15-48

羽生淳子　2015「歴史生態学から見た長期的な文化変化と人為的生態システム：縄文時代前・中期の事例から」『第四紀研究』54 巻、pp.299-310

福沢仁之・山田和芳・加藤めぐみ　1999「湖沼年縞およびレス―古土壌堆積物による地球環境変動の高精度復元」『国立歴史民俗博物館研究報告』第 81 集、pp.463-484

松山利夫　1982『木の実』法政大学出版局

南木睦彦　1994「縄文時代以降のクリ果実の大型化」『植生史研究』2、pp.3-10

南木睦彦・吉川純子・矢野祐子　1987「川口市赤山陣屋跡遺跡の大型植物遺体」埼玉県川口市遺跡調査会編『赤山・古環境編』埼玉県川口市遺跡調査会、

pp.131-202

目黒まゆ美・佐々木由香・バンダリ スダルシャン　2015「現場取り上げ試料中の大型植物遺体」さいたま市遺跡調査会編『埼玉県さいたま市南鴻沼遺跡（第1分冊）』さいたま市遺跡調査会、pp.173-187

森　将志　2015「南鴻沼遺跡の花粉分析」さいたま市遺跡調査会編『埼玉県さいたま市南鴻沼遺跡（第1分冊）』さいたま市遺跡調査会、pp.129-148

吉川純子　2011「縄文時代におけるクリ果実の大きさの変化」『植生史研究』18、pp.57-63

吉川昌伸　1999「関東平野における過去12,000年間の環境変遷」『国立歴史民俗博物館研究報告第81集』pp.267-297

吉川昌伸　2008「東北地方の縄文時代中期か5後期の植生とトチノキ林の形成」『環境文化史研究』No.1、pp.27-35

吉川昌伸　2011「クリ花粉の散布と三内丸山遺跡周辺における縄文時代のクリ林の分布状況」『植生史研究』18、pp.65-76

吉川昌伸　2014「縄文人と植物との関わり―花粉からわかったこと―」工藤雄一郎・国立歴史民俗博物館編「ここまでわかった！縄文人の植物利用」新泉社 pp.162-181

吉川昌伸・工藤雄一郎　2014「下宅部遺跡の花粉と年代からみた縄文時代中期から晩期の植生史と植物利用」『国立歴史民俗博物館研究報告』第187集、pp.163-188

吉川昌伸・鈴木　茂・辻　誠一郎・後藤香奈子・村田泰輔　2006「三内丸山遺跡の植生史と人の活動」『植生史研究』特別第2号、pp.49-82

Bond, G., Showers, W., Cheseby, M., Lotti, R., Almasi, P., deMenocal, P., Priore, P., Cullen, H., Hajdas, I., Bonani, G., 1997 A pervasive millennial-scale cycle in North Atlantic Holocene and glacial climates. *Science,* New Series 278, pp.1257-1266

Crawford, G. W., 1983 Paleoethnobotany of the Kameda Peninsula Jomon. *Museum of Anthropology, University of Michigan, Anthropological Papers* No. 73, Ann Arbor

Crawford, G. W., 1997 Anthropogenesis in prehistoric northeastern Japan. In: K. Gremillion （Ed.）, *People, Plants, and Landscapes: Studies in paleoethnobotany.* University of Alabama Press, AL, pp.86-103

Crawford, G. W., 2008 The Jomon in early agriculture discourse: issue arising from Matsui, Kanehara and Pearson. *Debates in World Archaeology* 40, pp.445-465

Crawford, G. W., 2011 Advances in understanding early agriculture in Japan. *Current Anthropology* 52, Supplement 4, S331-S345

DK, 2016. *Big History.* DK, London

Habu, J., 2004 Ancient Jomon of Japan. *Cambridge University Press*, Cambridge.

Kitagawa, J., Yasuda, Y., 2004 The influence of climatic change on chestnut and horse chestnut preservation around Jomon sites in Northeastern Japan with special reference to the Sannai-Maruyama and Kamegaoka sites. *Quaternary International* 123-125, pp.89-103

Matsui, A., Kanehara, M., 2006 The question of prehistoric plant husbandry during the Jomon period in Japan. *World Archaeology* 38, pp.259-273

Morgan, C., Tushingham, S., Garvey, R., Barton, L., Bettinger, R., 2017 Hunter-gatherer economies in the Old World and New World. Oxford Research Encyclopedia, *Environmental Science* (DOI: 10.1093/acrefore/9780199389414.013.164)

Nishida, M., 1983 The emergence of food production in Neolithic Japan. *Journal of Anthropological Archaeology* 2, pp.305-322

Noshiro, S., 2016 Change in the prehistoric use of arboreal resources in Japan: From their sophisticated management in the Jomon period to their intensive use in the Yayoi to Kofun periods. *Quaternary International* 397, pp.484-494

Noshiro, S., Suzuki, M., 1993 Forest development during 6,300-3,000 yBP (early to late Jomon periods) at the Akayama site, central Japan. *Journal of Plant Research* 106, pp.259-277

Noshiro, S., Sasaki, Y., 2013 Pre-agricultural management of plant resources during the Jomon period in Japan — a sophisticated subsistence system on plant resources. *Journal of Archaeological Science* 42, pp.93-106

Noshiro, S., Sasaki, Y. and Suzuki, M. 2009 How natural are natural woods from wetland sites? -a case study at two sites of the Jomon period in central Japan. *Journal of Archaeological Science* 36, pp.1597-1604

Sasaki, Y., Noshiro, S., 2018 Did a cooling event in the middle to late Jomon periods induced change in the use of plant resources in Japan? *Quaternary International* 471, pp.369-384

Smith, B. D., 2001 Low-level food production. Journal of Archaeological Research 9, pp.1-43

Wang, Y., Cheng, H., Edwards, L., He, Y., Kong, X., An, Z., Wu, J., Kelly, M. J., Dykoski, C. A., Li, X., 2005 The Holocene Asian Monsoon: Links to Solar Changes and North Atlantic Climate. *Science*, New Series 308, pp.854-857.

水場遺構

吉岡 卓真

はじめに

　完新世の到来に伴う温暖化によってもたらされた環境変化に適応し、定住的な生活を開始したのが縄文時代である。

　竪穴住居の普及に象徴される定住活動は、狩猟採集を基盤とする当該期の社会組織や技術を高度に発達させることになるが、その基盤を支えた要因の一つとして、土器の使用開始があげられよう。なお遺跡から出土する土器の大部分は、縄文時代を通じて煮沸機能が基本であり、その使用に際しそれに見合う水の確保は必要不可欠な要因であったことは間違いない。近年、定住に必要不可欠な水の確保とその利用の痕跡を示す木材を井桁状に組んだ木組遺構や多量の煮沸用土器が出土する低地遺跡の発見が相次いでおり、具体的な低地利用の実態を知るための基礎資料の蓄積は著しい。

　ところで、低地での活動を明らかにしていくためには、いわゆる水場遺構そのものの分析はもちろんのこと、その周辺から出土する遺物や、周囲の森林環境、集落遺跡との位置関係など、遺構周辺の空間利用状況の把握と連動して検討していくことも重要である。

　本論では木組遺構そのものに加え、周囲からの出土遺物、とくに土器の組成に焦点をあて木組遺構の機能・用途を概観するとともに、あわせて土器を多量に出土する低地遺跡についても検討を行う。その上で関東地方における縄文時代後晩期の集落活動を支えたであろういわゆる水場遺構を含む低地遺跡の役割について考察を行っていきたい。

1. 水場遺構の研究

（1）水場遺構とは

そもそも水場とは、土地が低く、すぐ水の出るところで飲料水が確保できる場所を指す。そして縄文人が水を利用するため人為的に地形を改変して掘り込みや木材などによる施設を構築した遺構が水場遺構と定義されよう（佐々木2007）。

現在の「水場遺構」に関する呼称には「木組遺構」、「礫敷遺構」といった遺構の主体となる構成材とその配置に着目したものや、「水さらし場遺構」、「トチの実加工場跡」といった遺構の具体的用途を想定した呼称が存在する。遺構そのものの機能や用途に関する考古学的な検討が十分とは言えない現段階では、特定の機能・用途を連想させる呼称よりも、先ずは遺構の構成材や形状に着目した呼称から研究を始めるべきと認識する。

ただし、低地という共通する空間に構築された様々な材質や形状で構成されたこれらの遺構をまとめて呼称する用語が確立されていない今日、これらを総称する用語として「水場遺構」を用いる。

（2）水場遺構の分布と時期的特徴

これまでに実施された全国の水場遺構の集成によると49遺跡105施設が確認されている（佐々木2007）。その分布は全国的なものではあるが、とくに東日本に集中しており、クヌギ類やトチノキといったアク抜きが必要な落葉広葉樹の植生分布と興味深い一致を見せる（図1）。

なお水場遺構出現の時期は一部の例外を除き、縄文前期以降にその数が増え、とくに後期から晩期にかけて8割以上を占めるという時期的遍在性が確認されている。佐々木が行った集成から10年を経過した現在、遺構数はさらに増えていることは確実であるが、多出する時期や分布傾向に大きな変更の余地はない。

その背景には二つの要因が想定される。一つは、縄文海進以前の低地利用の痕跡が沖積層により厚く覆われている可能性があること。そしてもう一つは海退以降、台地からの崩落土の供給により、谷部が埋め立てられ、谷部での新たな森林資源の登場が、低地利用の活性化を促した可能性である。

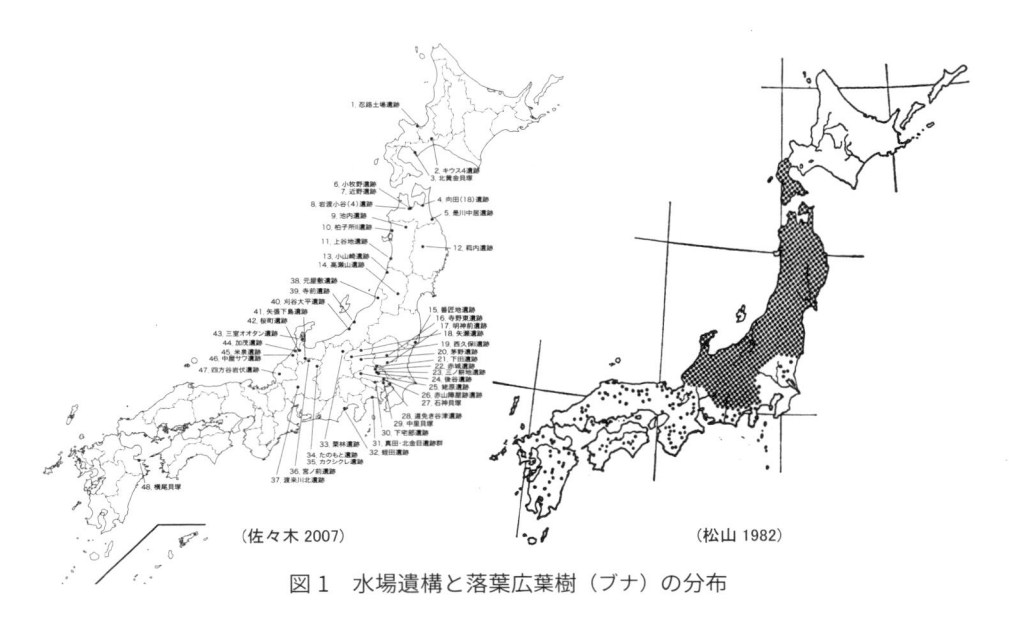

（佐々木 2007）　　　　　　　　　　　　　（松山 1982）

図1　水場遺構と落葉広葉樹（ブナ）の分布

　さて、低地遺跡の研究は、東北地方にある青森県亀ヶ岡遺跡や同是川中居遺跡、関東地方の埼玉県真福寺貝塚といったいわゆる泥炭層遺跡の調査が古くより知られており、堅果類などの利用に関する痕跡は戦前より広く認識されてきたところである。

　その後、木材などを利用した水場遺構の検出は 1970 年代末葉から 1980 年代初頭に行われた埼玉県さいたま市寿能泥炭層遺跡や同川口市赤山陣屋跡遺跡などの一連の調査が初期の事例となる。とくに赤山陣屋跡遺跡で発掘された「トチの実加工場跡」と呼称された木組遺構とその周囲から発見された多量の大型煮沸容器の存在は、縄文後晩期の低地での堅果類加工処理の具体例として強く印象づけられることになる（金箱1996）。

　さて木組遺構を中心とする水場遺構の立地に関して、集落遺跡との位置関係から、集落に近接した谷部に設けられたもの（集落付随型）と集落から離れた谷部に設けられたもの（集落独立型）があることが指摘されている（阿部1998、佐々木2007）。とくに後者の遺構周囲から出土する土器は、大型煮沸容器が主体を占め、ほかの器種をあまり含まない点などから、集落外での集約的な堅果類の加工に関わる遺構としての評価がなされ、定着している。

2. 水場遺構の概要

（1）木組遺構の構成材

水場遺構を構成する資材は、おもに木材や礫のどちらかを主体とするものや、両者を組み合わせたもの、あまり部材を使用せず掘り窪めたものなど様々である。関東地方の場合、石材環境の乏しい平野部ではおもに木材を中心とした木組遺構が分布し、丘陵部や山間部では、木組遺構に礫敷きを組み合わせた構成が確認できる。これは各遺跡が立地する周辺の石材環境を反映した素材選択がなされていたことを示している。

（2）木組遺構の構造（図2）

様々なバラエティーが見られる水場遺構ではあるが、構造について詳細な分析を行った研究によると、多くの遺構が湧水点を掘削した貯水機能を有し、その周囲の木材や礫などの集積は、貯水部を利用するための足場的な役割であるとの指摘がある（栗島 2011・2012）。実際、貯水部に相当する遺構底面には、湧水をきれいな状態に保つため、長野県栗林遺跡1号木枠や赤山陣屋跡遺跡の板囲い遺構では底板が、栃木県寺野東遺跡 SX075 では礫が敷かれ、栃木県明神前遺跡では網代を敷くなど、泥の巻き上がりなどの汚染を防ぐための工夫が散見される。

また形態は異なるが、円形に半割材を多量に打ち込む事例（埼玉県後谷遺跡4号木組遺構）も、その打ち込みの角度を見ると滞水層めがけて斜めに打ち込まれており、滞水層からの湧水を促すと同時に、壁面からの土砂の崩落と水の汚れを防ぐための工夫であると認識する（栗島 2012）。

それに付随して周囲で確認される礫や木材などを密に並べる遺構のなかには、足元のぬかるむ環境で安定した活動を行うための、足場的な役割が明確な事例もある。栃木県明神前遺跡や同寺野東遺跡 SX041 では礫敷が、山形県高瀬山遺跡では、取水口の下流側に、クリを主体とする木材を縦横交互に数段にわたり隙間なく積み重ねた後期と晩期の木敷施設が確認されている。

さて水場遺構といってもその形態は多様であり、1遺跡で19施設も確認された寺野東遺跡では多くのバラエティーが認められ、遺構形態や流水との位置関係から詳細に整理されている（江原ほか 1998）。その一つ SX041 は埋没谷東

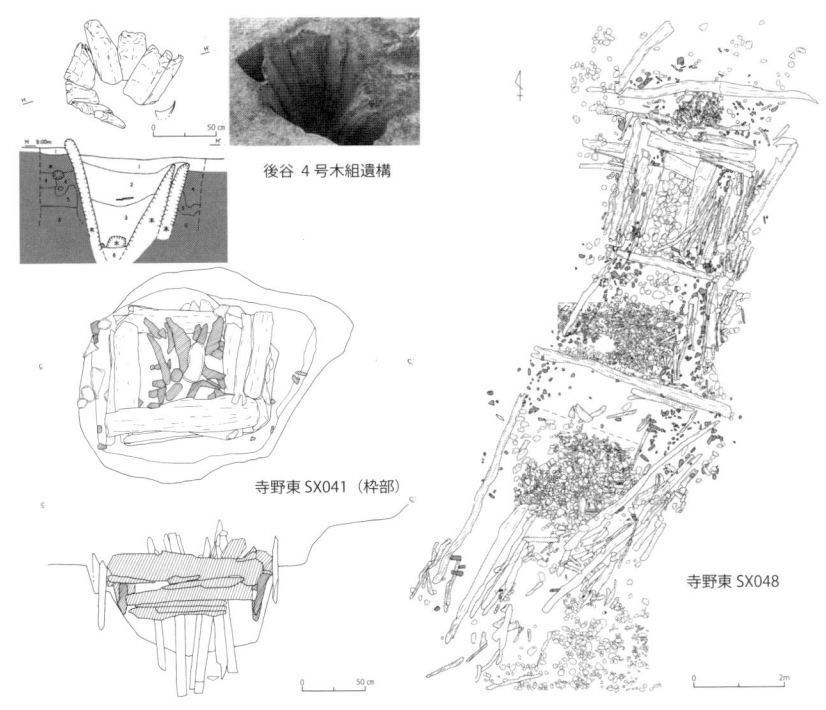

後谷 4号木組遺構

寺野東 SX041（枠部）

寺野東 SX048

図2　木組遺構の構造（写真は桶川市教育委員会提供）

側の斜面下を掘削し、土坑状の掘り込みを設け、内部は杭と板材で囲うものである。その一方でSX048は谷筋に構築され、900本以上の構成材と444本もの杭から構成される巨大な施設であり、上流に位置する北側の木枠内に水を溜めた後、連結する南側の木枠へと湧水を流出させる機能を有している。

　両者はいずれも晩期に位置づけられるものであり、形態の違いを時期差で説明することは難しい。同様に赤山陣屋跡遺跡でも深い掘り方を有し、水を溜めるための板囲いがなされたものと、木材を井桁状に組んだ大型の木組が連結するタイプのものが見られる。こちらも両者とも晩期の遺構である。

　こうした1遺跡内の同時期の遺構について形態や規模が異なる背景には、遺跡内の微地形や湧水との位置関係の違い、さらに貯水という基本的な機能に加え、個々の遺構に課せられた用途や利用規模の違いなどが反映されたものと判断される。

（3）周辺出土遺物

　さて、水場遺構の利用を考えるにあたり遺構周囲から出土する遺物は、その役割を推測するための手掛かりとなるが、水場遺構が集落に付随するものと離れた場所にある場合では、遺物の構成に違いが見られる。

　集落に近接した水場遺構の場合、土器は台地上で確認されるものと同じ一通りの器種が見られ、さらに土製品、石製品、木製品などを伴う事例もある。それに加え植物遺体が確認される場合もマメ科やヒョウタンなどの栽培種子や繊維、樹皮など多岐にわたることから、生活に応じた多目的な用途が想定されている（渡辺1996、佐々木2007）。

　その一方で集落から離れた水場遺構の場合、大型煮沸容器が多量に出土し、そのほかの遺物も磨石、敲石などの一部の石器類に集中する傾向があることから、堅果類のアク抜きに特化した遺構として評価されている（佐々木2007）。

　そこで集落から離れた場所に位置する木組遺構を伴う遺跡や同じく多量の土器が出土する低地遺跡について、土器組成やそのほかの出土遺物に着目してその役割について検討を加えていくことにする。

3.　木組遺構と低地遺跡の土器組成

　水場遺構周囲の遺物を検討するにあたり、台地上の集落遺跡から離れた場所にある水場遺構周辺の出土遺物は、土器接合率の高さなどから周辺の台地上からの流れ込みなどではなく、基本的に低地内での活動の際に使用され、集積したものと理解される。

（1）赤山陣屋跡遺跡と宮合貝塚（図3）

　その代表例である赤山陣屋跡遺跡は、大宮台地の南端部に半島状に突き出た鳩ヶ谷支台のほぼ中央部に立地しており、標高16〜17mの台地部とその東西に広がる比高差約10mの低地部からなる。対象とする「トチの実加工場跡」は「板囲い遺構」と呼ばれた木組遺構と伴に、遺跡西側の開析谷の東側縁辺部より検出された。

　台地部からは、後期初頭称名寺式期〜前葉堀之内式期を主体とする住居跡が5軒確認されているが、それ以降の居住痕跡は見られなくなる。したがって木組遺構が構築された晩期には付近の台地上に居住域は存在しないことになる。

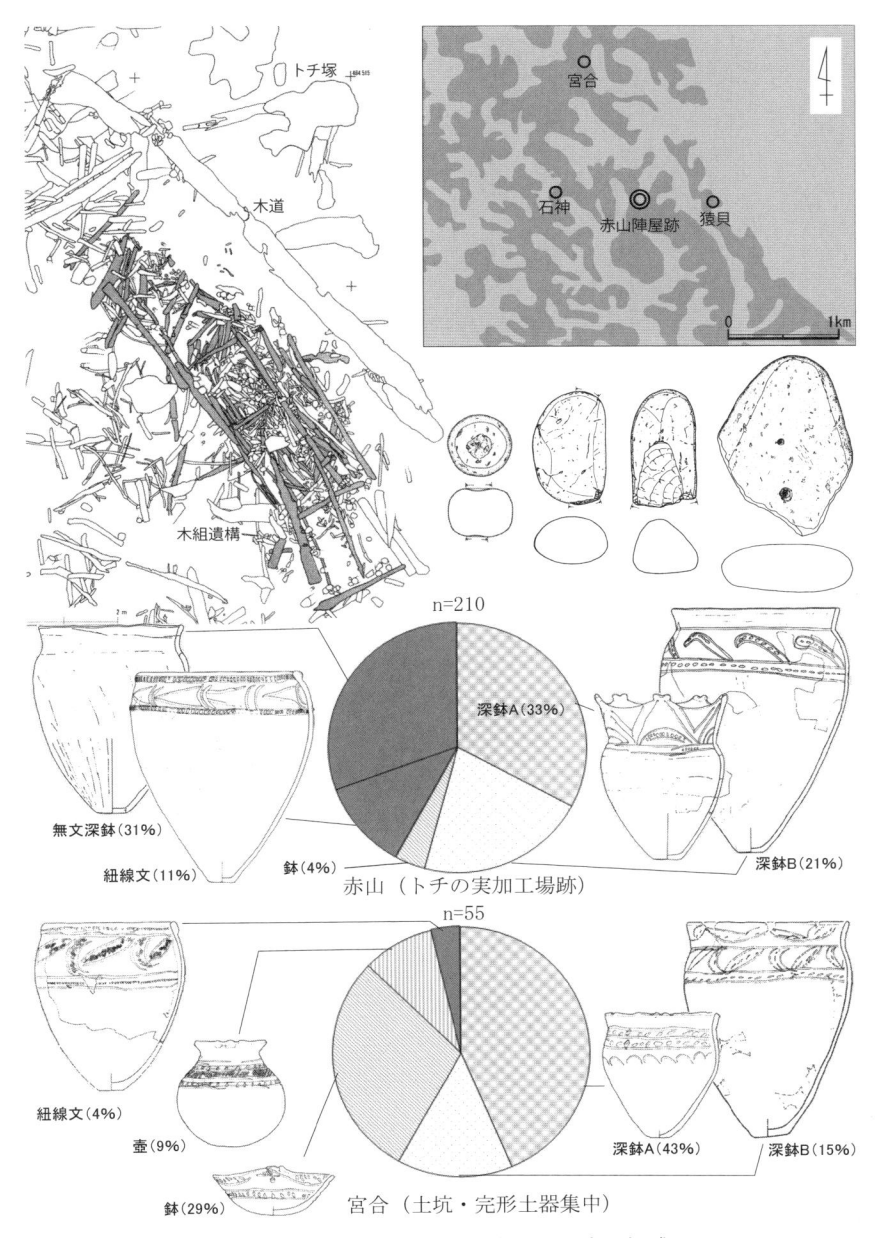

トチ塚

木道

木組遺構

宮合

石神　赤山陣屋跡　猿貝

1km

n=210

深鉢A（33%）

無文深鉢（31%）

紐線文（11%）

鉢（4%）

深鉢B（21%）

赤山（トチの実加工場跡）

n=55

紐線文（4%）

壺（9%）

深鉢A（43%）

深鉢B（15%）

鉢（29%）

宮合（土坑・完形土器集中）

図3　赤山陣屋跡遺跡と宮合貝塚の土器組成

なお同時期に併存する後晩期の集落遺跡としては、東側 0.6 km の位置に「安行式」の標識遺跡として著名な猿貝貝塚、北西 1.0 km の位置に宮合貝塚、南西0.9 km の位置に石神貝塚の 3 遺跡が所在しており、本遺構はこれら 3 遺跡による管理と活用が想定されている（金箱 1996）。

遺構周囲から出土した土器は晩期前〜中葉を主体としており、遺構が検出される直前および遺構最上面である第 1 面検出時にその多くが出土した。その組成は、精製土器の流れをくむ深鉢が 54 ％、粗製土器の流れをくむ深鉢が 42 ％であり、全体の約 9 割以上が煮沸容器ということになる。その一方で鉢や浅鉢、または壺などの非煮沸容器は極めて少なく、周辺で行われた土器の使用は煮沸行為に特化していたことがわかる。

次に比較資料として近接した集落遺跡での土器組成を取り上げる。

宮合貝塚は赤山陣屋跡遺跡の北西 1.0 km に位置しており、第 12 次調査により約 110㎡という小規模な調査区の中から晩期中葉を主体とする土坑群および完形土器集中地点が検出された。出土した復元可能個体は 55 個体あり、そのなかで非煮沸用の鉢や壺といった小型土器が 21 個体と約 4 割近くを占める。その一方で、大型煮沸容器は 2 個体のみの出土であり明らかに少ない。

このように宮合貝塚と比較すると、赤山陣屋跡遺跡における土器組成は従来から指摘されているように、大型煮沸容器に比重が置かれていることは明らかである。

（2）陣屋敷低湿地遺跡と上高津貝塚（図 4）

なお、赤山陣屋跡遺跡に見られる大型煮沸容器を中心とする低地での出土状況と類似した土器組成は、木組遺構の有無を不問とすれば、後期前葉まで遡って確認することができる。

茨城県美浦村に所在する陣屋敷低湿地遺跡は、霞ヶ浦の南岸、安中台地の南西側から湾入する標高 6 m 前後の主谷内にある。本遺跡の周囲を、標高 28 m前後の尾根上の台地が取り囲むが、周囲の台地部には当該期の遺構を伴う遺跡は確認されていない。そのかわり南東約 500 m には、陸平貝塚が位置しており、本遺跡を残した縄文人の集落遺跡と目される。

調査により東西 11 m、南北 8 m の範囲に後期前葉堀之内 2 式〜後期中葉加曾利 B1 式期を中心とする粗製土器、推定 200〜300 個体分で構成された土器

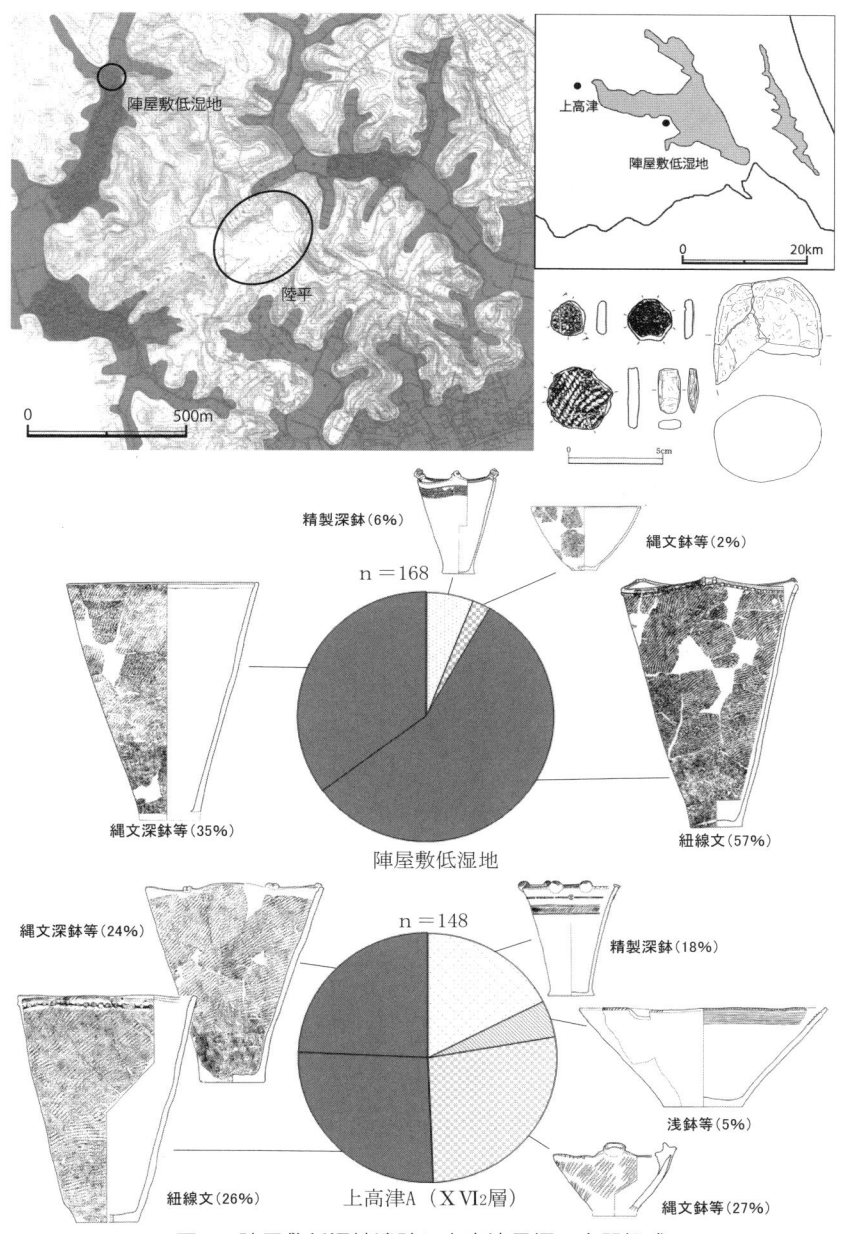

図4　陣屋敷低湿地遺跡と上高津貝塚の土器組成

集積址が検出された（小杉・馬場2011）。周囲には土器集積が開始される直前から集積中にかけて形成されたと思われる複数の焼土址が確認されており、この場でこれらの粗製土器が使用・廃棄されたことが推測される。

　報告書によると精製土器と粗製土器の口縁部による比率は1：30であり、有文小型の精製土器に比べて、文様要素が低調な大型煮沸容器である紐線文土器や縄文深鉢などの粗製土器が主体を占める。

　同時期の比較資料として、同じく霞ヶ浦の西部に位置する土浦市上高津貝塚の事例を確認する。上高津貝塚は、霞ヶ浦西岸に位置し、霞ヶ浦に注ぐ桜川の右岸、標高22〜24mの台地上にある縄文後期前葉から晩期中葉にかけての貝塚を伴う集落遺跡である。遺跡の南東部にあるA地点の調査では、調査面積わずか3.75㎡にも関わらず、貝層下土層中のⅩⅥ₂層より陣屋敷低湿地遺跡とほぼ同時期の資料が多量に出土している（佐藤・大内1994）。

　その比率は、大型煮沸容器が50％であり、また小型土器や鉢、浅鉢といった非煮沸容器が33％で、陣屋敷低湿地遺跡とは著しく異なる。

（3）西根遺跡（図5）

　続く後期中葉の事例としては、千葉県印西市に所在する西根遺跡の事例がある。本遺跡も集落遺跡から1.6〜2.1km離れた谷津内に所在し、後期中葉加曾利B式土器の集中地点が7ヶ所確認された。遺跡からは少なくとも640個体分の復元資料が出土し、推定で1200個体分の土器が存在していたことが想定されている（小林ほか2005）。これらの土器集積のなかで後期中葉加曾利B2式期を主体とする第3土器集積地点では、粗製土器である紐線文土器や縄文深鉢が約7割と圧倒的に多く、有文小型深鉢である精製土器が13％、同じく精製の鉢類が12％というように、大型煮沸容器が特化した様相が確認できる。

4. 木組遺構と低地遺跡の遺物構成

　赤山陣屋跡遺跡をモデルとする集落遺跡から離れた場所に立地する木組遺構の役割について、いわゆる堅果類の「アク抜き」処理に関わる遺構として見た場合、確かに赤山陣屋跡遺跡やここで取り上げた低地遺跡から出土した土器の器種組成は整合的な在り方を示す。ちなみにこれらの土器は復元率が高く、破片も細片化したものが少ないことから、ぬかるんだ足場の滑り止めとして集落

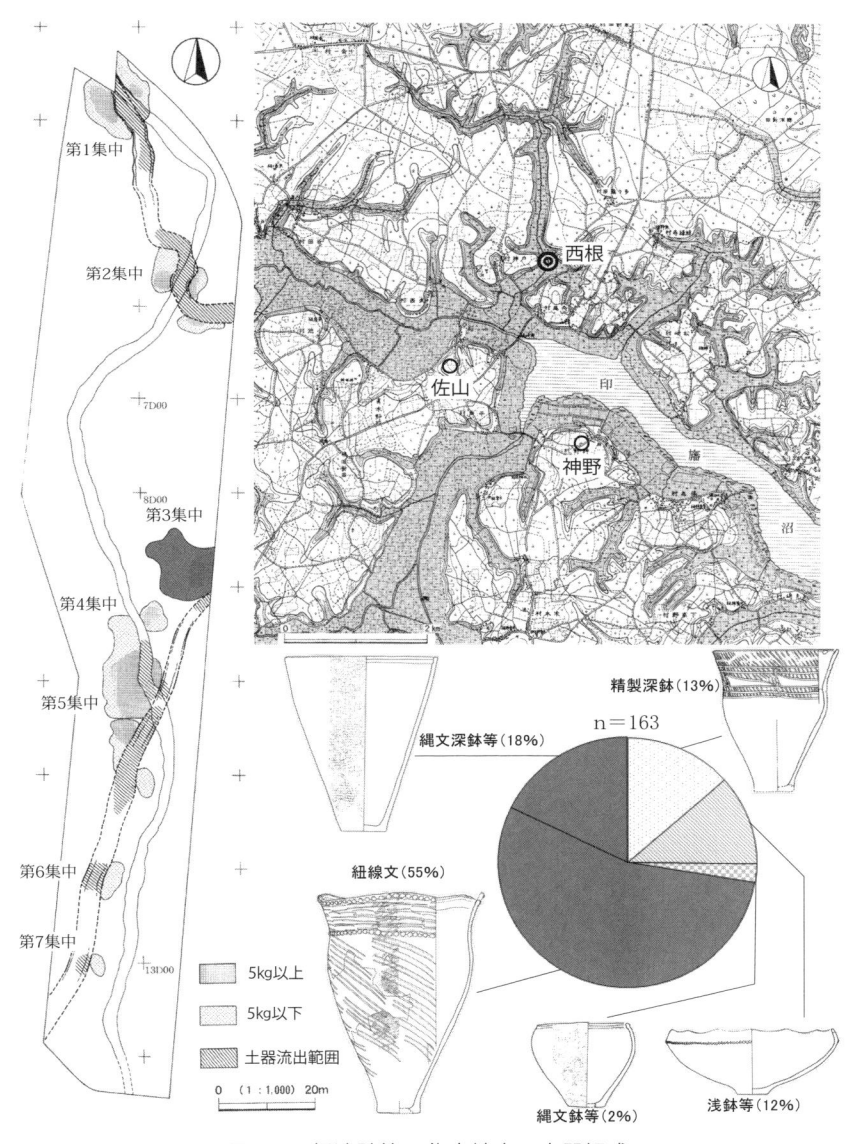

図5　西根遺跡第3集中地点の土器組成

から持ち込まれたものではなく、遺跡内で使用した後の廃棄状態と考えることが妥当であろう。

また土器のサイズは、集落遺跡のサイズと比べると大型のものが主体であり、煮沸機能を拡大した使用が想定される（金箱1996）。さらに赤山陣屋跡遺跡の土器使用痕を観察した事例によると、厚手のコゲが特徴であり、集落遺跡出土の土器使用痕とは異なる可能性も指摘されている（小林・金箱2003）。

それに加えて、民俗例のトチの皮むき石に類似した不定型な磨石、敲石が出土しており、近接して検出された2基のトチ塚と伴に、堅果類のアク抜きに関わる諸作業が行われた可能性を強く支持する。

その一方で、堅果類のアク抜き施設としてのみ評価すべきでない証拠もあり、その評価に関しては慎重を要する。

なぜならば、木組遺構と密接な係わりがあるとされた土器の出土状況は、「トチの実加工場跡」が検出されるより前の段階から遺構最上面である第1面検出時にかけて多量に出土しており、木組遺構の機能時より後に集積した可能性が高い。それは「トチ塚」が検出されるよりも前の段階であり、この3者はそれぞれの機能や集積の時期に若干の時間差が存在していた可能性がある。

また周囲の森林環境を推測する上で、赤山陣屋跡遺跡の木組遺構の構築材に着目すると、その多くがクリ材であり、周辺で行われた花粉分析でも、一定量のクリ花粉が確認されている。これらの事実は、遺跡周辺の植生がアク抜きを必要とするトチノキばかりではなく、クリなどのアク抜き不要の堅果類も繁茂する実り豊かな森林であったことを意味している。

さらに、遺構周辺からは数点の製塩土器の出土が確認され（宮内2017）、トチ塚内からは、わずかながら焼けた獣骨も出土している。これらは、堅果類のアク抜きに限定されない食料資源の利用を示す証拠である。

また土器を多量に出土する陣屋敷低湿地遺跡や西根遺跡でも、当然これら大型煮沸容器の出土量に見合うだけの堅果類などの集積が見られても良さそうであるが、実際は驚くほど少ない。とくに西根遺跡では、堅果類が175点出土しているが、その内訳はオニグルミ96点、トチノキ64点、カヤ9点などで、推定1200個体の土器に見合うだけの堅果類処理に関わる残滓の出土はない。そのうえオニグルミに関しては、人為的加工の痕跡は少なく、自然堆積のもの

が大部分であるとの所見がある。さらに陣屋敷低湿地遺跡と西根遺跡では焼骨が検出されており、西根遺跡ではシカ21点、イノシシ14点が同定されている。またそれらの捕獲に関連したであろう石鏃1点、漆塗飾り弓1点が出土しており、植物資源以外の利用の痕跡も確認されている。

　たしかに集落から離れた場所に立地する赤山陣屋跡遺跡や低地遺跡では、集落に付随する水場遺構を伴う遺跡に比べて出土遺物の種類は少なく、大型煮沸容器が多出するなど、その活動は限定したものであった可能性は高い。しかしながら、堅果類以外の資源利用の痕跡もわずかではあるが確認できることから、これらの遺跡の活動内容として「堅果類のアク抜き」といった単一の活動には限定されない生業が行われていたことは明らかである。

5. 水場遺構の役割とその意義

　縄文前期終末以降の海退による谷部の陸地化と安定化に伴い、縄文人による新たな立地での森林資源の利用が促されたことは想像に難くない。その具体的証拠がここまで取り上げてきたいわゆる水場遺構や、土器を大量に出土する低地遺跡の存在に象徴される。

　関東地方において水場遺構が低地内に積極的に構築される時期は、中期以降本格化し、とくに後期以降増加する。その構造の多くは、湧水点を掘削し、その周囲を木材などで取り囲むという共通性を確認することができる。したがって、その基本的な役割としては貯水機能を備えた遺構であると判断される。

　なお水場遺構の多くは、集落に近接した谷部に構築されたものが主体を占めており、飲料をふくむ様々な活動に関連した水資源の確保を目的とした遺構であると認識される。その一方で、集落から離れた場所にも水場遺構の構築が確認されており、これらは、多量に出土する大型煮沸容器の存在などから、これまで堅果類のアク抜きなどに特化した機能が想定されてきた。

　関東地方では、後期前葉以降、晩期中葉まで継続する長期継続型の集落遺跡が多く点在するようになる。こうした長期継続性を支えた要因として、これら低地で行われた水資源の安定確保と多量の大型煮沸容器の出土が示す食料加工に関わる生業活動が大きな役割を果たしたものと想定される。

　ではなぜ集落から離れた場所にも赤山陣屋跡遺跡や土器が多量に出土する低

地遺跡が出現するのであろうか。

　森林資源そのものは、集落周辺のみならず立地条件さえ整えば集落外のいたるところで生育する性質を持つことから、集落外にも利用可能な植物資源の植生地は点在していた可能性が高い。そうした資源を利用するにあたり、採取した資源を集落まで持ち運ぶよりも、直接採取地で加工をする方が、資源の運搬労力や調理・加工に費やす時間消費を抑制する効果が見込まれる。

　当然、集落遺跡近傍でも、これまでの花粉分析や大型植物遺体の分析により同様の森林資源が存在したことは予測される。したがって集落近傍の資源は集落内の水場遺構を利用し、集落から離れた場所の資源を利用する際に、これらの集落から離れた場所に立地する低地遺跡などを利用する重層的な資源採取・調理加工の生業体系が確立していたものと想定される。その開始時期は、茨城県の陣屋敷低湿地遺跡をはじめとする関東地方の東部を中心に後期前葉堀之内2式〜加曾利B1式期の時期まで遡る。

　なお、こうした集落から離れた活動の場は、低地のみではなく、台地上にも広く展開しており、集落遺跡周辺には少量の土器のみを出土する遺跡の存在が確認されている。こうした集落遺跡を取り巻く諸活動の痕跡については、千葉県の印旛沼南岸地域の分析からすでにモデル化が図られている（阿部1996）。

　したがって、赤山陣屋跡遺跡や土器を多量に出土する低地遺跡の存在は、長期継続した集落活動を維持していくために、集落周辺の台地部や低地部に網の目状に張り巡らされた活動地点の一要素として位置づけることが出来よう。

　これまで、集落から離れた場所に立地する水場遺構や低地遺跡に関しては、いわゆる堅果類のアク抜きを中心とした評価がなされてきた。事実、これらの遺跡からは、集落遺跡に比べ大型煮沸容器である深鉢が多量に出土しており、煮沸行為に特化した生業を行った遺跡であることは間違いない。ただし、遺跡からは、出土土器に見合うだけの堅果類そのものの出土が少ない場合や、堅果類以外の遺物も少量ではあるが出土しており、土器の使用が「堅果類のアク抜き」に限定されたものなのか、煮沸行為の内容に関する検討と遺跡の役割に関する再評価は必要である。関東地方の後晩期の生業などを語るうえで、低地から発見される水場遺構の存在は、重要な構成要素の一つであることは疑いようのない事実である。ただし、その用途については、これまで多くの評価がなさ

れてきた堅果類などのアク抜き行為にのみ特化した遺構であるのかを含め、機能・用途に関わる分析は継続していくべき遺構であることは間違いない。

引用・参考文献

阿部芳郎　1996「食物加工技術と縄文土器」『季刊考古学』第 55 号

阿部芳郎　1998「縄文土器の器種構造と地域性―食物加工作業の分節化と労働編成からみた関東地方後期の地域構造―」『駿台史学』第 102 号

石坂俊郎・藤沼昌泰　2004『後谷遺跡 第 4 次・第 5 次発掘調査報告書 第 1 分冊』桶川市教育委員会

江原　英ほか　1998『寺野東遺跡IV（縄文時代 谷部編－1)』栃木県埋蔵文化財調査報告 第 208 集

金箱文夫ほか　1989『赤山 本文編』川口市遺跡調査会報告 第 12 集

金箱文夫　1996「埼玉県赤山陣屋跡遺跡―トチの実加工場の語る生業形態―」『季刊考古学』第 55 号

栗島義明　2011「縄文時代の湧水利用」『埼玉考古』第 46 号

栗島義明　2012「集落下の水場―赤城遺跡に見る湧水利用の形態―」『利根川』第 34 号

小杉　康・馬場信子　2011『陣屋敷低湿地遺跡』陸平研究所叢書 7、美浦村教育委員会

小林信一ほか　2005『印西市西根遺跡』千葉県文化財センター調査報告 第 500 集

小林正史・金箱文夫　2003「ナッツ類加工場から出土した縄文土鍋の使い方―赤山陣屋跡の分析―」『日本考古学協会第 69 回総会 研究発表要旨』

佐々木由香　2000「縄文時代の「水場遺構」に関する基礎的研究」『古代』第 108 号

佐々木由香　2007「水場遺構」『縄文時代の考古学 5 なりわい―食料生産の技術―』同成社

佐藤孝雄・大内千年　1994『国指定史跡 上高津貝塚 A 地点』土浦市教育委員会

松山利夫　1982『木の実』ものと人間の文化史 47、法政大学出版局

宮内慶介　2017「奥東京湾および内陸部における土器製塩」『縄文の塩―土器製塩の技術と展開―』明治大学資源利用史研究クラスター研究成果公開シンポジウム

盛野浩一ほか　2011『宮合貝塚遺跡』川口市遺跡調査会報告 第 39 集

吉岡卓真　2012「低地遺跡の土器組成」『縄文時代の資源利用―民俗学と考古学から見た堅果類の利用及び水場遺構―』縄文時代の資源利用研究会

渡辺　誠　1996「水場研究の問題点」『考古学ジャーナル』№ 405

後・晩期における長期継続型地域社会の構造
―生業と祭祀と社会構造との関係性から―

阿部 芳郎

はじめに

　縄文時代は狩猟採集社会と定義されてきたが、近年では植物資源の管理・栽培（工藤 2014、小畑 2016 など）や水産資源の集約的な利用（阿部 2000b など）など、生産手段の多様化と利用技術がこれまでの想定以上に発達していたことが明らかになってきた。すでに縄文後・晩期は生産手段の内的な矛盾が社会を停滞させ、呪術の支配する社会が縄文時代の後期から晩期の特徴であるという解釈（坪井 1962、勅使河原 2016 など）は成り立たなくなった。こうした時代観は次期の稲作農耕社会に有意性を付加するための図式的理解でしかない。では、これらの技術の発達は、どのような社会の中で生み出され、そして運用されたのだろうか。この実情の解明が次の課題になるであろうし、停滞論者に対する応答にもなる。

　ところで自明のことではあるが、生産技術と社会構造には強い結びつきがある。そして、社会構造の解明は先史考古学の重要な課題である。本書の一貫したテーマである後晩期には祭祀的な遺物の増加が古くから指摘され、「停滞的な社会」を象徴する現象として認識されてきた。本論では縄文時代観の一角を成すこれらの言説について再検討するために、関東地方の後晩期を特徴づける生業と祭祀にかかわる現象を指摘し、これらの相関関係から後・晩期社会の特質について検討する。

1. 生業構造の解明

　縄文時代の盛衰を評価する視点として、集落規模や同時期の住居数などが注

目されてきた。しかし、これらの評価は生業の適応的な形態として決定づけられるものなので、生業活動との関係性の解明がこれらの現象の評価の前提になることは間違いない。

すなわち、集落の同時期における集団規模は彼らの生業戦略によって異なる事が予測できるし、さらに縄文時代の生産活動は一集落で完結する自給的活動や集落内での専業的活動（阿部1987）や、集落間の協業などの存在がすでに指摘されている以上（金箱1995、佐々木2000など）、これらを配視しない集落研究は集落そのものの存立基盤の理解において潜在的な課題を内包させているともいえる。そのため生業活動と居住活動を結び付ける遺跡群研究がこれらの課題に答え得る有効性をもつであろう。

（1） 土器の型式構造の変容と生業活動

縄文人の食料資源の主食の1つである堅果類の加工技術に関して、後期以前とそれ以後との間には大きな変化が指摘できることが2点ある。

まず1点目として精製土器と粗製土器の分化が指摘できる。学史的には関東地方では堀之内式から加曽利B式期に分化が進む（阿部1999）。これらの型式学的な視点からみた場合に指摘できる変化の要因の1つに、大型煮沸容器である粗製深鉢の出現による食物加工工程の集約化や土器の機能の多様化が関わる可能性が想定できるが、今日の土器研究は生業活動との関係性の理解に蓄積が極めて少ない。

しかし、土器を道具という視点から再評価することは、何も型式編年学と相いれない関係ではなく、相互補完的な関係にある[1]。ここではまず、後期から晩期を特徴づける粗製土器と精製土器と器種構造との関係について整理する。

そもそも精製土器とは、型式学的には文様帯のある土器で装飾性が高いことを特徴としている。そのためこれらの土器は土器編年の指標的な土器として詳細に分析されてきた歴史がある。加曽利B1式の精製土器は前段階の堀之内2式からの連続性をよく示しているので、精製土器と粗製土器という概念の登場が、土器の型式学的な連続性を分断しているわけではない。すなわち粗製土器も連続的な型式変遷の中で出現したことを示している（図1）。

関東地方の後期土器は型式学的にはいわゆる粗製土器には2つの系統がある。1つは堀之内2式精製深鉢の系統的な変遷から成立する一群と、もう1つ

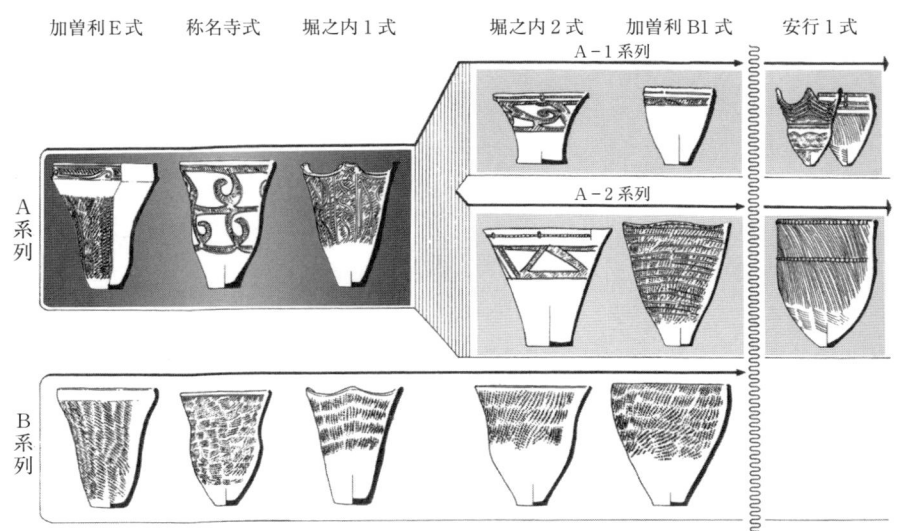

図 1　精製土器と粗製土器の型式変遷（阿部 1995）

は精製土器と同様の形態をもち装飾が縄文などの単純なものであり、これは後期以前から存在する系統の一群である（図 1　B 系列）。後期中葉までは両者が併存するが、時間の経過とともに前者の粗製土器が主体を占めるように変化する（阿部 1995）。

　B 系列はそれ以前から存在する有文土器の文様を省略した一群で、深鉢以外の鉢や椀型などの複数の器種を含む特徴がある。関東地方では後期中葉以降になると粗製土器は紐線文土器と呼ばれる土器が主体を占めるようになるが、これは A 系列とした堀之内 2 式の精製土器から派生するので、型式学的な連続性という視点からは精製土器の系統分岐として説明されるべき現象であることは重要である。さらにまた、これらの土器の製作を担う製作者は専業化の進んだ別集団なのだろうか、という問いは古くからあるが、精製土器と粗製土器との間には、属性の共有が認められることや、両者の分布状況などから、別集団の製作によると考えることはできない。つまり、後期における器種の分化とは基本的に同一集団による土器の作り分けと考えるべきである。

　関東地方では遺跡から出土する粗製土器の多くが紐線文土器で占められていることは常態である。多くの個体には煮炊きの痕跡があることも特徴で高い組

成比率をもつ粗製土器の存在は、大型の煮沸具が大量に消費されたことを示している。

第2点は低地における木組施設の出現がある（金箱1995）。埼玉県川口市赤山陣屋跡遺跡では集落から一定の距離を置いた谷底から複数の木組施設が発見されている（図2）。周囲にトチの果皮の集積が伴っていることも示唆的で、クリやトチの花粉が多量に検出されていることはこの場の植生を示唆する。

大型の粗製土器（図2）やトチ剝き石などの出土に対して、集落から出土する場合が多い祭祀用土器などが欠落する点も特徴である。また反対に少ない量ではあるが、精製深鉢や鉢の出土も認められることは、この地点での飲食行為が行われた事実を示唆するもので、堅果類の加工作業が一定期間の居留や飲食を伴う規模であったことを示す点で重要である[2]。

木組の施設は台地に形成された集落の直下に作られる小型で個々の集落が自給的に利用したタイプと、先述した赤山陣屋跡遺跡のように集落から独立して形成された2つのタイプがある。筆者は集落に付随する水場を長野県栗林遺跡の調査成果を基にし「栗林型（集落付随型）」と類型化し、集落から独立した水場を「赤山型（独立型）」と類型化した（阿部1998）。赤山型の出現は、低地での堅果類の加工が集約化したことを示唆する。また土器自体の変化は、食物加工工程における大容量の煮沸土器の存在が示すように食材加工の集約化を意味すると考えることができる。

しかし一方で、土器型式の器種組成率の上で過半数をしめる紐線文粗製深鉢は、一度に多数の粗製土器が利用されたと考えるよりも、日常的な生活の中で粗製土器を利用する場面が頻繁に存在したことを示すと考えられる。遺跡の器種組成率は瞬時的なものではなく、粗製土器自体のライフサイクルが加速化して補充された累積的な結果である可能性が高い。その重要な証拠として集落の土器組成における紐線文粗製土器の組成率の高さを挙げることが出来る。

重要なことは食物加工技術の革新は、集落遺跡における食物加工作業の中で起こった現象であり、粗製土器と粗製土器を用いる加工工程が分立し、集落外の資源産出地でのアク抜き作業のために新たな作業空間が用意されたことを示すのであり、その結果として、堅果類加工では、集落単位での自給的な活動と、複数の集落共同での供給的な活動から成り立つ2重の生産構造が確立した

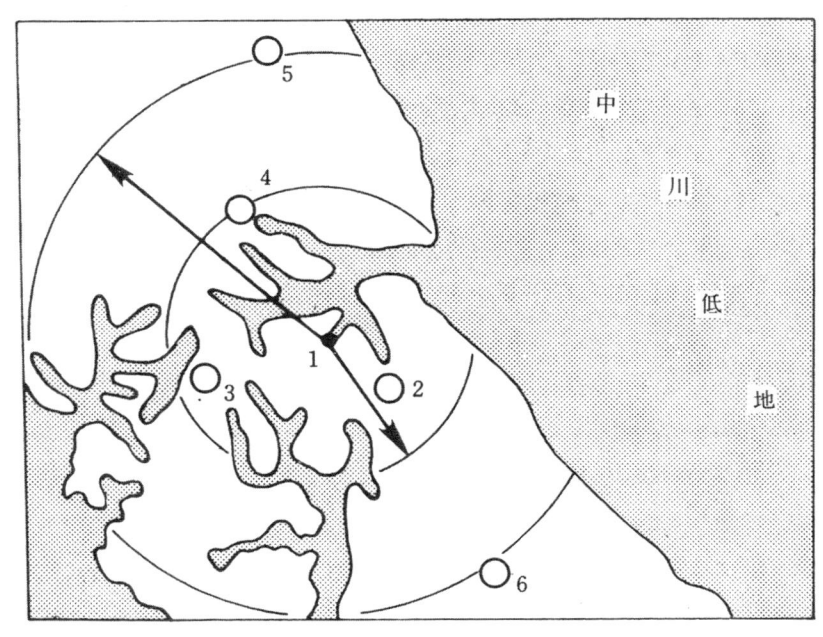

1 赤山陣屋跡遺跡
2 新郷貝塚
3 石神貝塚
4 宮合貝塚
5 精神場貝塚
6 前野宿貝塚

小円は半径1km
大円は半径2km

図2　赤山型水場遺構の立地と集落分布（阿部1998改編）

のである。

こうして粗製土器を用いた食物加工工程の複雑化、多工程化が後期中葉に起こり、それ以後に低地での集約的な加工場が登場することになるのであろう。その画期は土器型式の研究から堀之内2式の終末以降と推測することができる。紐線文粗製土器の型式学的な研究が示すように、こうした現象は関東東部地域において顕著に認められることも重要である。土器の型式学からは、東関東地方の地文縄文の紐線文粗製土器は、堀之内2式の精製土器において認められる特徴なのであり、堀之内2式土器の地域性を引き継いでいる事実は、土器型式と生業研究を結び付ける重要な視点である[3]。

このように器種の分化によって示唆される食物加工工程の分節化・集約化という現象は、やがて土器製塩技術の確立につながる関係性を有する。

(2) 漁撈活動の発達

後期における漁撈技術の革新は、広大な空間を対象とした全体的・均質的な変容という変化とは異なり、局所的で集約的な特性を強く持つ。中でも特徴的なものは銛頭や釣針などを擁する漁撈活動である。こうした動向は後期初頭の東京湾湾口部に出現し、神奈川県称名寺貝塚、千葉県鉈切洞窟などの外洋性漁撈遺跡として出現する。これらの遺跡からは鹿角製銛頭とイルカが出土していることからわかるように、海獣類を対象とした集団漁である。ただし、こうした遺跡は後期中葉にいたると現利根川（旧鬼怒川）の注ぐ千葉県銚子市余山貝塚の出現とともに、古鬼怒湾を中心に展開するようになる。

余山貝塚の刺突漁は特徴的な銛頭と、鹿の中手・中足骨を素材としたヤスから構成される漁撈活動へと移行する（図3）。これらの漁撈具は特定の遺跡において多量に出土することが顕著であり、遺跡間の専業化が明確に指摘できる。ただし、余山貝塚の銛頭とされるものは離頭銛とされているが、筆者は湾曲した器体や非対称な先端部をもつことから、離頭したものではなく柄に着柄したままで用いる突漁の道具であったと考えている（阿部2016）。そうであるならば、ヤスとしての機能と同様になるが、湾曲した器体は腕の遠心力を利用した刺突力を持つ点で、鹿骨製のヤスとは異なる機能を有する（図3上段）。いずれにしても逆刺をもつ器体はイルカなどの大型の海獣を意識した突漁の存在を意味し、それらは単独ではなく、集団漁として組織化された集

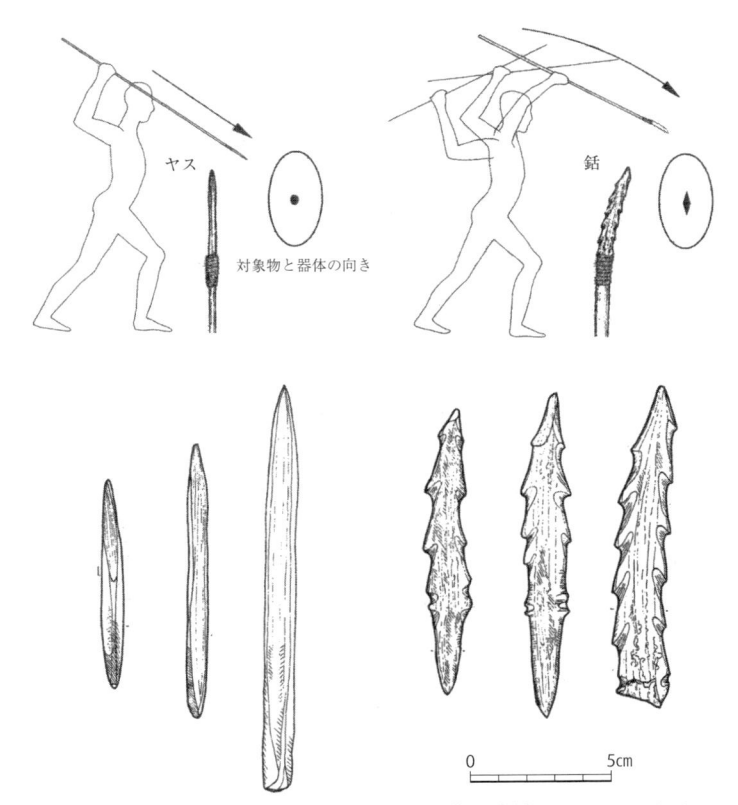

図3　千葉県余山貝塚の骨角漁撈具と使用方法（阿部 2016 改編）

団の存在を示唆する。

　一方、余山貝塚のもう１つの特徴でもある釣針は、軸の長い独特の形態をもつが、釣漁は個人漁としての性格をもつ。大型魚類を対象とした釣漁も同様に地域的な特徴をもつものであり、特化した漁撈技術を持つ集団の存在を示す。イルカやマダイなどの魚類の生態から見た場合、接岸の季節性や漁場などの条件を満たす地点は限定されていたと思われ、それらの特定資源の集約的な利用の開始を示唆する現象と考えることができる。縄文時代の生業の特色の１つとして指摘されてきた水産資源の利用においても、後期以降では特定貝類の内陸への搬入（阿部 2006）や専業化した漁撈具の存在が示すような専業化した漁撈の側面が顕著になることが指摘できる（阿部 2016）。

（3）製塩技術の展開

　後期の土器の器種の多様化とは一面で個別器種における機能の特化を意味すると考えられ、特定の工程に特定の器種が対応することにより成り立つ複雑化と考えられる。近年の筆者らの分析により、後期末から晩期初頭に出現する製塩土器は、2つの手法の研究によって、それ以前に母胎となった器種が存在することが突き止められた。

　1つ目は製塩土器の型式学的な検討であり、深鉢形の製塩土器のプロトタイプは後期前葉に出現する無文浅鉢に求められるものであることが明らかになった（阿部2014a）。そして無文浅鉢の連続的な型式変化による深鉢化と製作技術伝統の在り方から、とくに関東地方東部地域において製塩土器が発生したことである（図4）。そして2つ目はこれらの無文浅鉢の内面から海草付着性の珪藻が多量に検出された事実である（阿部2017）。この事実は海藻と製塩の関係性の深さを示唆するものである。この2つの分析は、これまで晩期に開始されたと考えられてきた土器製塩の起源が製塩土器の出現よりも古く遡る事実を明らかにし、さらに海草を利用した製塩痕跡は現時点において中期後葉にまで遡ることもわかった。この議論は製塩土器の出現から議論されてきた製塩研究を振り出しにもどすことになった（阿部2017b）[4]。

　晩期の製塩土器の出現と時期を同じくして、関東地方では茨城県法堂遺跡や広畑貝塚などに見るように、集落の屋外に大型の製塩炉が出現したり、周囲には大量の製塩土器が層を形成したりするなど、製塩活動の活発化が認められる点は注意を要する。低地の水場遺構における食物加工作業と同様に活動の集約化がほぼ同時期に指摘できることは興味深い。トチは前期から利用が認められ

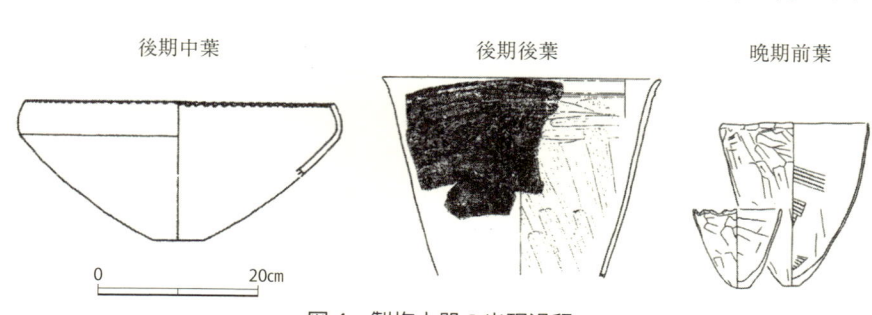

| 後期中葉 | 後期後葉 | 晩期前葉 |

0　　　　　　　20cm

図4　製塩土器の出現過程

るが、加工の集約化が起こるのは後期になってからであり、利用の活発化は遅れている。これらの事実から後期から晩期にかけて生業の各種技術が1つの画期を形成したことが予測できる。

　食料資源において主食となったと想定される堅果類の加工に集約化が認められることと、製塩活動の活発化が製塩土器を生み出しているという現象は、一見結び付きがないように見えるが、大きく後期の生業構造を考える場合、無関係ではない。ここでは活動の集約化によって器具が多様化を遂げることと、各生業が形成する個別の作業空間の形成という構造的特性に関係性を指摘しておきたい。

2. 祭祀と装身の構造

（1）土偶祭祀

　後晩期の祭祀を象徴する器具の1つとして土偶がある。関東地方の後期の土偶は後期前葉の堀之内式に伴うハート形土偶とこれに続いて登場する加曽利B式期の山形土偶があるが、両者は系統的な連続性が希薄である。ハート形土偶は東北南部の土偶型式が関東地方に南下して成立し、その多くが堀之内1式終末から堀之内2式期に対応する。山形土偶は加曽利B1式ではなく同2式期東北地方南部からの波及により出現し、以後ミミズク土偶へと連続的な型式変遷が辿れる（阿部2007a)[5]。

　関東地方で土偶の出土数が増加するのは山形土偶の時期以降である。この時期の多量化には2つの要因が考えられる。1つは一時期の土偶群を構成する類型の増加である。ハート形土偶の時期では有脚立体形の四肢の表現されるタイプと筒形土偶と呼ばれる胴部が筒形を呈する2つのタイプが存在するが、これは基本的には地域差と考えることができるため、一地域の土偶群の構成は比較的単純であるのに対して、山形土偶は大型で装飾性の高い類型と中型で装飾が簡素化した類型と形態が抽象化した素文の3タイプから構成され、大きさや装飾性に顕著な違いが認められる（図5）。

　ほかの1つの要因は大量保有遺跡の出現である。千葉県吉見台遺跡A地点では集落内部の3000㎡ほどの調査区から約300点の土偶が出土しており、この数のみで東海地方以西の全県の土偶出土数を凌駕する。吉見台遺跡の土偶は山

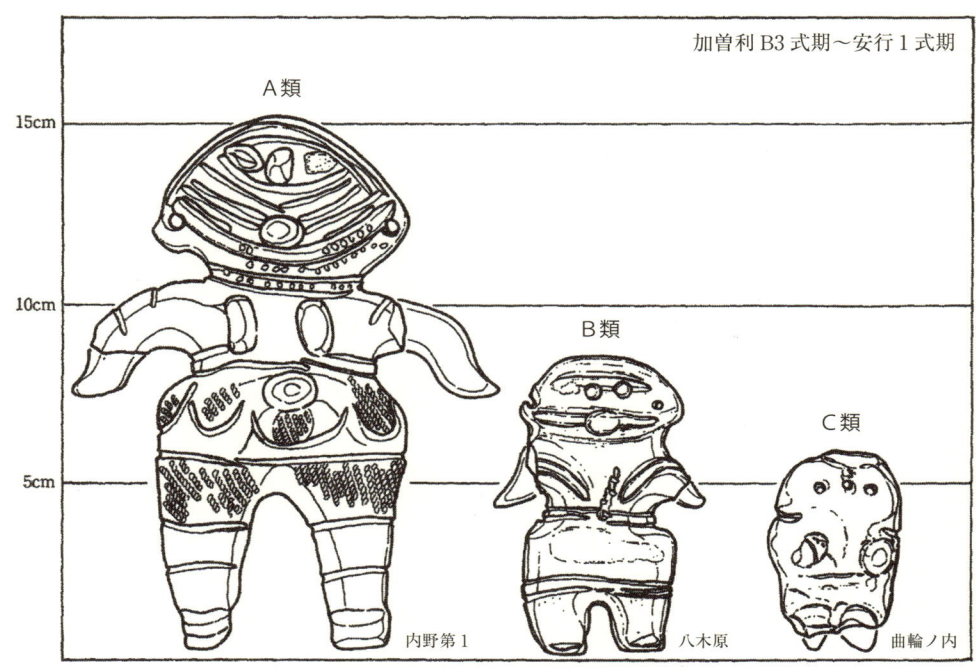

図5　山形土偶の類型（阿部2007a）

形土偶から晩期の土偶までを含むが、大半が山形土偶である。

　こうした２つの要因が土偶の多出する地域社会を形成しているが、加曽利Ｂ式期の土偶群の構成が示す作り分けは一体何を示しているのであろうか。

　装飾性という視点からみると、大型の土偶は土器文様との共通性を示し、広域な地域との共通性を示し、小型の土偶は形態や製作方法に地域差をもつことがわかっているから（阿部2007a）[6]、この事実は土偶祭祀の中に階層的な違いが存在したことが推測でき、個々の土偶祭祀の規模や参加者が異なっていた可能性が指摘できる。いうまでもなく、土偶は乳房や膨らんだ腹部の表現からみて妊娠した女性を象徴化したものであることに違いない。出生は集落を維持するための重要な意味を持っていたに違いない。土偶は、社会的には集団維持の役割を祈願するための祭祀具と考えることができる。女性の役割が象徴化した祭祀は、ほかの社会的な制度とどのような関係をもっていたのであろうか。

（2）身体装飾としての土製耳飾

　後期の土偶に耳の表現が明確化するのは後期中葉の山形土偶である。この型式の土偶には、耳自体の表現系は発達しないものの、相当部分に小さな孔が穿たれる特徴がある（図6左）。これは耳朶の穿孔を意味したもので、耳飾の着装を表現したものと考えられる。その推測は続いて登場するミミズク形土偶において、明確に滑車形耳飾の装着が表現されている事実からも、推測の妥当性を指摘することができる（同右）。

　土製耳飾は加曽利B式期に小型で臼形のものが一般化し、やがて滑車形へと変化する。そして、この変化の過程で装飾性が高まり、ブリッジを形成したり、透かし彫り表現などをもつ装飾性の高い耳飾が出現する。これらは後期後半から晩期前葉にかけて起こる現象であり、さらに関東地方から中部地方にかけて多量化と多様化が著しい。

　小型や大型にサイズが分化した耳飾は着装の多世代化という理解で説明が可能である。後期以前の耳飾は成人用でサイズに差異が小さい。つまり後期以前の耳飾りは着装の有無によって位階が表示されていたのに対して、後期以降の耳飾りはサイズと装飾の多寡によって、より複雑な位階の表示が可能になったであろう。

　耳飾の着装者は土偶を参考にすると女性と考えて間違いない。山形土偶では耳の部分に小孔が穿たれていたのが、ミミズク土偶では滑車形耳飾の着装表現が現れるのは、着装風習と対応している。したがって耳飾の示す位階表示は女性を対象としていたことが指摘できる。こうした事実は女性内での位階の複雑化が指摘できるが、土製耳飾の文様には地域性が指摘されていることからみて（吉岡2010）、着装者の出自を表示する目的もあったのであろう。耳飾の文様表現が土器文様に類似している

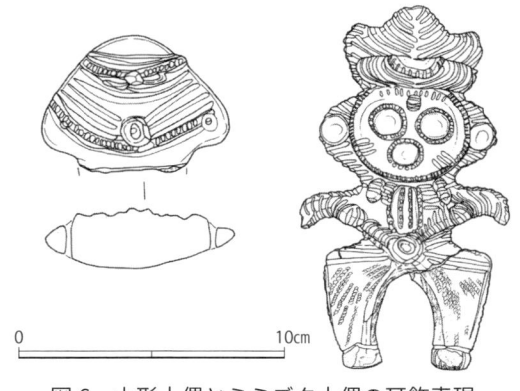

0 ————————— 10cm

図6　山形土偶とミミズク土偶の耳飾表現
（千葉県：井戸作遺跡）

ことも耳飾の社会的な意義を考える場合、示唆に富んでいる。

（3）貝輪の着装と生産流通

　貝輪も女性の着装品として早期から存在するが、その数（着装数）が増加する時期は後期である。貝輪はサトウガイやベンケイガイなどの近海で採取できるものと南海産のオオツタノハなどがあり、同列には扱えない（忍澤 2011）。獲得難易度から見た本州の貝輪は、オオツタノハを頂点として後期では在地産のベンケイガイとサトウガイ、イタボガキなどから構成されている。耳飾は着装数での差異化はできない反面で、貝輪には着装数の多寡によって差別化が可能である点が特徴の１つである。

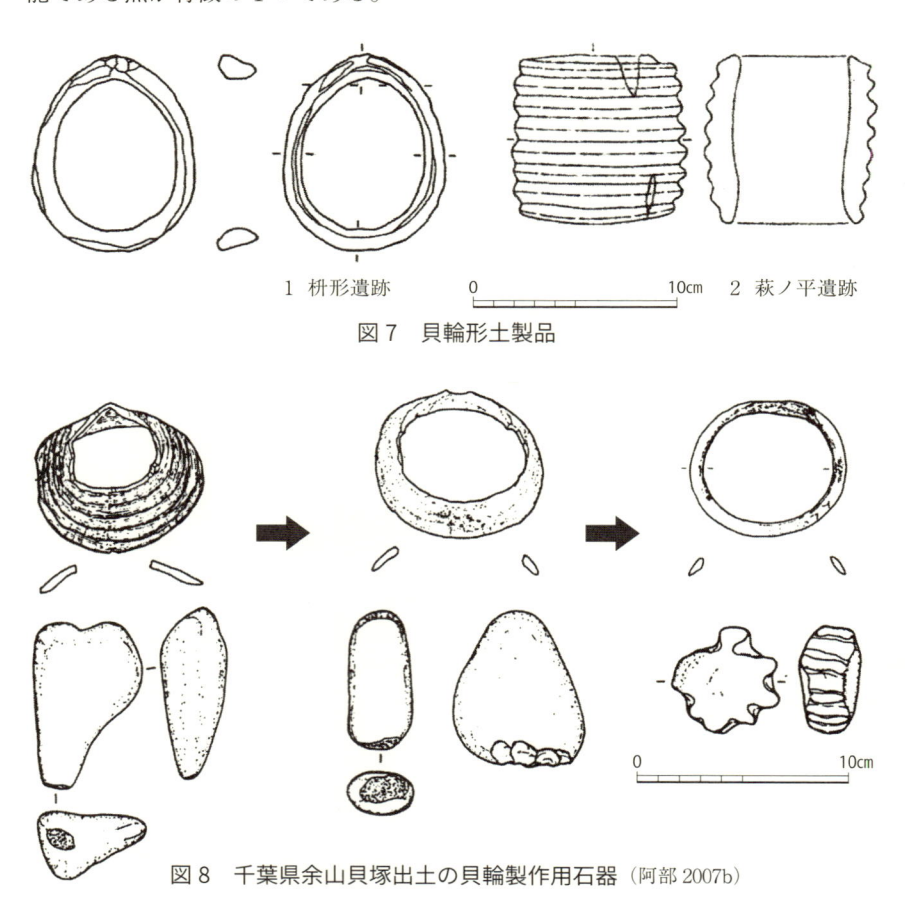

1　枡形遺跡　　　　0　　　　　　　10cm　　2　萩ノ平遺跡

図7　貝輪形土製品

図8　千葉県余山貝塚出土の貝輪製作用石器（阿部 2007b）

その場合、着装数の増加の単位は1個ずつではなく、5個から6個の倍数が単位となっている場合が多いようだ。また着装数が増加する後期前葉には着装の単位を示唆する貝輪形土製品が出現することも示唆的である。その中でオオツタノハを模倣した土製品は単品を単位としているのに対して、ベンケイガイは複数個が連着した状況で筒形を呈している（図7右）。着装数による表示は、女性社会の中での威信の獲得により成り立っているのであろう。

　後期に貝輪の出土数が増加するのは全国的な傾向であり、貝種もベンケイガイが主体を占めるようになる。千葉県古作貝塚からは後期前葉の堀之内式の2個の壺形土器に収蔵された多数の貝輪が出土しており、一時期的な管理が行われた証拠であろう。また後期から晩期の時期には全国的に貝輪の大量生産遺跡が出現することとも相まって、貝輪着装のピークと対応している。

　千葉県銚子市余山貝塚はその代表的な遺跡であり、貝輪生産に伴う石器とともにベンケイガイとサトウガイを素材とした膨大な未成品あるいは失敗品が出土している（図8）。大量に出土した未成品や失敗品の数からすれば、その消費量は余山貝塚1遺跡を遙かに超えているのは確実であり、遺跡外への搬出が恒常的に、大量に行われていたことを意味する。

（4）共同祭祀と大型竪穴建物跡

　後期中葉以降の集落には、通常の住居とは構造や規模の異なる大型の竪穴建物跡が検出される遺跡がある。なお同様の施設を「大型住居」と呼称する事例があるが、居住活動を具体的に示す痕跡が乏しく、集落内での位置関係や出土遺物などから考えて、共同施設と考えた方が合理的な点が多い（阿部2001）。

　巨大な楕円形の平面プランをもつこの建物跡からは千葉県加曽利貝塚の事例（図9）のように、異形台付土器や石棒が出土する事例が多く、さらに施設の立地状況などから共同祭祀を行う施設と考えている。これに対し高橋龍三郎は合同居住の住居と指摘する（高橋2003）が、高橋の指摘は具体的な考古学的な根拠がなく想像の域を出るものではないし、パプアニューギニアの民族事例を掲げるだけでは論証にはならない。

　こうした事実からは、通年的な居住を想定することはできず、出土遺物の特徴からしても祭祀的な行為が執行される施設と考えるべきであり、さらに特定の集落遺跡のみに発見されている事実や、通常の集落の入り口部に構築される

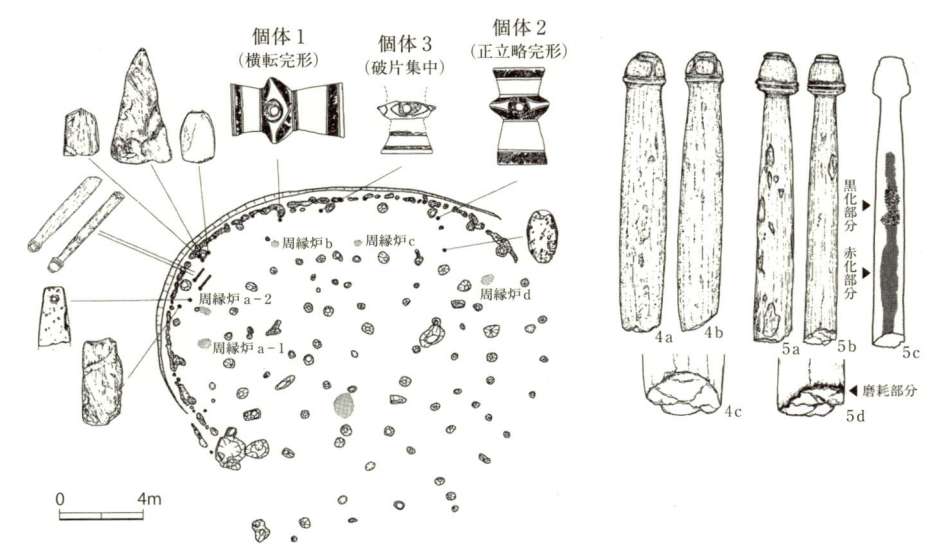

図9　千葉県加曽利貝塚における大形住居と石棒（阿部2001改編）

事例が多いことから、周辺の集落からの人々が参集した共同祭祀施設と考えるべきである（阿部2001）。

　これらの施設内で行われた祭祀の1つに石棒祭祀がある。加曽利貝塚例では2本の小型の石棒が先端を揃えて床面から出土しているが、一部に被熱の痕跡を残す（図9右）。石棒が被熱した事例は中期に顕著に認められ、大型の石棒が熱によって破砕される事例も多い（谷口2011など）。後期の石棒は小形化しているものの、中期からの伝統を残して被熱痕が認められるのは重要である。ただし、熱による破砕は認めにくい。反面で1本の石棒が5cmほどを単位にして切折しているものが多く、石棒の使用の最終場面では破砕される点では中期と同様である。中期に比較して出土数が増加することは、石棒の小型化と関係した現象であり、さらに石棒祭祀が執行される場としての大型竪穴建物の出現などが示すように祭祀の活性化が顕著である。これらの事実が晩期の停滞した社会を象徴する現象と捉えるかが重要な論点となる[7]。

3. 長期継続型地域社会の構造

（1）分業化の進行と専業化

　では、これまで検討してきた現象は一地域の遺跡群において、どのようなあり方をしているのだろうか。ここでは千葉県中央部の印旛沼沿岸地域の遺跡群に注目してみよう（図10）。関東地方の後期には、すでに述べたように、関東地方では堅果類の加工や土器製塩、そして装身具である貝輪生産などに著しい偏在性が顕現していることが確認できた（阿部2003）。

　図10にしめした地域内では、千代田遺跡（八木原貝塚）（同9）のように東京湾の水産資源を内陸に流通させ、集積し（阿部2006）、それを再分配したと思われる遺跡（同1〜8、10〜11）や土器塚を形成する遺跡（同3・5・6・8）や、大型住居を構築する遺跡や、土偶を多出遺跡（同8）も存在する。こうした現象は一面において、地域のなかで特定の集団がほかの集団を圧倒するほどの優位性や政治的な利権を有したというような推測を導く可能性があるが、特定の資源を占有することによって、生じる社会的な中心性や政治的な権力をもつのかというとそうではない。その証拠に、そうした遺跡が得たであろう大量の交換財の集積や特権的な集団が居住した特別な施設などが存在しない。この点が社会階層化の顕著な弥生時代以降の専業化とは異なる点であろう。

　また、貝輪の生産遺跡である余山貝塚からは膨大な量の貝輪の未成品や破損品が発見されている。ほかの遺跡の貝輪を圧倒する量の貝輪がこの遺跡で生産されたことは間違いない。加えて余山貝塚は鹿角製の銛頭や釣り針、ヤスなどの生産が行われており、未成品の出土も多い（阿部2016）。貝塚からは大量の魚骨の出土もあり、海浜部に立地することからしても、盛んな漁撈活動が行われたことも間違いないであろう。貝輪生産に男女のどちらが関わったのかということはわからないが、道具作りの技術体系からは、打ち割や擦り切り、仕上げの研磨などの技術を駆使した技術集団が存在したことは間違いないであろう。

　余山貝塚の骨角製漁撈具は霞ヶ浦沿岸にまでおよぶ広域な地域での共通性をもち、また貝輪の素材である貝類や加工用の砥石なども霞ヶ浦沿岸から遠く千葉県や埼玉県にまで流通している。

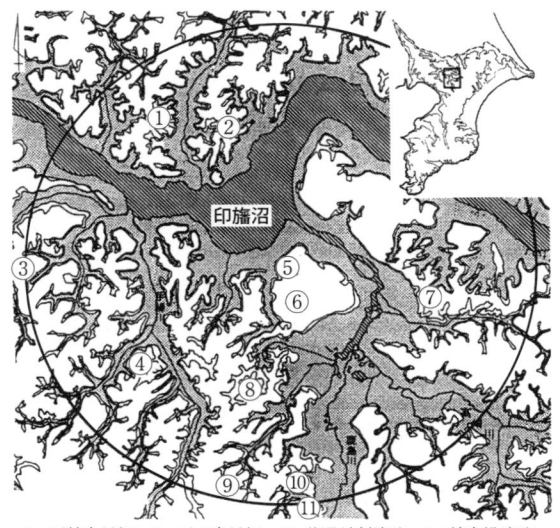

1：石神台貝塚　2：戸ノ内貝塚　3：井野長割遺跡　4：神楽場遺跡
5：遠部台遺跡　6：曲輪ノ内貝塚　7：天神前貝塚　8：吉見台遺跡
9：千代田遺跡（八木原貝塚）　10：島越台貝塚　11：前広台貝塚

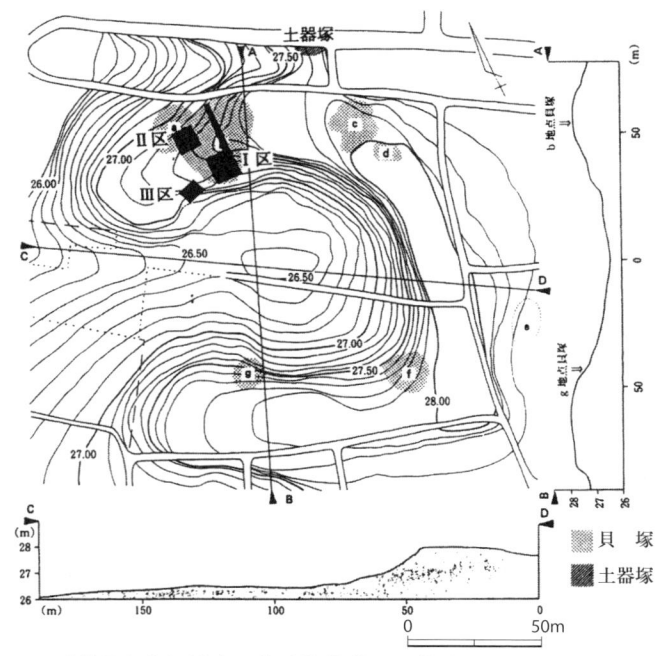

図10　千葉県印旛沼沿岸の後晩期集落と環状遺丘集落（阿部 2003 改編）

貝輪は完成品のみが流通したのではなく、素材や加工用石器までもが内陸地域へと流通しているので、交易という単純な内容ではなく、生産や加工用技術体系もが一体化して伝播したことを想定させる。ここで言えることは、生産者から消費者へという経済的に単純で一元的な交易とは考えられないことである。

（2）社会的な調整機能としての生産遺跡の性格

　後期の貝輪はベンケイガイとサトウガイを素材としており、外洋性の貝類を素材としている。また出土人骨の着装数は縄文時代では最も多く、貝輪の着装のピークに相当している。後期以降の女性社会の貝輪着装習俗とは子供から成人までが対象となり、「着装の多世代化」が顕著である（阿部2018）。後期から晩期の時期に各地の海浜部に貝輪大量生産遺跡が出現している事実はこれらの動向と決して無関係ではなく、貝輪着装習俗が全国的に広まっていた事実を示唆する。

　また土製耳飾では群馬県桐生市千網谷戸遺跡における耳飾製作跡の存在や、緑泥片岩製の石棒製作である関場遺跡などや中継地での製作遺跡の出現（栗島2014）が示すように、特定の生産遺跡が出現すること、しかもこれらの生産遺跡は、単に製作に特化した遺跡ではなく、いずれも集落遺跡の一角に生産跡が残されている点で「原産地型生産集落」として存在している（阿部2012b）。ここで重要な点は集落とは世代の交代を可能とする社会的な機能を有する遺跡であることで、そのことが特定資源の恒常的な供給を可能としている要因である。原産地生産集落の存在は、生産の持続可能性を示唆する点で、臨機的・短期的な生産遺跡とは大きく異なる社会的な背景をもつことはとくに注意しておきたい。

（3）長期継続型社会出現の要因

　関東地方における後期から晩期の地域社会は遺跡群の構造と空間的な展開という視点から見た場合、極めて地域性が強い。筆者が検討してきたのは関東地方の東部地域であるが、当該地域のなかでも集落遺跡の分布密度は多様であるため、分析の対象空間を変えれば導かれる結論も異なることは容易に想像できる。しかし、そうした多様性をもつ空間の中でも共通している現象がある。その1つは遺跡自体の継続性である。

　この時期の関東地方の集落は、中期終末から晩期中葉までの間、土器型式に

すると 14 型式余りが連続的に出土する傾向が強い。とくにここで分析した地域では、集落と想定される遺跡のすべてが同様の継続性を示している。このことは時期ごとに集団が移動して遺跡群が形成されたのではなく、個々の集落の継続期間の長さを示していると考えられる。また全体の中では一部の分析ではあるが、千葉県四街道市八木原貝塚の貝殻成長線分析の成果は、採取季節にピークをもちながらも周年にわたる貝類の内陸への流通があったことを示唆しており、周年にわたる活動を証明している（樋泉 2012）。

このように、生業や祭祀といった側面において、集落遺跡は単独で存在したのではなく、集落の群集化はむしろ社会的調整力の強化される相互関係の形成を意味する現象として理解すべきであろう。多くの物流や祭祀の執行が、特定の集団や個人に帰すことはなく、個々のレパートリーが分割されていたことが長期的な社会の持続性の維持へとつながったのである。

本稿で検討してきた印旛沼沿岸遺跡の場合は集落間の平均的距離は 2km 前後と極めて近接しているが、この集中地域から離れると、遺跡間距離が増大するという傾向が顕著である。近接した集落群の形成は遺跡群の立地が平野部であるため、地形的な制約とは考えられず、人為的な選択性が強い。それは個々の集団が個別に選択した占地ではなく、集団相互の自給性と相互供給性の調整に因っている可能性が高い。

そして注目すべき点はこれらの群集した集落間で、鹹水産資源の獲得や、土偶の集中保有、大型竪穴建物の構築、土器塚の形成などに偏在性が認められる点である。これらの在り方は明らかに個々の集落に祭祀や生業の各場面にレパートリーが分掌されていたことを示している。しかも、これらのレパートリーが特定の集落によって占有されている様相は認められない。

印旛沼沿岸の地域社会の構造を整理しておきたい。まず、各集落は基本的には自給的な活動から成り立つ自律的な集団であった。その上に特定の生業である遠隔地からの貝類の入手や、低地での堅果類などの共同加工作業が加わり、入手できる食料資源の幅を広げている。次に土偶の集中的な保有による女性を対象とした祭祀や、大型竪穴建物内での石棒祭祀などの集約化した祭祀を行う集落が存在することから、これらを執行する集落とそれに参画する集落との関係が存在したことも事実であろう。そしてより広域な空間でのネットワー

クを示唆する遠隔地からの石棒や貝輪などの特定資源の流通網の存在が指摘できる。

　土器文様や粗製土器の示す地域性も比較的広域な空間での情報の共有によって成り立っている。かつて甲野勇は印旛沼沿岸の遺跡に形成された土器塚の存在から土器製作の専業集団の存在を指摘したが、土器の生産自体は自給的なものであり、土器塚も製作品の失敗品ではなく、消耗した土器の集積であることが明らかにされたことによって、専業生産は否定されたが（阿部2000a）、土器文様の創案や異系統要素の受容など、土器型式の変化に関わる情報の集約などに特定の集団が加担した可能性がある。それらは異形土器などと呼ばれてきた稀少性を持ち、かつ複数の属性を組み合わせた土器の限定的な存り方などから指摘できるであろう（阿部2012a）。

　ここで整理すべきことは、遺跡群は、少なくとも3つの階層的な関係が重層化して成り立っている事実である。こうして集落間での分業化が、結果として集団間の交流の緊密化を導き、複数集落を採り込む地域集団の持続性の強化に作用したのである。

　一方で、遺跡が群集しない地域では、遺跡間相互の距離が10km以上を測る地域も存在する（阿部2003・和田ほか2012）。しかし、遺跡継続期間が長期にわたることは共通している。ただし、これらの遺跡では特定の生業の集約的な偏在性や祭祀遺物の集中保有化などの様相は確認できず、両者の間には構造的な差異を指摘できる。関東地方では群集化への過程をたどる地域とそうでない集団が存在することも後晩期社会の多様性を考える上では重要な事実で、当時の生業活動の柔軟性の高さを示唆している。これらの生業活動の柔軟性とは、植物質食料の加工の多工程化によって獲得された食物加工技術を基盤とし、これに陸上動物や魚介類を複合させた複数資源の複合であることが古人骨の食性分析からわかっている（阿部・米田2016）[8]。

　関東地方の後期から晩期の社会の特質とは、個々の集落の長期的な継続が可能となるような生業と社会構造の発達にあると言える。これらは均質的な集落の群集度を示さない点で中期後葉の集落分布の動向とは明らかに異なる。ただし、そうした違いが単純に文化や社会の衰退を示すと考えることは間違いである。

事実、個別の技術や祭祀構造は複雑化して集団の組織化や継続性、相互的関係の維持という点で中期とは異なる特質を持つことは明らかであろう。これらの違いは人類の適応形態の多様性とみるべきであり、単純に人類文化の盛衰といった概念で説明できると錯誤してはならない。

註

1) 縄文土器の型式編年学の今後の1つに「道具としての土器」または「縄文容器論」とでも呼ぶべき研究がある。これらは容器として個々の土器がどのような用途をもつのか、あるいは生業活動との関係性や土器の用途と場の関係を解明する視点から遺跡構造自体を理解することができる重要な視点である。

2) 低地の木組み施設から出土する土器や石器などの道具類の理解をめぐっては、それを一元的にアクヌキに関わる器具と決めつけるのではなく、低地での活動系を示唆する道具として柔軟に考える視点が重要である。

3) 堀之内式土器の編年研究は近年においてもなお、文様論ともいうべき土器という遺物の特定の属性に注視した偏在的な理解が主流をなし、土器から生業や社会を照射する視点が乏しい。筆者はこうした研究のすべてを批判する意図はないが、これらの研究が縄文社会を仮説の検証を通して具体的にどう描くのかという点が見えにくいと感じざるを得ない。

4) 海藻を焼いた灰を利用した製塩技術は中期後葉の加曽利E1式期にまで遡ることが明らかになってきたため、いわゆる製塩土器は、縄文製塩の終末段階になってはじめて出現したことになる。こうした事実を基にするならば、関東地方の製塩土器の出現期には製塩行為の集約化が起こっていると考えられ、ほかの生業の複雑化の流れと同調しているようにも見える。

5) 関東地方の土偶の出現の契機は後期前葉における綱取1式土器の南下による堀之内1式の成立が最初の契機となり、この線上で堀之内1式後半にイデオロギーの伝播として土偶が波及するのである。さらに加曽利B2式期における土器型式の広域的な類似化が基盤となり、山形土偶が東北から波及するのであり、土偶のみの単品的・単独的なモノの波及とは異なる点が重要である。

6) 有文の大型土偶と精製土器の文様の共通性や、さらには器面の研磨や焼成色までもが類似している。この事実は製作者の同一性を示している可能性が高い。

7) 土偶や石棒祭祀、さらには耳飾や貝輪などの着装などの個々の行為を単なる祭祀と包括するのではなく、個々の意味自体とその相互関係から見るならば、これらが文化の停滞的な事実を示すとは考え難いが、土偶や装身具研究が祭祀という枠組みの中でに委縮し、社会構造を見ようとしていないという動向

も問題であろう。

8) 基本的な生存技術としての資源獲得のほかに人骨の古食性が中期と後期との間に違いを指摘することができる。とくに海産物と陸上動物や海獣などに偏向した古食性をもつ集団が存在することから、生産活動の分業化が古食性に反映した可能性も考えられる。

引用・参考文献

阿部芳郎　1987「縄文中期における石鏃の集中保有化と集団狩猟編成について」『貝塚博物館紀要』第 14 号、千葉市加曽利貝塚博物館

阿部芳郎　1999「精製土器と粗製土器〜学史的検討と土器型式における地域認識の問題」『帝京大学山梨文化財研究所報告』第 9 集、帝京大学山梨文化財研究所

阿部芳郎　1995「食物加工技術と縄文土器」『季刊考古学』第 55 号、雄山閣出版

阿部芳郎　1998「縄文土器の器種構造と地域性〜食物加工作業の分節化と労働編成からみた関東地方後期の地域構造〜」『駿台史学』第 102 号、駿台史学会

阿部芳郎　2000a「縄文時代における土器の集中保用化と遺跡形成」『考古学研究』47 巻 2 号 19 巻、考古学研究会

阿部芳郎　2000b「縄文時代の生業と中里貝塚の形成」『中里貝塚』北区教育委員会

阿部芳郎　2001「縄文時代後晩期における大形竪穴建物址の機能と遺跡群」『貝塚博物館紀要』第 28 号、千葉市加曽利貝塚博物館

阿部芳郎　2003「遺跡群と生業活動からみた縄文後期の地域社会」『縄文社会を探る』学生社

阿部芳郎　2006「貝食文化と貝塚形成」『地域と文化の考古学』Ⅰ、六一書房

阿部芳郎　2007a「山形土偶の型式と地域社会―土偶の型式と技術にみる多層構造」『縄文時代』第 18 号、縄文時代研究会

阿部芳郎　2007b「内陸遺跡における貝輪生産とその意味―貝輪づくりと縄文後期の地域社会―」『考古学集刊』第 3 号、明治大学考古学研究室

阿部芳郎　2012a「安行式片口注口土器の成り立ちと変遷」『駿台史学』第 146 号、駿台史学会

阿部芳郎　2012b「縄文時代の資源利用と地域社会」『考古学ジャーナル』(627) ニューサイエンス社

阿部芳郎　2012c「持ち運ばれた海の資源」『人類史と時間情報』雄山閣

阿部芳郎　2014a「関東地方における製塩土器の出現過程」『駿台史学』第 150 号、pp.1-28

阿部芳郎　2014b「貝輪の生産と流通」『季刊考古学別冊 21』雄山閣

阿部芳郎　2016「余山貝塚における骨角製漁撈具の製作技術」『考古学集刊』第 12 号

阿部芳郎　2017a「縄文社会をどう考えるべきか」『縄文文化』吉川弘文館

阿部芳郎　2017b「製塩研究のイノベーション」『縄文の塩』明治大学資源利用史研究クラスター

阿部芳郎　2018a「縄文時代における貝製腕輪の研究」『人文科学研究所紀要』83 号

阿部芳郎　2018b「余山貝塚の生業活動」『霞ヶ浦の貝塚と社会』雄山閣

阿部芳郎・金田奈々　2013「子供の貝輪・大人の貝輪」『考古学集刊』第 9 号

阿部芳郎・樋泉岳二　2015「縄文時代晩期における土器製塩技術の研究」『駿台史学』第 155 号

阿部芳郎・米田　穣・尾嵜大真・大森貴之　2016「西ヶ原貝塚出土人骨の同位体比からみた古食性と生業」『北区飛鳥山博物館研究報告』第 18 号

忍澤成視　2011『貝の考古学』同成社

小畑弘己　2016『タネをまく縄文人』吉川弘文館

栗島義明　2014「緑泥片岩製石棒の生産・流通―縄文時代に於ける資源開発と製品化に関する一考察―」『駿台史学』第 150 号、駿台史学会

工藤雄一郎　2014『ここまでわかった縄文人の植物利用』工藤雄一郎・国立歴史民俗博物館編

金箱文夫　1995「埼玉県赤山陣屋跡遺跡」『季刊考古学』第 55 号、雄山閣

佐々木由香　2000「縄文時代の「水場遺構」に関する基礎的研究」『古代』108、早稲田大学考古学会

高橋龍三郎　2003「縄文後期社会の特質」『縄文社会を探る』学生社

高橋龍三郎　2010「縄文社会を探る―パプアニューギニア社会・台湾原住民社会からの照射―」『アジア学のすすめ』第 2 巻

谷口康浩　2011『縄文時代の社会複雑化と儀礼祭祀』同成社

坪井清足　1962「縄文文化論」『日本歴史』原始および古代　岩波書店

勅使河原彰　1999「ハレとケの社会交流」『縄文人の時代』新泉社

勅使河原彰　2016『縄文時代史』新泉社

樋泉岳二　2012「貝類の流通からみた縄文時代の社会関係」『人類史と時間情報』雄山閣

和田　哲ほか　2012「特集多摩の後晩期遺跡」『多摩のあゆみ』第 146 号

吉岡卓真　2010「関東地方における縄文時代後期後葉土製耳飾の研究」『千葉縄文研究』4

吉田泰幸　2008「土製耳飾の装飾原理」『縄文時代の考古学』10、同成社

渡辺　仁　1990『縄文式階層化社会』六興出版

同位体分析から見た社会構造

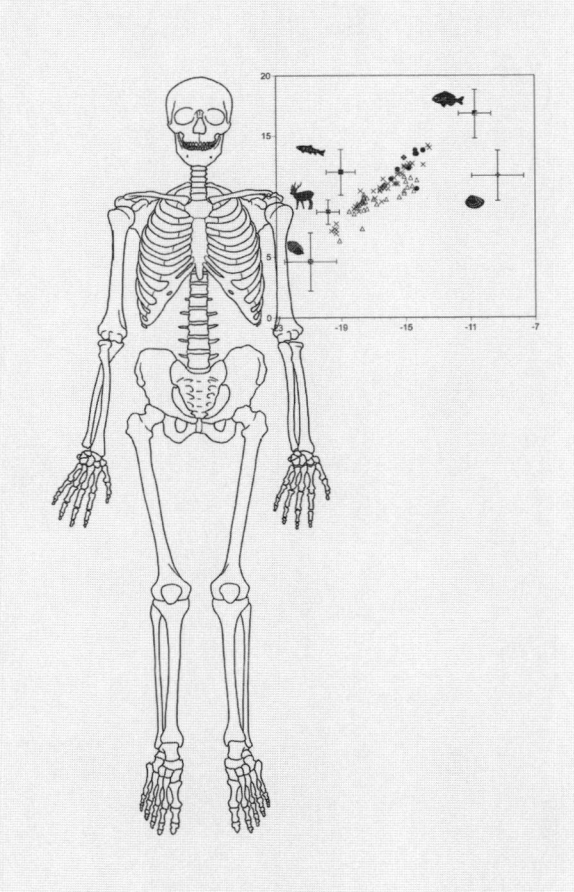

関東平野における縄文時代中期・後期の食生活と社会の変化

米田　穣

1. 縄文時代への生態学的アプローチ

　考古学と自然人類学は、前者の研究対象が物質文化からみた文化伝統や社会であるのに対し、後者のそれは人骨から復元される適応や系譜という違いがあるが、人類集団の成り立ちや日々の営みを対象としている点で研究目的を共有する研究領域といえる。なかでも過去の人類集団を生態学的に理解するという視点は双方で共有されており、先史時代文化の総合的な理解には重要だ。もともと生態学は生物学の一分野であり、ある生物種の量的分布を決定する環境的・生物学的要因の理解を目的とする研究領域だ（ベゴンほか 2013）。自然人類学の立場では過去の環境に対するヒト（ホモ・サピエンス）の適応戦略として、例えば食生活に影響される齲歯率や平均寿命、あるいは骨に現れる病気の頻度などから「生活誌の復元」の研究が進められてきた。一方、考古学では、人類集団を生態系システムの一員として捉えて、適応戦略としての文化やその伝播と変容について、自然環境や社会環境との変化の関係について議論が蓄積されている（Watanabe 1973、佐藤 1992、安斎 2007）。日本列島に暮らした過去の人類集団の生態学的な情報としては、(1)古環境復元とその時系列変動、(2)道具組成などで復元された生業活動、(3)セトルメント・パターン分析など遺跡立地の地考古学、(4)遺跡数や人口動態などが、議論の基礎をなしている。

　考古学では人口減少を「文化の衰退」と解釈することが多く、生態学的な情報のなかでも人口動態に関する研究は重要なトピックである。しかし、人口変動の直接的な要因に関する実証的な研究は少ない。例えば、寒冷化によって人口が減少するプロセスでは、植物に対する影響による人口支持力の減少、ある

いは幼児死亡率の上昇、貯蔵食品（例えばイモ類）へのダメージ、狩猟対象獣をもとめた大規模な移住などを想像できるが、日本先史時代における人口変動の原因について実証的なデータは極めて乏しい。人口減少を含む文化的変容が環境変動とほぼ同時期に起こったことを議論の根拠とする「環境決定論」ではなく、環境変化がどのような資源に影響を与え、具体的にどのような人間活動に影響を与えることで人口を減少させたのか、相互関係をシステムとして理解することが求められる（佐藤 1992）。過去の人間活動を、生物的な方法で実証的に検討する自然人類学は、具体的な生業について情報を提供可能であり、環境変動・人口減少に対する文化的応答についての考古学的モデルを検証できるはずだ。また、文化変容と環境変動の同時代性あるいは時間的な前後関係は、決定的に重要な要素であり、考古学と人類学のデータに年代学的な議論を加えることで確度の高いモデルを構築できると期待される。

2. 縄文時代の人口動態

　縄文時代の人口動態の復元は、ある時代・地域の遺跡数や住居址数の変遷をおもな指標として、多くの試みが報告されている。その嚆矢となる小山修三の研究では、縄文時代には一貫して東北日本の人口が南西日本よりも多く、時代変遷ではとくに中期に大きな人口増加が関東や中部で認められ、後期にはそれが大きく減ずる傾向が指摘された（Koyama 1978）。この研究は各時代区分で地域ごとの遺跡数の変遷から人口の大きな変動を復元できると仮定したが、遺跡規模の違いや各時代区分の幅の違いが考慮されていない点、また遺跡保存に適した地形の有無などが考慮されていないと批判された（今村 1997、西田 1985）。

　しかし、地域を限定して竪穴式住居の数や床面積の増減に着目した詳細な研究でも、縄文時代中期から後期に減少傾向が確認されている。例えば、土器形式ごとの住居址数でみると縄文時代遺跡の多い、東京湾西岸（埼玉県・神奈川県）と中部高地（長野県）で同様の変化パターンを示しており、共通の要因が文化的にも環境的にも異なる 2 つの地域に影響を与えた可能性がある（今村 1997）。広範囲に影響が及んだ背景には寒冷化などの気候変動の可能性が考えられている。同様に中期から後期にかけての減少傾向は、東京湾東岸（千葉県）や東北南部（宮城県）でも確認されており、東北日本に分布する落葉広葉樹林

帯に共通する現象かもしれない（設楽 2004、関根 2014）。

　東北北部（青森県）では人口動態が関東や東北南部とやや異なる可能性がある。青森では人口増加が前期にみられ、晩期に人口減少が示されており、中期から後期への減少は顕著ではない（関根 2014）。東北北部では後期に遺跡数が増加しているが、これは集落の拡散による遺跡規模の縮小が原因であり、竪穴住居跡の検出が困難になっている可能性や、平地式の掘立柱建物が一般化した可能性は関東でも考慮する必要があるだろう。

　その一方で、縄文前期から続く大規模集落の青森県三内丸山遺跡が中期末に衰退した原因を寒冷化に求める研究が、古環境分野で報告されている（Kawahata *et al.* 2009）。三内丸山遺跡に近接する陸奥湾の海洋堆積物では中期末に水温低下が示されており、4.3ka（4年前）に起こったとされる地球規模の寒冷化イベントが三内丸山遺跡の衰退と関連すると結論した。この研究では、陸上資源の減少が原因と推定されているが、考古学的データについては残念ながら検討されていない。

　さらに、縄文時代の人口動態についてこれまでとまったく異なる指標による検討が進んでいる。遺跡で測定された放射性炭素年代について較正年代の確率分布を合算して、人口動態と代替指標とする方法である（Crema *et al.* 2016）。この方法を用いて関東地方と青森県、北海道の遺跡から 1433 件のデータを解析した結果、縄文前期（6000-5000 cal.BP）に人口が増加して、縄文中期（5000-4000 cal.BP）に人口密度がさらに高くなる点は共通した。その後に晩期中葉の 3700 cal.BP を底とする人口減少が見られるが、本研究で注目する中期末から後期の「人口激減」は関東だけで有意であり、青森や北海道では顕著な減少は後期ではなく晩期に認められる。これらの新しい報告も勘案すると、縄文時代の人口動態は必ずしも全国的に同調的とは言えないようだ。これは、中期から後期に地球規模の寒冷化によって人口が減少したという仮説と矛盾する。

3. 短期的な寒冷化イベントの影響

　縄文時代の生活と気候変動の関係は、縄文海進に代表される海水準変動を気候の寒暖と読み替えて議論されてきた。地球規模の陸氷の増減は、海水の膨張縮小の効果もあわせて、海水準を最大 120ｍ 低下させており、縄文時代の海水

準上昇も地球規模の寒暖に起因すると類推されたのだ。しかし今日では縄文時代の海水準変動は中緯度地方のハイドロアイソスタシーによる影響であり、直接的に気候変動を示すものではない（横山 2009）。一方、低湿地の花粉分析や海洋堆積物のデータでは、縄文時代後半から弥生時代にかけて、長期の寒冷化傾向があることが示されており、後期の人口減少はこの長期（4000〜2000 年前）の寒冷化に関係するかもしれない。

そこで我々は、縄文時代の人口動態のなかでも最も大きな変化である、関東地方の中期から後期の変化に着目して、古人骨の同位体分析を実施した（米田 2014）。縄文中期末から後期初頭に、本当に人口減少したとすれば、それは食料資源への寒冷化の影響を想定する必要があり、食生活の変化が反映する古人骨の同位体比にも影響すると想定した。しかし、京葉地方の 11 ヶ所の貝塚遺跡から出土した古人骨 151 体の分析では、予想に反して時代変遷は大きくなかった。後期に食料資源の利用に困難が生じたのではなく、後期により積極的に海産物を利用する個体が出現したことが示された。すなわち、寒冷化によって陸上資源が減少したため、縄文時代中期から後期に人口が激減したというシナリオは成り立たない。

しかし、近年では、大西洋の海洋堆積物で認められた短期的な寒冷化イベント（ボンド・イベント）と縄文文化の画期を結びつける議論が増えている（工藤 2012、安斎 2014）。本研究で着目する中後期移行期は 4.3ka イベント（あるいは 4.2ka イベント）とよばれる短期間の寒冷化イベントが影響した可能性が議論されている（Kawahata *et al.* 2009、羽生 2016）。植生の変化には、気候変動から時間差が想定されるのでこのような 100 年以下の短期的な寒冷化イベントの検出には適さない。また、京葉地方で行った縄文時代中期と後期の食生活の比較も、急激な寒冷化イベントの影響については、十分な評価とはいえない。なぜならば、遺跡数が減少してしまう中後期移行期は古人骨もほとんど発見されないので、人口激減のイベントが起こった期間のデータが極めて少ないからだ。先行研究で用いた後期データの多くは、東京湾東岸では大型の馬蹄形貝塚を伴う遺跡が回復する後期前葉から中葉に帰属する。そのため、もしも短期間の寒冷化イベントが人口激減をもたらしたのであれば、我々の先行研究は、寒冷化の影響を直接受けたデータを含んでおらず、生活様式が旧来のものに復活した

集団を後期の代表としている可能性がある。また、長期の寒冷化トレンドであれば、京葉地方でも中期から縄文時代晩期にかけての減少傾向は明らかであるが、千葉県では後期前葉に遺跡数や住居数が著しく回復する点で関東や中部とは異なる人口動態を示している（設楽 2004）。また中期よりも遺跡数だけでなく分布範囲が拡大していることが知られている（西野 2004）。短期間の寒冷化イベントを克服し、中期と同様の生業を回復できた特別な地域に着目していたのかもしれない。

そこで本研究では、2つの新たな視点を加えて、東京湾を中心とする関東地方南部の古人骨資料で、縄文時代中期から後期の食生態の復元を試みる。まず、人口が激減するとされる縄文時代中期末から後期初頭の移行期における食生活を明らかにするために、縄文時代後期初頭に特異的な埋葬とされる集団埋葬墓の人骨に着目して、個別の人骨で放射性炭素年代測定を実施して帰属年代を確認した。その結果、千葉県下太田遺跡では多数遺骸集積土坑とよばれる集団埋葬墓に後期初頭から前葉の個体が含まれていた（米田 2018）。さらに、下太田貝塚では個別埋葬の個体にも中後期移行期の個体が含まれており、ひとつの遺跡で中期後葉から中後期移行期、後期前葉を比較できる貴重なデータである。また、神奈川県称名寺貝塚で得られた埋葬人骨でも多数の中期後期移行期の人骨が含まれた（米田ほか 2019）。寒冷化と人口激減があったとされる移行期とその前後の食生活について、東京湾湾口部と九十九里浜で検討する。

一方、東京湾西岸では後期前葉にも人口が回復しないという、京葉地方とは異なる人口動態を示している（今村 1997）。東京湾西岸に位置する西南関東では、堅果類利用に係る群集貯蔵穴が少なく、石器組成に占める打製石斧の割合が非常に高いことから、中期の人口を支えた資源として根茎類の重要性が指摘されている（今村 1989）。もしもこの仮説が正しいならば、陸上資源中心の食生活から海洋資源をより多く利用する食生活への変化が観察されるかもしれない（須賀 2014）。そこで本研究では、中期から後期の古人骨について、東京湾西岸もふくむ関東平野の縄文時代中期と後期の古人骨で比較を試みた。具体的には、東京湾の東西から奥東京湾さらに古鬼怒湾と九十九里浜の沿岸に立地する貝塚遺跡から出土した縄文時代の人骨のデータを集成して、それぞれ中期と後期の2群で比較する。これらの地域間の比較によって、縄文時代中期から

後期で食生活の変化が少なかった先行研究の結果が、「人口激減」から回復できた京葉地域に特異的な現象なのか、検証する。もしも、後期末・中期初頭の寒冷化イベントが食料資源に影響を与えたのであれば、人口が回復しなかった東京湾西岸では、後期前葉の個体にもその影響を読み取れる可能性がある。

4. 結果と考察

（1）中期末・後期初頭の人骨

本研究では、神川県横浜市の称名寺貝塚と千葉県茂原市の下太田貝塚から出土した人骨群で、遺跡が減少する縄文時代中期末から後期初頭（加曽利 E4 式期から称名寺式期）の人骨が含まれていることを放射性炭素年代で確認した（米田 2018、米田ほか 2019）。海洋リザーバ効果を炭素同位体比から補正して、較正年代が 4250 cal.BP から 4500 cal.BP の移行期に相当する個体に着目して、その前後の時代と炭素・窒素同位体比の特徴を検討する。海産物の寄与率の評価は、袖ヶ浦市の山野貝塚で出土した縄文時代の動物骨を基準に、海の生物と陸の生物の骨で、炭素同位体比の代表値をそれぞれ − 22.6 ‰と − 10.9 ‰として、全体の炭素に海と大気が寄与した割合を推定した。また東京湾周辺における表層水中の炭素年代のずれを、核実験の影響をうける以前に採取された貝殻から推定された補正値（Δ R 値）61 ± 22 年をもとに（Yoshida *et al.* 2010）、海産物の寄与率に応じて部分的な海洋リザーバ効果を補正した。この方法は、東京湾湾口部の称名寺貝塚や奥東京湾湾口（東京湾奥部）の西ヶ原貝塚で、土器棺に収められた小児・胎児骨で土器から推定された年代と良い一致を示している（阿部ほか 2016、米田ほか 2019）。また、九十九里浜に面する下太田貝塚でも共伴した土器の年代と良い一致を示しており（米田 2018）、東京湾を含む関東地方の太平洋沿岸では応用可能と考えられる。ただし古鬼怒湾については、今後さらに検討が必要である。

下太田貝塚は平成 7 年から 11 年に行われた調査で縄文時代中期から後期の墓壙が多数発見されている（茂原市教育委員会 2003）。中期後葉と後期中葉に単独埋葬があるのに対して、後期初頭は多数遺骸集積土坑が形成されるという墓制の時代変遷が想定されていたが（菅谷 1998）、古人骨の年代測定から多数遺骸集積土坑には、後期初頭から前葉にかけての幅広年代の人骨が含まれている

ことが分かった（米田・小山 2012、米田 2018）。本研究では、単独埋葬の個体についても放射性炭素年代測定を行い、全 49 個体について解析した（図 1-A）。A 土坑で確認された称名寺式期に対応する 1 個体に加えて、単独埋葬の個体で加曽利 E4 式から称名寺式の 5 個体が確認された。単独葬と多数遺骸集積土坑をあわせると、移行期の 6 個体と加曽利 E1 式～E3 式期の中期群と推定された 11 個体、堀之内式から加曽利 B 式期の 31 個体の後期群（単独葬 18、A 土坑 9、B 土坑 4）を比較できる。

　図 2-A・B に下太田貝塚における中期後葉・中後期移行期・後期前葉の 3 群の、骨コラーゲンの炭素・窒素同位体比を示したが、いずれの同位体比でも有意な時期差は見られない（Kruskal-Wallis 検定でそれぞれ P 値 0.28 と 0.19）。炭素・窒素同位体比を食料資源と比較すると、おもに C_3 植物の生態系を利用しており、窒素同位体比で変動が起こっているので、海産物ではなく淡水魚の利用に個人差があると推測される。さらに、単独埋葬された個体で 3 つの時期を比較すると、炭素同位体比では有意差はないが（P=0.26）、窒素同位体比は時代変化が見られた（P=0.025）。すなわち下太田貝塚の単独埋葬で比較すると、窒素同位体比は移行期に有意に低下しており、後期前葉に再び上昇している。寒冷化イベントがあった時期に、淡水魚を中心とする水産資源の利用が低下したことが示された。単独に埋葬された個体は、多数遺骸集積土坑に納められた個体と何らかの社会的背景が異なったのかもしれない。

　三浦半島の付け根に位置する称名寺貝塚は、大正時代から調査がなされており、昭和 26 年には日本考古学協会によって調査がなされ、称名寺式土器が設定されたことで知られる。貝塚に含まれる動物遺存体では、後期初頭の称名寺式古中段階ではイルカ類・ニホンジカ・イノシシがほぼ同じくらいの比率で出土している。また、それに続く時期（称名寺式新段階）にはイルカ類が大部分を占めるようになり、後期前葉にはイルカが激減するという変化が報告されている（金子・中村 2016）。大型の銛頭が多数出土していることからも、活発な海獣狩猟や漁撈が想定されている。これまでに、1980 年代の調査で得られた I 貝塚と D 北貝塚の人骨で、中期末から後期初頭を含むと考古学的に比定された人骨 10 個体でコラーゲンの炭素・窒素同位体比を報告した（米田 2016a）。本研究ではさらに 2017 年に発掘調査された D 貝塚第 3 地点から出土した 25 個体

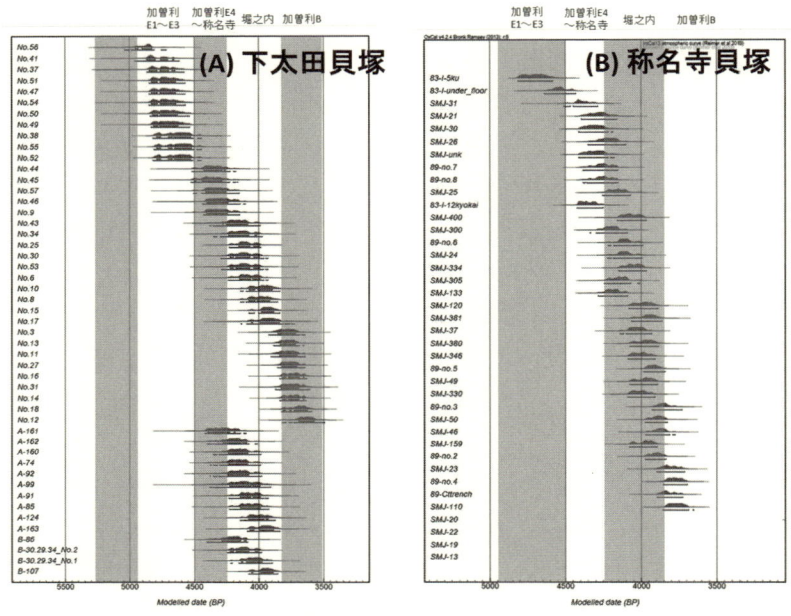

図1　下太田貝塚と称名寺貝塚から出土した人骨の放射性炭素較正年代
海産物の摂取割合に応じて海洋リザーバ効果を補正した。

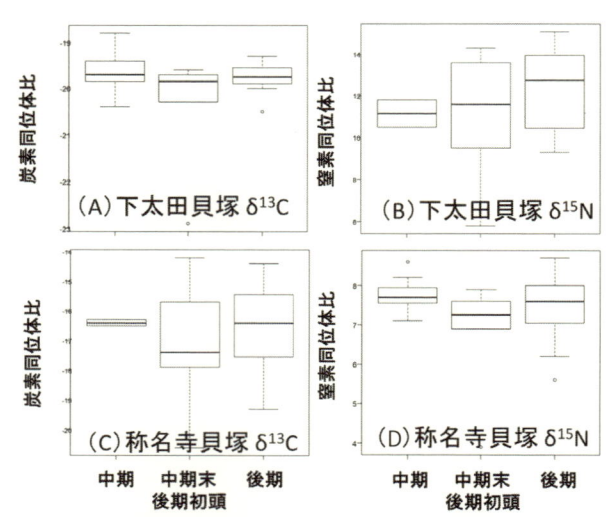

図2　縄文時代中期、中期末〜後期初頭、後期の人骨における
炭素・窒素同位体比の比較

を加えて検討した（米田ほか 2019）。

　称名寺貝塚出土人骨の放射性炭素年代測定では、34 個体が縄文時代中期後葉から後期前葉に由来することが分かった（図1-B）。縄文時代後葉（加曽利E1 式〜加曽利 E3 式期）2 個体、加曽利 E4 式から称名寺式が 9 体確認され、さらに堀之内式期の 20 個体と加曽利 B1 式期 4 個体である。中期の資料数が十分とは言えないが、移行期から後期に環境の変化にともなう食生活の影響が見られるか、検討が可能だ。称名寺貝塚の人骨で測定された炭素・窒素同位体比を 3 つの時期にわけて比較すると、どちらの同位体比でも有意差はみられなかった（図2-C・D）。食料資源と炭素・窒素同位体比を比較すると、全体として海産物をかなり多く摂取している傾向が見られる。これは、遺跡から多くの海生哺乳類や海生魚類の骨が出土していることと整合的である。東京湾西部に位置するが、東京湾湾口部に面する立地もあり海洋に強く依存した特殊な生業集団だったのかもしれない。

　短期的な寒冷化イベントに相当する可能性がある加曽利 E4 式期から称名寺式期の古人骨を下太田貝塚と称名寺貝塚で確認したが、どちらの遺跡でも当該時期に前後の時期で大きく食生活が変化した様相は示されなかった。この結果は、寒冷化イベントによって、多くの人口を指示した縄文時代中期の生業が崩壊して人口が激減したという仮説を支持しない。

（2）関東平野の縄文中期・後期の食生活

　つぎに、東京湾を囲む関東平野で、中期から後期への食生活の変化について地域ごとに検討した（表1、図3）。まず奥東京湾湾口部の西岸に位置する武蔵野台地からは、中期の千駄木貝塚、中期から後期にかけての市谷加賀町二丁目遺跡、後期の西ヶ原貝塚からデータをえることができた（A群：奥東京湾西湾口部）。先行研究で検討した京葉地方については、奥東京湾湾口部の遺跡群（中期：姥山貝塚、向井台貝塚、今島田貝塚、中沢貝塚、根郷貝塚；後期：堀之内貝塚、曽谷貝塚、古作貝塚、B群：奥東京湾東湾口部）と東京湾東岸（中期：有吉南貝塚、草刈貝塚、加曽利北貝塚、祇園原貝塚、山野貝塚、加曽利南貝塚、F群：現東京湾東岸）の 2 群に分けた。また奥東京湾に位置する遺跡として千葉県松戸市の根木内貝塚の中期人骨と埼玉県春日部市の神明貝塚の後期人骨を分析した（C群 奥東京湾沿岸）。また東京湾の外に位置する関東平野の遺跡として古鬼怒

表1　本研究で検討した遺跡と分析データ数

地域	時期別個体数	遺跡	地図	所在地	時期	個体数	出典
古鬼怒湾	44	曲輪ノ内遺跡	1	千葉県	中期	1	未発表データ
	中期 3	陸平貝塚	2	茨城県美浦村	中期	2	米田ら (2009)
	後期 41	西方貝塚	7	茨城県取手市	中期	2	未発表データ
		上高津貝塚	3	茨城県土浦市	中期	1	未発表データ
		内野1貝塚	4	千葉県	後期	2	未発表データ
		台方花輪貝塚	5	千葉県	後期	2	未発表データ
		中妻貝塚	6	茨城県取手市	後期	37	未発表データ
奥東京湾	4	根木内遺跡	8	千葉県松戸市	中期	1	米田 (2017)
	中期 1	神明貝塚	9	埼玉県春日部市	後期	3	米田ら (2018)
	後期 3						
現東京湾東岸	85	加曽利北貝塚	10	千葉県千葉市	中期	3	南川 (2001)
	中期 17	有吉南貝塚	11	千葉県	中期	6	米田 (2008a)、米田 (2014)
	後期 68	草刈貝塚	12	千葉県	中期	8	米田 (2011b)、米田 (2014)
		祇園原貝塚	13	千葉県	後期	51	小山 (2012)、米田 (2014)
		山野貝塚	14	千葉県袖ケ浦市	後期	10	米田ら (2016)
		加曽利南貝塚	10	千葉県千葉市	後期	7	南川 (2001)
奥東京湾東湾口部	57	中沢貝塚	15	千葉県松戸市	中期	4	米田 (2011a)、米田 (2014)
	中期 22	根郷貝塚	16	千葉県松戸市	中期	7	米田 (2011a)、米田 (2014)
	後期 35	姥山貝塚	17	千葉県市川市	中期	11	米田 (2008b)、米田 (2014)
					後期	12	米田 (2008b)、米田 (2014)
		今島貝塚	18	千葉県市川市	中期	3	米田 (2008b)、米田 (2014)
		向台貝塚	19	千葉県市川市	中期	15	米田 (2008b)、米田 (2014)
		曽谷貝塚	20	千葉県市川市	後期	6	米田 (2008b)、米田 (2014)
		堀之内貝塚	21	千葉県市川市	後期	3	米田 (2008b)、米田 (2014)
		古作貝塚	22	千葉県船橋市	後期	20	南川 (2001)、米田 (2014)
奥東京湾西湾口部	31	千駄木貝塚	23	東京都文京区	中期	2	米田 (2016b)
	中期 4	市谷加賀町二丁目	24	東京都新宿区	中期	2	米田ら (2014)
	後期 27				後期	7	米田ら (2014)
		西ヶ原貝塚	25	東京都北区	後期	20	阿部ら (2016)
九十九里浜	83	養安寺遺跡	26		中期	10	米田ら (2017)
	中期 41	下太田貝塚	27		中期	31	米田 (2018)・未発表データ
	後期 42				後期	42	米田 (2018)・未発表データ
現東京湾西湾口部	36	称名寺貝塚	28	神奈川県横浜市	中期	2	米田 (2016a)・米田ら (印刷中)
	中期 2				後期	34	米田 (2016a)・米田ら (印刷中)
	後期 34						

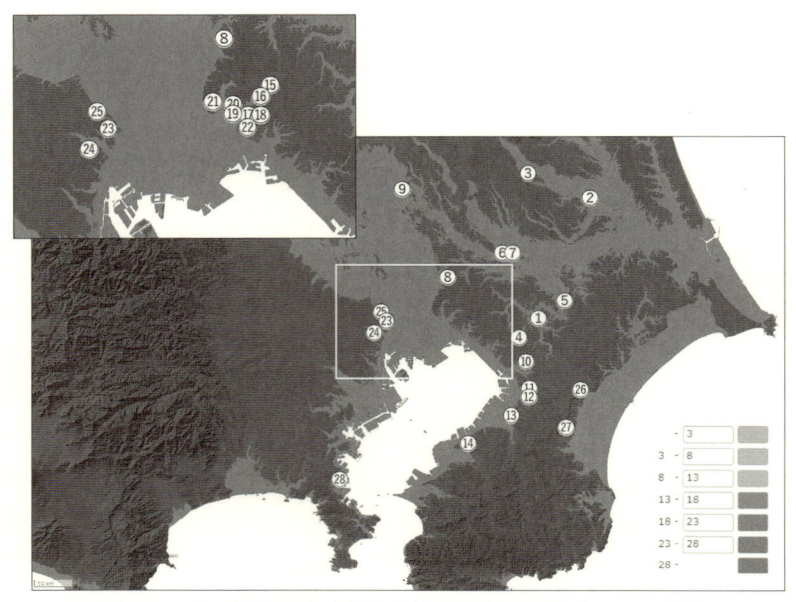

図3　人骨の炭素・窒素同位体比を検討した関東平野の遺跡

湾の沿岸に位置する曲輪ノ内貝塚と西方貝塚の中期人骨、古鬼怒湾の内野第1
貝塚、台方花輪貝塚、中妻貝塚の後期人骨のデータを示した（D群 古鬼怒湾）。
また、九十九里浜に面する養安寺貝塚と中期人骨と下太田貝塚の中期から後期
の人骨群を比較した（E群 九十九里浜）。東京湾湾口部では西岸の称名寺貝塚
のみであるがデータを得た（G群 現東京湾西湾口部）。

　京葉地域で行った縄文時代中期と後期の古人骨で炭素・窒素同位体比を比
較では、集団全体としては大きな変化がなかったが、海産物を多く摂取し
て炭素同位体比が高くなった個体が後期に増加する傾向がしめされた（米田
2014）。本研究で分析した中期110個体と後期257個体でも、中期に比較した
後期は炭素同位体比が有意に高くなるが、窒素同位体比では有意差が示されな
い（Mann-Whitney のU検定でそれぞれのP値は 0.00000527 と 0.091）。海産物は陸
上の動植物に比べると、炭素同位体比も窒素同位体比も高い傾向があるので、
単純に後期になると海産物利用が増加したと解釈することは難しい（Yoneda
et al. 2004）。先行研究で分析した中期人骨54体と後期人骨95体で、カーネル
密度分布を推定すると、中期では炭素同位体比が−19‰周辺で正規分布を示
すのに対し、後期になると主要なピークは−17‰にシフトして−19‰にも肩
があらわれる（図4-A）。窒素同位体比は複数のピークをもつ複雑な分布であ
る。炭素同位体比の分布からは、中期には陸上資源と海洋資源をランダムに摂
取する集団（−19‰）であるが、後期になると海洋資源をより多く摂取する食
生活の集団（−17‰）が加わったと解釈できる。そこで、2つのピークの中間
点の−18‰を任意の基準として、これよりも高い炭素同位体比を示す個体は、
より海産物を多く利用した特徴として、そのような個体が出現する地域を確認
する。この基準によれば、京葉地方の中期個体では−18‰よりも大きな炭素同
位体比を示した個体は54点中で7個体のみ（13％）であった。一方、後期で
は95体中で46個体を占めた（48％）。

　本研究で検討した367点で中期と後期のカーネル密度分布を推定すると、炭
素同位体比では後期は先行研究と類似して1つのやや偏りあるピークだが、後
期になると同じ程度の大きさの2つのピークが現れる（図4-B）。これは海産
物摂取の多い集団と海産物の少ない集団が並存しているように見える。後述す
るように、称名寺貝塚では後期集団を中心にほかの集団よりも明らかに海産物

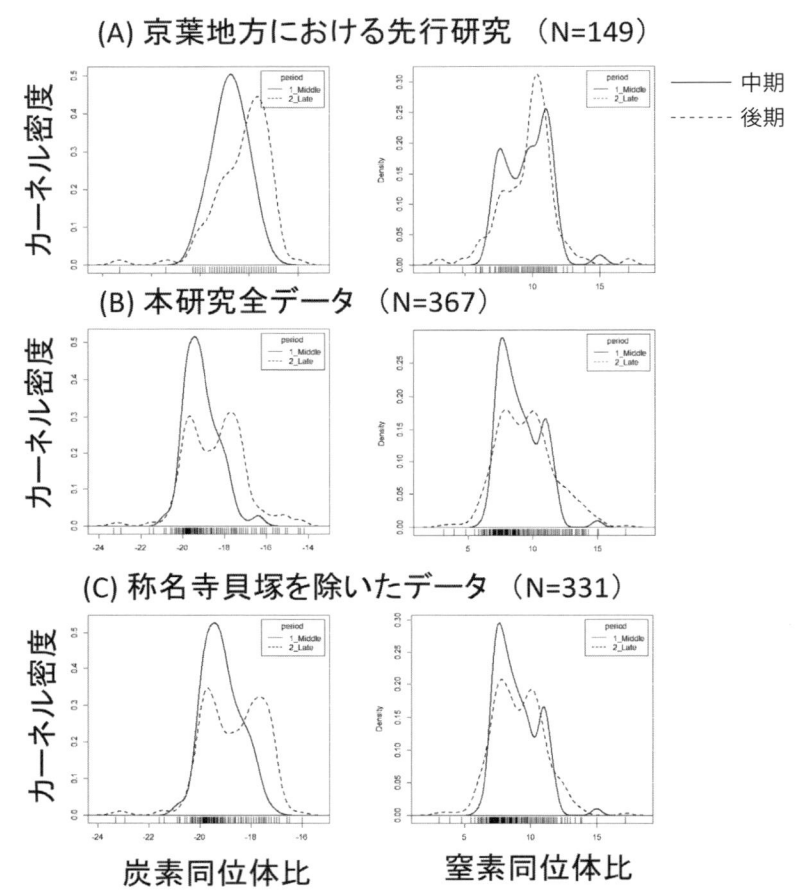

図4 カーネル密度分布推定による縄文中期と後期の
人骨における炭素・窒素同位体比の比較

利用が多いので、称名寺貝塚のデータを除いた331点でも確認したが、中期と後期のカーネル密度分布は同様である（図4-C）。興味深いことに窒素同位体比では中期から2つのピークが見られる。汽水域を含む沿岸の生物は炭素同位体比が陸上に近い可能性があるので、このことは利用している海産資源が沿岸から沖合に中心が変化したこと、沖合の海洋資源を利用できる個体には偏りがあると解釈できる。

中期に地域変動に着目すると、炭素同位体比が−18‰よりも高い値は非常に

まれで称名寺貝塚の全2個体と東京湾東岸の少数の個体に限られた。現東京湾東岸の有吉南貝塚と加曽利北貝塚でそれぞれ1個体と、奥東京湾東湾口部の姥山貝塚と向台貝塚で1個体ずつ見られるだけだ（図5）。上述のように、称名寺貝塚から出土した動物骨にイルカやマダイなど外洋性魚類が多く含まれ、銛頭などの漁撈具からも沖合での漁撈活動が重要な生業のひとつであった点が特徴である。このことから、－18‰よりも高い炭素同位体比を示す海産物を多く摂取した個体は沖合の海洋資源をより多く摂取する食生活だった可能性が考えられる。ただし称名寺貝塚では、後期に－18‰より炭素同位体比が高い個体がさらに増えるが、同時に陸上資源を多く利用した個体も一定数ふくまれており、沖合での漁撈活動に特化した漁撈集団とは言えない点には注意が必要である。

　一方、後期になると炭素同位体比が－18‰よりも高い個体は、複数の地域で確認された（図6）。とくに、奥東京湾の東湾口部（A）と西湾口部（B）の近接する地域で半数程度を占めるようになる。東湾口部では中期から後期に炭素同位体比に有意な上昇がみられる。西湾口部では中期のデータが少ないため有意ではないが、同様の上昇が観察される。また西湾口部では窒素同位体比も上昇している点が、東湾口部とは異なる。このことは、武蔵野台地東端に位置するこの地域では、中期から後期にかけて陸上資源中心の資源から、陸上資源と海洋資源を複合的に利用する生業に変化したといえる。また東湾口部では、中期には沿岸の海洋資源と陸上資源を組み合わせていたが、後期になるとこれらに加えて炭素・窒素同位体ともに高い同位体比を示す沖合の海洋資源を多く利用する個体があらわれ、半数程度まで増加したようだ。

　現東京湾東岸（F）では奥東京湾東湾口部（B）と同様に後期に人口が復活したと考えられるが、炭素・窒素同位体比ともに明確な時期差はない。この地域では中期から－18‰を超える炭素同位体比を示す個体、すなわち海洋資源を積極的に利用した個体が含まれていたが、その割合は後期になっても大きな変化を示さないようだ。沿岸と沖合の海洋生態系に陸上生態系を加えた3つの生態系を組み合わせる生業という戦略は、中期から後期に変化しなかったようである。また、九十九里浜では中期にも後期にも、炭素同位体比が－18‰を超える個体はみられない。中期から後期に炭素同位体比は変化せず、海産物の利用

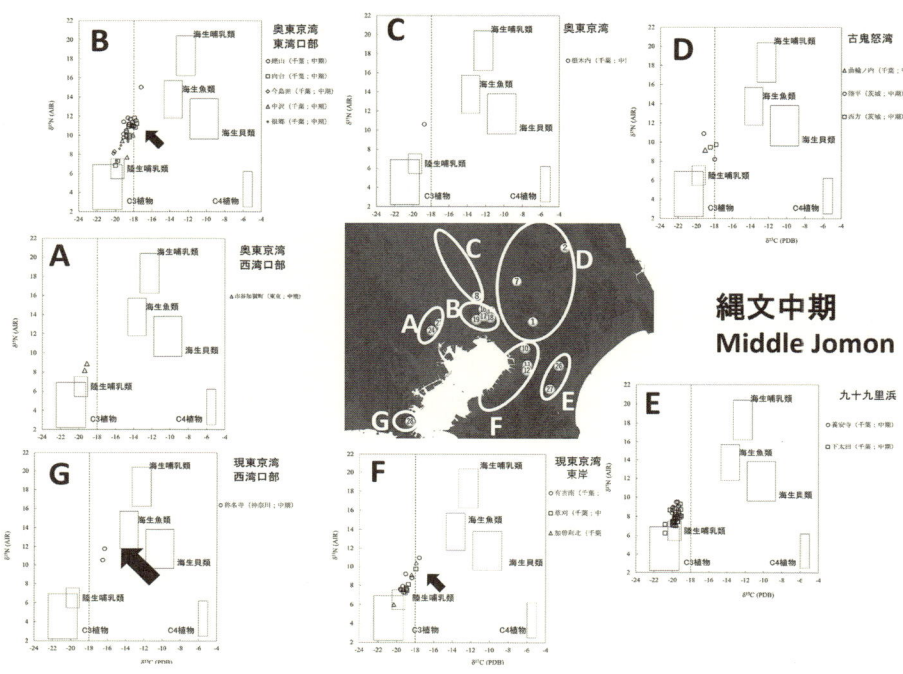

図5　関東平野における縄文中期人骨の炭素・窒素同位体比
矢印は海洋資源を多く利用した個体の存在を示す。

は低調であったと思われる。一方、窒素同位体比は中期から後期にかけて有意
に低下しており、淡水魚の利用が減少したと思われる。また、奥東京湾、古鬼
怒湾では資料数が十分でないので時代変化の検討は難しい。奥東京湾では中期
にも後期にも海産物を多用したと思われる個体は見られない。一方、古鬼怒湾
沿岸の中妻貝塚では炭素同位体比の個体差が大きく、海産物を多く摂取した個
体も一定数含まれていたようだ。

　地域差に目を転じると、関東平野における食生活の地域差は中期と後期で大
きく変化しない。いずれの地域も海産物と陸産物を利用するという点では共通
するが、九十九里浜では海産物利用が低調であるのに対し、称名寺貝塚では中
期から認められる沖合での漁撈活動という特徴が後期にも継続する。各地の地
域的な資源利用戦略に、後期になると沖合の海洋資源利用が加わったようだ。
沖合資源の利用を示唆する高い炭素同位体比をもつ個体は、古鬼怒湾、奥東京

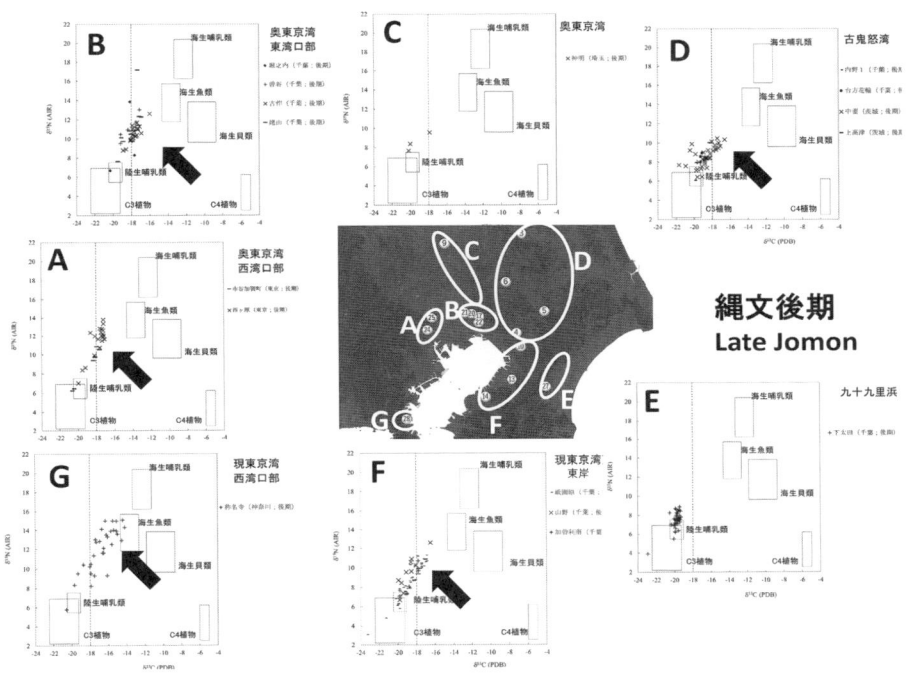

図6　関東平野における縄文後期人骨の炭素・窒素同位体比
矢印は海洋資源を多く利用した個体の存在を示す。

湾の東湾口部と西湾口部、現東京湾東岸では後期に増加する。

　現東京湾沿岸の貝塚遺跡では沿岸環境から沖合環境へと活動範囲が広がり、それに伴って食生活の個人差も拡大したようだ。奥東京湾湾口部では東に位置する下総台地では沿岸資源と陸上資源から、沖合資源と陸上資源に変化が大きく、海退にともなう干潟資源減少の影響を強く受けている。一方、奥東京湾湾口部の西側の武蔵野台地では中期には干潟資源の利用も比較的低調で、後期になると陸上資源と沖合資源を組み合わせるようになり、下総台地側と同様に個人差が大きくなる。一方、奥東京湾や九十九里では中期から後期における食生活やその個人差は顕著な変化を示さず、中期末以降の寒冷化トレンドあるいは中期末から後期初頭の短期間の急激な寒冷化イベントが、関東平野全域の食生活や生活に影響したとは言えない。

5. 結語

　以上より、中期から後期の食生活の変化は、関東平野沿岸部のなかでも多様であり、遺跡周辺の環境変化に応じて生業が工夫されたことが見て取れる。中期末・後期初頭の移行期に着目した動物遺存体の研究でも、下総台地北西部で中期末から後期初頭に貝資源の獲得量には大きな変化はなかったことが示されている（須賀 2014）。これらの結果からは、現東京湾沿岸における中期から後期への遺跡数や住居数の変化の背景には、寒冷化とは直接関係しない社会的な要因が関連する可能性が支持される。

　東京湾沿岸の遺跡分布の変化から、中期には奥東京湾と東京湾東岸（都川・村田川河口）に生産性の高い河口干潟・湾奥干潟が形成されたが、後期になると現東京湾東岸の全域に広大な干潟が広がったと考えられている（西野 2004）。奥東京湾河口部では干潟に特化した海洋資源の利用が発達したが、後期には沿岸環境の変化によって沖合資源も活用する必要が生じたのかもしれない。アジ類やカタクチイワシなどの沖合の魚種が後期になると魚骨に含まれるようになることとも整合的だ（小宮 2005、植月 2010）。この変化が人骨の同位体比からみると個体差の拡大として現れていることから、後期の沿岸環境の変化にともなって、特殊な技能を必要とする外洋漁撈におもに従事する人々が東京湾沿岸の集落に加わった可能性がある。

　また、中期における沿岸漁撈活動の違いが、後期における東京湾の東西での「人口動態」の違いに影響したと考えることもできる（阿部 2014）。中期に現東京湾沿岸でひろくみられた干潟の網漁や貝類採取は一定の水域を漁場として占有する点や、共同体構成員の多くが参加する点で、より社会的な規制が強く、遺跡として検出されやすい環状集落を形成したと考えられる（岡本・戸沢 1965）。それに対し、後期に広まったと考えられる沖合での漁撈は、より小さな家族・個人の単位で行われる生業であり、共同体のあり方とともに集落の形状に影響しうる。後期になっても広い範囲で集落単位の沿岸漁撈活動が持続可能であった現東京湾東岸では、後期に再び環状・馬蹄形の集落が維持されたのに対して、限られた水域で集中的な沿岸資源を利用してハマ貝塚を残した武蔵野台地の集団では、沿岸漁撈活動から沖合での活動に全面的に移行したことが

窒素同位体比の変化に現れているのかもしれない。今回の分析からは、海洋資源の利用について、沖合資源と沿岸資源を厳密に区別した議論が、中期から後期への変遷の理解には重要であると考えられる。

謝辞

　本研究は明治大学資源利用史研究クラスターにおける共同研究の成果の一部である。阿部芳郎先生、樋泉岳二先生、須賀博子氏には貴重な意見を賜った。記して謝意を表する。

引用・参考文献

阿部芳郎　2014「水産資源の利用形態と生業活動」今村啓爾・泉　拓良編『講座日本の考古学 4 縄文時代（下）』青木書店、pp.87-108

阿部芳郎・米田　穣・尾嵜大真・大森貴之　2016「西ヶ原貝塚出土人骨の同位体比からみた古食性と生業」飛鳥山博物館研究報告 18、pp.1-18

安斎正人　2007『人と社会の生態考古学』柏書房

安斎正人　2014『気候変動と縄紋文化の変化』同成社

今村啓爾　1989「群集貯蔵穴と打製石斧」渡辺仁教授古稀記念論文集刊行会編『考古学と民族誌』六興出版、pp.61-97

今村啓爾　1997「縄文時代の住居址数と人口の変動」藤本　強編『住の考古学』同成社、pp.45-60

植月　学　2010「海生魚類」小杉　康・谷口康浩・西田泰民・水ノ江和同・矢野健一編『縄文時代の考古学 4』同成社、pp.91-103

岡本　勇・戸沢充則　1965「関東」鎌木義昌編『日本の考古学 II 縄文時代』河出書房、pp.97-132

金子浩晶・中村若枝　2016「イルカの群れがやってきた」横浜市歴史博物館編『称名寺貝塚 土器とイルカと縄文人』横浜市歴史博物館、pp.27-37

工藤雄一郎　2012『旧石器・縄文時代の環境文化史』新泉社

小宮　孟　2005「貝塚産魚類組成から復元する縄文時代中後期の東関東湾内漁撈」『Anthropological Science（Japanese Series）』113、pp.119-137

小山壮太郎　2012「同位体分析による縄文時代の墓制及び社会構造の検討」東京大学大学院新領域創成科学研究科先端生命科学専攻 修士論文

佐藤宏之　1992『日本旧石器文化の構造と進化』柏書房

設楽博己　2004「再葬の背景 縄文・弥生時代における環境変動との対応関係」国立歴史民俗博物館研究報告 112、pp.357-380

須賀博子　2014「居住形態と食料資源の選択と構成」『縄文時代の資源利用と社会』季刊考古学 別冊 21、pp.66-73

菅谷通保　1998「茂原市下太田貝塚―縄文時代中・後期墓地と埋葬人骨―」考古学ジャーナル 435、pp.30-32

関根達人　2014「青森県における縄文時代の遺跡数の変遷」第四紀研究 53、pp.193-203

西田正規　1985「縄文時代の環境」田中　琢・戸沢充則編『岩波講座 日本考古学 2 人間と環境』岩波書店、pp.112-164

西田正規　1986『定住革命 遊動と定住の人類史』新曜社

西野雅人　2004「(1) 貝塚」『千葉県の歴史 資料編 考古 4 遺跡・遺構・遺物』千葉県

羽生純子　2016「食の多様性と気候変動―縄文時代前期・中期の事例から―」『考古学研究』63、pp.38-50

ベンゴン M・ハーパー JL・タウゼンド CR 編 2013『生態学―個体から生態系へ』京津大学学術出版会

南川雅男　2001「炭素・窒素同位体分析による復元した先史日本人の食生態」国立歴史民俗博物館研究報告 86、pp.333-357

横山祐典　2009「海水準変動と気候、海進・海退」小杉　康・谷口康浩・西田泰民・水ノ江和同・矢野健一編『縄文時代の考古学 3 大地と森の中で』同成社、pp.13-23

米田　穣　2008a「縄文人骨及び動物骨の同位体分析」千葉県教育振興財団文化財センター編『千葉県教育振興財団調査報告書第 604 集 千葉県東南部ニュータウン 40―千葉市有吉南貝塚―』都市再生機構・千葉県教育振興財団、pp.392-397

米田　穣　2008b「同位体分析からみた市川の縄文人の食生活」堀越正行・領塚正浩編『市立市川考古博物館研究調査報告第 9 冊 市川市縄文貝塚データブック』市立市川考古博物館、pp.144-150

米田　穣　2011a「鎌ヶ谷市根郷貝塚・中沢貝塚出土人骨の同位体分析」鎌ヶ谷市史研究 24、pp.47-56

米田　穣　2011b「草刈遺跡から出土した縄文時代・古墳時代人骨の同位体分析」千葉県教育振興財団文化財センター編『千原台ニュータウン XXII ―市原市草刈遺跡（I区）―』pp.369-372

米田　穣　2014「炭素・窒素同位体でみた縄文時代の食資源利用：京葉地区における中期から後期への変遷」『縄文時代の資源利用と社会』季刊考古学別冊 21、pp.162-169

米田　穣　2016a「称名寺貝塚から出土した縄文人骨の化学分析」（横浜市歴史博物館編）『称名寺貝塚 土器とイルカと縄文人』横浜市歴史博物館、pp.60-61

米田　穣　2016b「千駄木貝塚出土人骨の化学分析：食生活と年代」文京区ふるさと歴史館編『文京むかしむかし─考古学的な思い出─』文京区ふるさと歴史館、pp.14-15

米田　穣　2017「松戸市根木内遺跡から出土した縄文時代中期人骨の炭素・窒素同位体比」松戸市立博物館紀要 24、pp.13-16

米田　穣　2018「千葉県茂原市下太田貝塚の多数遺骸集積土坑人骨群における同時代性の検証」国立歴史民俗博物館研究報告 208、pp.269-280

米田　穣・下条晴義・赤澤　威　2009「骨コラーゲンの炭素・窒素安定同位体比に基づく陸平貝塚における食生態」美浦村教育委員会編『茨城県稲敷郡美浦村 陸平遺跡─調査研究報告書 3・自然科学分野調査の成果─』美浦村教育委員会、pp.49-56

米田　穣・小山荘太郎　2012「骨の化学分析からみた縄文時代の生業と社会：千葉県下太田遺跡の多数合葬」考古学ジャーナル 630、pp.12-16

米田　穣・小林紘一・伊藤　茂　2014「市谷加賀町二丁目遺跡 6 時調査出土縄文時代人骨の炭素・窒素同位体分析および放射性炭素年代測定」新宿区地域文化部文化観光課文化資源係編『市谷加賀町二丁目遺跡Ⅵ─（仮称）新宿区市谷加賀町 2 丁目計画に伴う埋蔵文化財発掘調査報告書─［埋葬遺構編］』pp.64-68

米田　穣・尾嵜大真・大森貴之・小林紘一・伊藤　茂　2016「山野貝塚から出土した縄文時代人骨の同位体分析と放射性炭素年代」袖ヶ浦市教育委員会編『山野貝塚総括報告書─房総半島に現存する最南部の縄文時代後・晩期の大型貝塚─』pp.266-272

米田　穣・尾嵜大真・大森貴之　2017「斜面貝層出土人骨の炭素・窒素同位体分析」千葉県教育振興財団編）『首都圏中央連絡自動車道路埋蔵文化財調査報告書 32 東金市養安寺貝塚・大網白里市養安寺遺跡』第 2 分冊、国土交通省関東地方整備局千葉国道事務所・千葉県教育振興財団、pp.652-655

米田　穣・尾嵜大真・大森貴之・板橋　悠　2018「神明貝塚出土人骨の放射性炭素年代と炭素・窒素安定同位体比」春日部市教育委員会編『春日部市埋蔵文化財発掘調査報告書第 20 集 埼玉県春日部市 神明貝塚総括報告書』春日部市教育委員会、pp.217-223

米田　穣・大森貴之・尾嵜大真　（2019）「称名寺貝塚出土人骨の炭素・窒素同位体比と放射性炭素年代測定」称名寺貝塚報告書、pp.204-211

Crema, E.R., J. Habu, K. Kobayashi, M. Madella 2016. Summed probability distribution of ^{14}C dates suggests regional divergences in the population dynamics of the Jomon period in Eastern Japan. PLoS ONE 11 （4）, e0154809.

Kawahata, H., H. Yamamoto, K. Ohkushi, Y. Yokoyama, K. Kimoto, H. Ohshima, H. Matsuzaki 2009. Changes of environments and human activity at the Sannai‑Maruyama ruins in Japan during the mid‑Holocene Hypsithremal climatic interval. *Quaternary Science Review* 28, 964‑974.

Koyama, S. 1978. Jomon Subsistence and Population. *Senri Ethnological Studies* 2, 1‑65.

Yoneda, M., Y. Shibata, M. Morita, R. Suzuki, T. Sukegawa, N. Shigehara, and T. Akazawa 2004. sotopic evidence of inland‑water fishing by a Jomon population excavated from the Boji site, Nagano, *Japan. Journal of Archaeological Science 31* (1), 97‑107.

Yoshida, K., T. Hara, D. kunikita, Y. Miyazaki, T. Sasaki, M. Yoneda, H. Matsuzaki 2010. Pre‑bomb marine reservoir ages in the western Pacitic. *Radiocanbon* 52, 1197‑1206.

Watanabe, H 1973. "The Ainu Eco‑System: Environmental and Group Structure" American Ethnological Society Monograph 54, *University of Washington Press.*

同位体分析からみた
集団の構成と移動

日下 宗一郎

はじめに

　東海地方には、多数の貝塚遺跡が存在している。本稿では、東海地方の古環境について概観し、どのような環境下で貝塚が形成され、どのような変遷を経てきたのか確認する。そして、貝塚遺跡における人骨の同位体分析から、どのような集団構成であったのか検討し、関東地方との比較資料として研究事例を紹介する。

1. 東海地方の古環境

　完新世の気候変動は、さまざまな古環境資料から復元されている。グリーンランドの氷床コアの酸素同位体比の測定によって、後期更新世から完新世の気候変動が復元されている（Johnsen *et al.* 2001）。縄文時代に関わる期間では、約20000年前の最終氷期最盛期以降、気候は徐々に温暖化をはじめ、ヤンガードリアスと呼ばれる約12900年前の寒冷な時期を迎えるが、その後も温暖化し、約11700年前に始まる完新世には、氷期に比べれば温暖で安定した気候となった。氷床コアには、いわゆる8.2kaイベントと呼ばれる約8200年前の完新世の寒冷イベントが確認されており、8.6〜4.3kaの温暖な時期も記録されている。この8.2kaイベントは、北米のローレンタイド氷床の融解によって形成されたアガシー湖の最終的な流出と関連があると考えられている。また北大西洋の深海底コアの分析によると、完新世には8つの寒冷イベントが生じていたとされる（Bond *et al.* 1997）。それらのうち、8.2ka、5.9ka、4.2ka、2.8kaなどのボンド・イベントは、縄文時代早期から晩期に含まれるため、本稿の関心

の対象である。これらのイベントは太陽活動の衰退により数百年続いた寒冷乾燥化の時期と、その後の温暖湿潤な時期によって特徴づけられる。ほかには中国のドンゲ洞窟の石筍の分析によって、アジアモンスーンの強弱が復元されており、その変遷にはボンド・イベントと対応した傾向がみられる（Wang *et al.* 2005）。とくに4.2kaイベントは、中国新石器文化の崩壊や、メソポタミア文明の気候乾燥化の時期と一致していることが指摘されている。日本でも数多くの古環境復元がなされているが、長野県野尻湖の堆積物コアの花粉分析によると、後期更新世から完新世にかけて約7度の気温上昇が生じたと推定されている（公文2015）。完新世における気候変化幅は、年平均気温で3度ほどの変動が復元されている。また青森県陸奥湾の海底コアのアルケノン分析による古海水温復元によると、4.1kaに生じた約2度の急激な気温低下が明らかとなり、この時期に青森県三内丸山遺跡などの大規模集落が放棄されたと考えられている（Kawahata *et al.* 2009）。ほかに、黒潮の流れる茨城県鹿島沖の海底コアの珪藻化石群集の分析によって、完新世の年間表層海水温が復元されている（図1、小泉2011）。このデータにおいても、約6800年前を温暖のピークとする海水温の傾向があり、2〜3度の変動を繰り返しながら、その後は寒冷化していった。このような完新世の気温の変化は、植生など陸上環境の変化を生じさせたはずである。それでも完新世は安定で温暖な気候であり、その気温変化幅は更新世に比べれば小さかったと考えられる。

　東海地方の海水準の復元は、愛知県知多郡先苅貝塚の調査によって行われた。先苅貝塚は、知多半島の南部に位置し、内海低地のボーリング調査によって地下10mの深さから見つかった。これは縄文時代早期の海底埋没遺跡であると考えられている（前田ほか1983）。先苅貝塚自体は、縄文早期の約9500〜

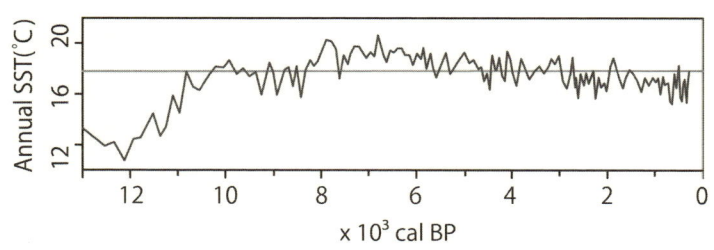

図1　鹿島沖における完新世の年間表層海水温（小泉2011より筆者作図）

8320 cal BP（8330±260BP）に形成された。なお、本稿では、放射性炭素年代の較正は筆者が行い、堆積物にはIntCal13、海産貝類にはMarine13の較正曲線を用いてOxCal4.3プログラムで便宜的に計算した。先苅貝塚が形成された後、約9280〜8000cal BP（7710±280BP）以降の急激な海面上昇によって貝塚は

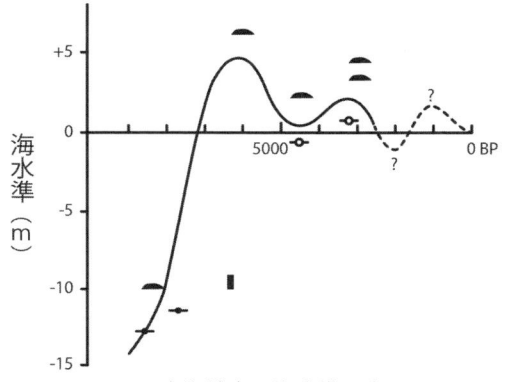

図2　東海地方の海水準の変遷
（前田ほか1983より筆者作図、X軸の年代は未較正年代）

埋没したと考えられる。約7300cal BP のアカホヤ火山灰は約 −9m〜−10m の地点から検出されている。先苅貝塚のある古内海湾の海成堆積物や貝塚遺跡の標高から、次のような海水準変動が復元されている。約9900〜8540cal BP（8590±260BP）には−13mだった海面高度は急激に上昇し、縄文前期の縄文海進期の約7000年前には約+4.5mに達した（図2）。その後、小規模な海面低下が起こり、約5270〜4350cal BP（4560±170BP）には約+1mの海水準となった。その後、約3370〜2740cal BP（3220±140BP）には+2mの高さまで上昇した。そして、古内海湾周辺では証拠が確認されていないが、縄文時代後・晩期から弥生時代前期にかけて海水準が低下した「弥生の小海退」が生じたと推定されている。

　いっぽうで関東地方の海水準曲線の復元によると、約7000cal BP には+3mほどの海水準となり、約5500〜4500cal BP には+1mほどに低下する。その後、約2500〜1300cal BP にかけて海水準が−1mほどに低下した（田辺ほか2012）。このような海水準の変化は、全球的な海水量の変化と地域ごとの地殻変動の変化の両方が混合したものである（横山2009）。その変化の強弱には地域ごとに変動があったと思われるが、基本的な海水準の変化の傾向は、関東地方と東海地方で類似しているようにみえる。以上のような完新世の海水準変動による沿岸環境の変化は、縄文時代人の居住地や水産資源利用に影響を与えたと考えられる。

2. 貝塚遺跡の変遷

東海地方の貝塚の調査は、坪井正五郎による 1888（明治 21）年の静岡県磐田市西貝塚の発掘を嚆矢とする。その後に大学の研究者による調査発掘や、行政発掘による数々の調査が行われ、伊勢湾や三河湾周辺に多数の遺跡が存在することが明らかとなった。とくに愛知県渥美半島には、300 体以上の人骨が発見された吉胡貝塚や、保美貝塚、伊川津貝塚などが存在しており、貝塚遺跡と出土人骨数の多さが知られている。

2008 年に報告された貝塚遺跡の集成によると、東海地方の縄文時代の貝塚は、107 遺跡存在する（岩瀬 2008）。早期前半の遺跡には、愛知県嵩山蛇穴遺跡と先苅貝塚がある。後半には伊勢湾奥東、知多半島西、三河湾奥西で貝塚が形成されている。前期前葉から中葉にかけて遺跡数は増えるが、後葉には減少する（図 3）。そして中期の貝塚は小規模で遺跡数も少なく、中期後葉になると遺跡数は増加する。後期の前葉にはさらに遺跡数は増えるが、中葉と後葉にかけて減少する傾向にある。そして晩期の前葉が貝塚形成の最盛期であり、湾奥の干潟が発達している地域に貝塚が増加する。晩期中葉になると、貝塚数が減少し始め、後葉になると三河湾奥東と渥美半島以外で貝塚が形成されなくなる。晩期中葉から後葉には、大西貝塚などの加工場型貝塚が多く形成され、稲荷山貝塚や大蚊里貝塚などの居住地型貝塚も多数形成される。末葉には、さらに貝塚が減少して、三河湾奥東に複数形成される。

なぜ東海地方の貝塚の数が時期によって増減したのだろうか。後期前葉の遺跡数増加は、関東地方から伝播した漁撈技術によって、漁撈活動が成熟した時期と解釈されている（岩瀬 2008）。縄文後期の小海進によって、入り江が拡大したことにより、釣漁などの漁撈活動が活発化した可能性が指摘されている。また晩期には吉胡貝塚などの大規模な貝塚遺跡

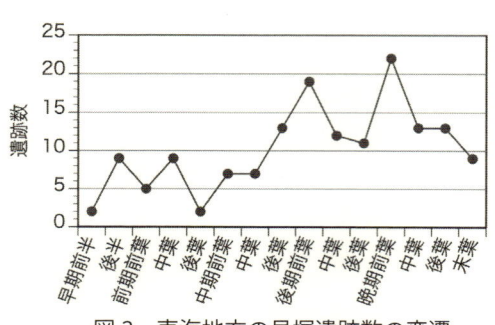

図 3 東海地方の貝塚遺跡数の変遷
（岩瀬 2008 より筆者作図）

と、加工場型貝塚が形成される時期であり、これには「弥生の小海退」にともなって形成された干潟が拡大して、そこに生息する貝類が豊富に捕れるようになったことが原因であろうと考えられている（岩瀬 2008）。三河湾奥東に位置する牟呂遺跡群と呼ばれる加工場型貝塚は、ハマグリ主体であり、動物骨、石器、骨角器などが少なく、埋葬人骨や住居跡が見つかっていないことが特徴である。これは居住地とみなしにくく、ハマグリ採取に特化して形成された遺跡であろうと考えられている。干潟に生息した貝類採取は、三河湾周辺における人口を支える一要因となったはずである。

いっぽう関東地方では、どのような遺跡数の変遷をたどったのだろうか。埼玉県、東京都、神奈川県で発掘された住居跡の数が 100 年単位で図示され、増減の傾向が明らかにされている（今村 1997・2002）。これによると早期前半に住居跡は上昇し、後半に減少する。次に前期前半と中葉に上昇し、前期後葉に減少する。そして中期中葉の加曽利 E II 式の時期の住居跡数が最も多く、それから後期から晩期に至るに連れて減少する。これらのような増減は気候の悪化による食料生産量の減少が原因と考えられている。

貝塚の変遷を比較すると、関東地方にみられる前期末の遺跡数の減少は、東海地方にもみられる。しかし、東海地方では、中期中葉に遺跡数のピークは見られず、中期後葉に増加する傾向にある。また晩期前葉にピークがみられることも関東地方の遺跡とは異なる傾向である。このように、東海地方の貝塚遺跡数の変遷を関東地方と比較すると、その変遷の様相は異なることが分かる。ただし、東海地方については、貝塚遺跡数の変遷を比較したが、内陸部における遺跡の変遷や、住居跡数の変遷がどのような傾向だったのか不明である。いっぽうで、東海地方内でも静岡県内の遺跡数と住居跡数の変遷が明らかにされており、中期にピークがみられる（瀬川・平野 1984、静岡県 1995）。東海地方の貝塚ではない遺跡の変遷や住居跡数の検討が必要である。また、関東地方の武蔵野台地の貝塚の分析によると、中期から後期にかけて遺跡数の減少傾向が認められるものの、堅果類を主体とした生業への転換によって、居住地が移動した可能性もあり、寒冷化に伴った遺跡数の増減と人口変動との対応について注意すべきとの指摘がある（阿部 2014）。

3. 古人骨の集団構成

　それでは、東海地方の縄文時代後期から晩期の集団構成はどのような様相だったのだろうか。ここでは、貝塚から出土した古人骨の性別と抜歯系列に着目する。抜歯は、その施された年齢から、成人儀礼であろうと考えられている。東海地方では、後・晩期に多くの個体が上顎の犬歯2本を抜くことから、これが成人儀礼であろうと推定された（春成1979・2002）。上顎の犬歯2本に加えて、下顎の切歯4本を抜くのが4I型、下顎の犬歯2本を抜くのが2C型と名付けられた。これらは婚姻移住を示すと考えられ、在地者である4I型の人と、移入者である2C型の人が結婚をする際に施されたと考えられた。そして、4I型からさらに下顎の犬歯2本を抜くのは4I2C型の抜歯と名付けられ、2C型からさらに下顎の中切歯2本を抜くのは2C2I型と名付けられた。これらの抜歯型式は、再婚をする際に施されたと見なされた（春成1979）。しかしながら、現在では、この抜歯型式が婚姻移住を示すという仮説は撤回されている（春成2013）。それでも、この抜歯の仕方のパターン分け自体は、何らかのアイデンティティの表出をしている可能性があり、縄文時代の社会組織を調べるための鍵となりえる。本稿では、4I型と4I2C型を4I系としてまとめ、2C型と2C2I型を2C系としてまとめて、論を進めることにする。

　東海地方の集団の性別と抜歯型式からみた集団構成についてはすでにまとめられている（表1、春成1979・2002）。4I系と2C系の割合は、個体数の多い吉胡貝塚では、4I系が65個体に対し、2C系が49個体となっている。性別でみると男性の割合が高く、抜歯系列では4I系の割合が高くなっている。伊川津貝塚では、逆に2C系の割合が高く、男性と女性の個体数は同程度になっている。1984年の伊川津貝塚調査で見つかった6号集積墓では、2C系の男女が埋葬されていた興味深い事例もある。ほかに稲荷山貝塚では、4I系の男性の割合が高く、2C系の女性の割合が極端に低くなっている。そのほかの遺跡では、個体数が10以下と少ないが、4I系の割合が低い集団と高い集団が存在し、一定の傾向が認められない結果である。以上をまとめると、集団によって、4I系と2C系の抜歯系列の割合には変動があったことが分かる。とくに個体数の多い吉胡貝塚集団においては、4I系と2C系の個体の割合は同程度であり、二

表 1 東海地方の古人骨の性別と抜歯系列の構成（春成 1979・2002 より）

抜歯	性別	愛知県										静岡県	
		雷	本刈谷	枯木宮	西ノ宮	亀山	保美	伊川津	吉胡	樫王	稲荷山	蜆塚	西
4I 系	男性					2		5	37		15		
	女性		1	1		1	3	3	28	1	11	1	
2C 系	男性	1	1	2	1		4	10	29	(+1)	11	1	1
	女性		1				1	13	20		1	3	
0 型	男性					2			1			2	
	女性					1			1				
合計	男性	1	1	2	1	4	4	15	67	(+1)	26	3	1
	女性	0	2	1	0	2	4	16	49	1	12	4	0
	4I 系	0	1	1	0	3	3	8	65	1	26	1	0
	2C 系	1	2	2	1	0	5	23	49	0	12	4	1

項対立的な意味合いを読み取ることもできる。また東海地方における抜歯例の集成においても、4I 系の個体が 100 例（42.7 %）、2C 系の個体が 97 例（41.4 %）と報告されている（山田 2008）。しかし、叉状研歯例や装身具を副葬品とする例は 4I 系に多く、合葬は 4I 系同士もしくは 2C 系同士で行われる例が多い（春成 2002）。このことは 4I 系と 2C 系の間で、集団内の地位の何らかの差違を意味しているのかもしれない。

4. 集団構成と食性

古人骨の炭素・窒素安定同位体分析を行うと、当時に摂取された食物資源の傾向を推定することができる。骨の構成物質のうち、3 分の 2 はハイドロキシアパタイトと呼ばれるリン酸やカルシウムを主成分とする無機物であり、残り 3 分の 1 はコラーゲンという有機物から成る。埋葬され堆積する過程で、コラーゲンは分解されていくが、貝塚遺跡の場合には、数 % のコラーゲンが残存していることが多い。分析には、肋骨など形態計測に使用されることが稀な部位を使用する。骨試料の超音波洗浄を行った後、水酸化ナトリウムによるアルカリ洗浄を行うことで、土壌由来の有機物を除去する。そして、ミルとハンマーで粉砕し、セルロースチューブ中に封入後、塩酸の中で脱灰する。中性に戻した後、90 度で一晩加熱すると、コラーゲンが変成してゼラチン化する。これを凍結乾燥することで、コラーゲン繊維を得ることができる。この試料中の炭素・窒素同位体比を、元素分析装置を接続した質量分析装置を用いて測定することによって、古人骨資料の炭素・窒素同位体比を得ることができる。

生物の炭素・窒素同位体比も、毛髪や筋肉などを分析することで測定することができる。一般に生物の同位体比は、栄養段階を上昇すると高くなる傾向にある。一栄養段階を上昇すると、被食者より捕食者の炭素同位体比が約1‰、窒素同位体比が約3.4‰高くなることが知られている。この捕食者と被食者の間の差分は同位体分別（濃縮）と呼ばれる。一次生産者である植物の炭素・窒素同位体比は最も低い傾向にあり、それを食べる草食動物は、一栄養段階分の同位体分別の値を植物の炭素・窒素同位体比に加えた値を示す。いっぽうで、海洋生態系においては、全体的に炭素・窒素同位体比が高い傾向にあり、栄養段階の数も海洋生態系のほうが多いので、高次の魚類はとくに高い窒素同位体比を示す傾向にある。縄文時代人についても、摂取した食物資源の同位体比の平均値に、一栄養段階分の同位体分別の値を加えた同位体比を示すことになる。人骨コラーゲンの同位体比を解釈する際には、食物資源の同位体比とコラーゲンの間の同位体分別の値を使用する。この場合には、炭素で4.5‰、窒素で3.4‰の同位体分別の値を用いる。

　この手法により、縄文時代人の食生態の時期的変遷についても検討されている。関東地方の資料を対象とした研究では、京葉地区における中期中葉から後期中葉の人骨が分析され、中期中葉から後期中葉にかけて窒素同位体比に変化はないが、炭素同位体比が高くなり、海産資源の利用が増加したと考えられている（米田2014）。また、中期後半と後期前半のそれぞれの時期の中でも、遺跡間に同位体比の違いがあることには注意が必要である。このような傾向が、関東地方のほかの地域や中部高地などでも観察されるのか、より地域を拡大した研究が必要であろうと考察されている。

　古人骨の炭素・窒素同位体分析の利点の一つは、個人ごとの食性さらには集団内の構成に関わる分析ができる点である。発掘された古人骨の個体分けがなされており、男性か女性か、抜歯があるかどうかなどが分かれば、それら個人の情報を同位体比のデータとともに解析することができる。これまでに筆者は、共同研究者とともに東海地方の吉胡貝塚、伊川津貝塚、川地貝塚、稲荷山貝塚などから出土した古人骨の炭素・窒素同位体分析を行った。

　全体の傾向として、古人骨の炭素・窒素同位体比は、海産魚類・貝類などの海産資源と、陸上哺乳類・陸上 C_3 植物などの陸上資源の中間に位置しており、

陸上資源と海産資源の両方を摂取していたことが推定できる（図4）。その変動は大きく、陸上資源にかなり近い同位体比を示す個体がいることは、彼らが陸上の哺乳類や植物質食料を高い割合で摂取していたことを示唆している。また海産魚類に近い割合を示す個体は、海産物依存度が高いことが推定される。しかし、魚類や貝類にとても近い値を示すような個体は存在しないこともまた確かである。このことは陸上の資源をまったく利用しないような食性の傾向は存在しなかったことを意味している。

　時期によって東海地方の縄文時代人の食性は変遷していたのだろうか。それを考える上で集団ごとに食性の特徴を考察する。まず川地貝塚は、中期から晩期末までに形成され、そのうち後期前葉を主体とした時期に帰属すると考えられるが、分析した集団の中では最も高い窒素同位体比を示している。稲荷山貝塚人骨などと比較すると明らかに高い窒素同位体比を示す傾向にある。これは、栄養段階の高い生物を摂取していることを意味しており、海産魚類や陸上哺乳類の摂取割合が高い傾向にあったことを示していると考えられる。

　吉胡貝塚人骨は、後期後葉から晩期に帰属すると考えられるが、その炭素・窒素同位体比は、大きな変動を示している。海産資源を利用した割合の高い個体から、ほぼ陸上資源に依存した個体まで存在している。個体数が多く集団内においても時期的な食性の変遷が生じていた可能性もあるが、現段階では不明である。川地貝塚人骨と比較すると、陸上資源により強く依存していた個体がいた傾向にある。稲荷山貝塚人骨よりは窒素同位体比が高く、栄養段階の高い魚類を摂取していたと推定される。

　伊川津貝塚人骨は、晩期に帰属すると考えられる。個体数が少なく言及できることは限られるが、吉胡貝塚人骨と同様に海と陸の資源を摂取していたと考えられる。

　稲荷山貝塚人骨は、晩期前葉から弥生時代前期、一部は弥生時代中期の放射性炭素年代が報告されている（Kusaka *et al.* 2018）。全体の傾向として、窒素同位体比が低い傾向にあり、これは栄養段階の低い海産資源、とくに海産貝類を摂取していた可能性が考えられる。

　以上のように、集団ごとに食資源の特徴を概観してきたが、時期によって食性は変化してきたのだろうか。集団数は少ないが全体の傾向を見ると、中

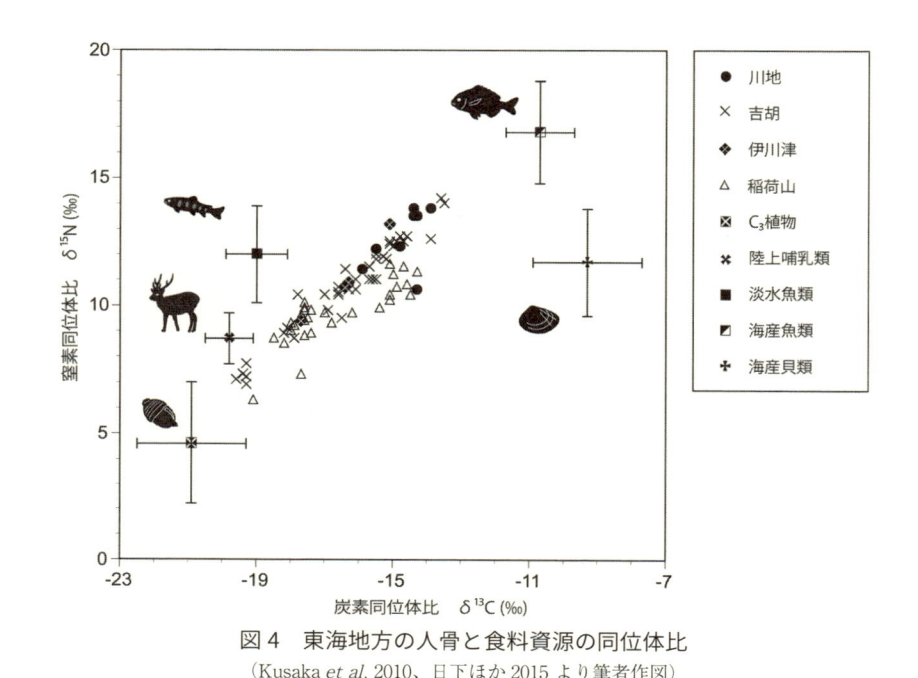

図4　東海地方の人骨と食料資源の同位体比
（Kusaka *et al.* 2010、日下ほか 2015 より筆者作図）

期後葉の川地貝塚人骨から、晩期の稲荷山貝塚人骨にかけて、窒素同位体比が下がっていく傾向にあり、利用する海産資源の栄養段階が下がっていったことを示唆している。川地貝塚人骨の魚類利用については、後期前葉に関東地方から伝播した漁撈技術の発展の時期と整合的である。また後期前葉は、4.2ka のボンド・イベントの時期であるが、川地貝塚人骨の放射性炭素年代測定を進めれば帰属時期と食生態の変遷について検討が可能かもしれない。しかしながら、集団間の同位体データに時期的な変遷がみられると同時に、遺跡の立地環境もまた関連している可能性が考えられる。川地貝塚は渥美半島の先端部に位置しており、岩礁が多く外洋に最も接近しやすい位置にある。伊川津貝塚、吉胡貝塚、稲荷山貝塚の順番で湾奥部に位置しているが、このような遺跡の立地によって漁撈活動が異なることが渥美半島の遺跡について指摘されている（樋泉 2008）。つまり渥美半島の先端に位置する遺跡ほど外洋漁撈に適応した漁撈具や魚骨を残しており、湾奥部の遺跡ほど内湾での漁撈活動に適応した漁撈具や魚骨・貝類構成となっている。つまり縄文時代人は、居住環境に合わ

せて、もしくはその時々の環境の変遷に対して、食資源と生業活動を柔軟に変化させていたと考えられる。

　それでは、性別や抜歯系列にみる集団構成は、食性とどのような関係があったのだろうか。川地貝塚人骨については、性別や抜歯痕の分かる個体数が少ないため言及するのが難しいが、顕著な同位体比の性差は見つかっていない。分析個体数の多い吉胡貝塚の男性と女性を比較すると、同位体比の平均値に違いは見られないが、その変動は男性のほうが大きい傾向にあった。これは、陸上資源もしくは海産資源に偏った依存をしている個体が男性に多いことを意味している。この結果については、男性と女性の間の性的分業と食物分配によって説明が可能である。狩猟採集民の社会においては、男女間の分業が行われ、男性による狩猟活動と女性による植物質食料の採集が行われることが一般的である（Kelly 1995）。これは、体格の性的二型と女性による出産・子育てが影響している。男性は狩猟活動または漁撈活動を行うために、その獲物を摂取する機会が上昇するのに対して、男性が持ち帰った食物は集団内で分配されるので、女性において食物摂取の傾向は平均化される傾向にあると考えられる。また吉胡貝塚人骨の同位体データを抜歯系列間で比較すると、明確な同位体比の違いは見られなかった。食物摂取の傾向と抜歯風習との間に関連性がなかったのかもしれない。しかし、吉胡貝塚人骨は、後期後葉から晩期の長い時期に帰属するために、詳細な食性の時期的変化が生じていた可能性がある。

　稲荷山貝塚人骨においては、性別による同位体比の違いが顕著である。男性の方の窒素同位体比が高く、より高い栄養段階の食物を摂取していたと考えられる。女性は男性より窒素同位体比が低く、炭素同位体比は分散する傾向にある。また、抜歯系列と明らかな関係があり、4I系男性の炭素同位体比が低く、2C系男性の炭素同位体比が高い傾向にあった。このことは、2C系男性のほうがより海産資源を摂取する傾向にあったことを示している。稲荷山貝塚人骨については、放射性炭素年代測定を行っており、晩期から弥生時代前期にかけて、海産物依存度が上昇するとともに、男性の抜歯系列が4I系から2C系へと移り変わっていったことを示している（図5）。この時期は、「弥生の小海退」によって、三河湾奥に干潟が形成された時期であり、それと並行して海産資源の利用が高まった可能性がある。また2.8kaの寒冷イベントは、ちょうど稲荷山貝塚

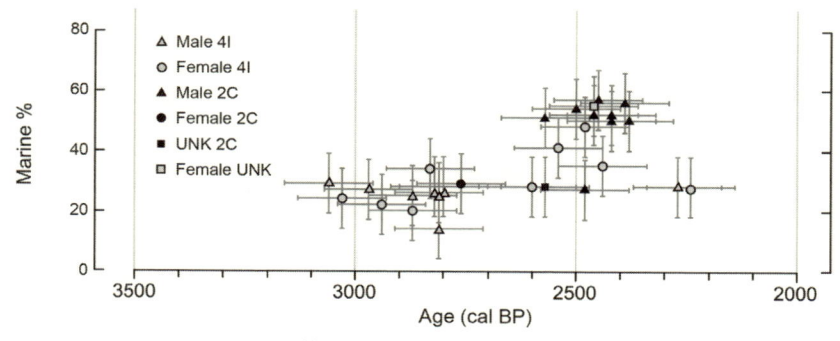

図5　性別と抜歯系列によって分けた
稲荷山貝塚人骨の帰属年代と食性（Kusaka *et al.* 2018 より筆者作図）

の食性変化が生じた時期に当たることも興味深い。男性の抜歯系列の変化についても、そのような古環境変遷に関連していたのかもしれないが、その因果関係については今のところ確かなことは言えない。抜歯系列は小規模な血縁集団もしくは生業を共にする集団の象徴として機能していたのかもしれない。後述する 2C 系の移入者が集団の抜歯系列に影響を与えた可能性も残されている。

5. 集団構成と移動

　ストロンチウム（Sr）は、アルカリ土類金属の一つである。2 価の陽イオンとして、水に溶けやすく、岩石や生体にも含まれている。カルシウム（Ca）とイオン半径が近いために、環境中では Ca と似た挙動をしめす。Sr 同位体比は、質量数 87 と 86 の比をとって $^{87}Sr / ^{86}Sr$ として表される。炭素・窒素同位体と違って、Sr 同位体比は、栄養段階が上昇しても同位体分別は生じない。実際は、ごくわずかな同位体分別が生じるが、同位体比の測定時に補正することで、ゼロとすることができる。よって、各生物の Sr 同位体比は、食物の平均的な同位体比と同じと考えることができる。また、環境中においては、Sr は岩石に含まれていて、風化したミネラルとして環境中を循環する。Sr 同位体比は、岩石の Rb ／ Sr 比や、形成年代に依存して決まるので、地質が異なる地域では、Sr 同位体比も異なる可能性がある。地質が異なる場所によって、岩石の Sr 同位体比が異なり、そこに生息する生物の Sr 同位体比も異なることになる。そして、人の場合も、骨や歯に Sr が含まれており、その同位体比

は居住地の情報を示すことになる。骨が成人後も代謝によって置き換わっているのに対して、歯は幼少期に形成された後に、置換されることがないために、幼少期に過ごした場所の Sr 同位体比を示す。よって個人内の骨と歯の Sr 同位体比が異なれば、幼少期に過ごした場所から、成人後に別の場所に居住をした個体であると推定できる。ただし、移入者を判別するために、在地の Sr 同位体比をどのようにして決めるのかについては、いくつかの手法がある。本稿では、縄文時代人の食料資源である陸上資源と海産資源の二つの Sr 同位体比を設定し、これらの Sr 同位体比を基準として移入者を判別した結果を述べる。海水の Sr 同位体比は 0.7092〜0.7091 と一定の値を示すことが知られており、海産資源の Sr 同位体比はその値を示すと考えられる。人も海産資源を多く摂取すると海水の値を示すことになる。

　これまでに、吉胡貝塚人骨と稲荷山貝塚人骨の Sr 同位体分析を行った（図6、Kusaka *et al.* 2009・2011）。Sr 同位体分析には、歯のエナメル質を削る必要があるために適用できる資料が限られ、また分析個体数がある程度ないとデータの解釈を行うことが難しいという制約がある。それでも吉胡貝塚人骨については 38 個体、稲荷山貝塚人骨については 17 個体の分析を行うことができた。吉胡貝塚人骨の Sr 同位体比の結果、多くの個体が海水の値より低い同位体比を示した。このことは、陸上資源として海の値より低い Sr 同位体比の資源を摂取していたことを意味しており、低い Sr 同位体比は渥美半島の地質とも整合的である。炭素・窒素同位体比から、彼らが陸上資源と海産資源の混合の食性を示したために、Sr もその両方の資源から摂取していたと考えられる。よって、海水の Sr 同位体比より低い値を示す個体を在地者として判別し、それより高い値を示す個体は移入者と判別した。この高い値を示す個体は、三河湾北部の三河高原の地域など、領家帯花崗岩の分布する高い Sr 同位体比の地域の食物を幼少期に摂取した移入者であろうと考えられる。その結果、およそ 36％の個体が移入者と判別された。性別で比較すると、男性で 41％、女性で 29％が移入者として判別された。また、抜歯系列でみると、4I 系で 20％、2C 系で 56％であった。このことから、男性も女性も集団間を移動していたことが分かる。また 4I 系の抜歯の個体も、2C 系の抜歯の個体もどちらも集団間を移動していたが、2C 系の個体の移入者の割合が高いことを指摘できる。抜歯

系列と集団間の移動の間には、何らかの関係があったのかもしれない。

　稲荷山貝塚人骨の Sr 同位体比は、多くが海水よりも高い Sr 同位体比を示した。このことは、稲荷山貝塚が、領家帯花崗岩の分布の南に位置していることから、そのような高い Sr 同位体比を示す地域の陸上資源を摂取していたと解釈ができる。海産資源と陸上資源の Sr 同位体比の範囲を在地の Sr 同位体比とすると、4 個体（23 ％）の移入者が判別された。そのうち 2 個体は、海産資源の値よりも少し低い値であり、吉胡貝塚の在地の値の範囲に含まれる。これらは、吉胡貝塚で生まれ育った可能性もあるが、ほかの渥美半島の集落で育っても同じ値になるはずである。そのほかの 1 個体はとても高い Sr 同位体比を示し、より内陸の Sr 同位体比の高い地域の出身の可能性があり、反対に渥美半島の出身ではないことが言える。最後の 1 個体は、とても低い Sr 同位体比を示しており、吉胡貝塚人骨の値よりもかなり低いことから、より石灰岩などが分布する秩父帯の内陸部の地域の出身の可能性がある。このように Sr 同位体分析は、集団中の移入者を判別することが可能であるが、その出身地については、周囲の地質によって複数の起源地が考えられるために、特定は難しい。それでも移入者のうち後者の 2 個体は、2C 系の男性であり、2C 系のほうがより集団間を移動する傾向は吉胡貝塚の結果と同様である。

　つぎに、それら移動からみた集団構成が時期によって、変遷していたのだろうか。現状では、分析することができた集団数が少なく、分析は困難である。後期後葉から晩期の吉胡貝塚と、晩期から弥生時代前期の稲荷山貝塚を比較すると、若干移入者の割合は減っているのかもしれない。稲荷山貝塚人骨は放射性炭素年代が分かっており、2C 系の移入者 2 個体は 2460 cal BP と 2480 cal BP（中央値）を示し、移入者の加入と抜歯系列の変化に関連があるという仮説は立てられるが、それを実証するのは難しい。今後、炭素年代測定と Sr 同位体分析を行う事例を増やしていくしか方法はないと思われる。

6. 考察

　東海地方では、時期によって環境の変化と人の食性の変化がみられた。東海地方と関東地方の遺跡の変遷を比較すると、関東地方にみられる前期末の遺跡数の減少は、東海地方にもみられる。しかし東海地方の中期中葉に貝塚遺跡数

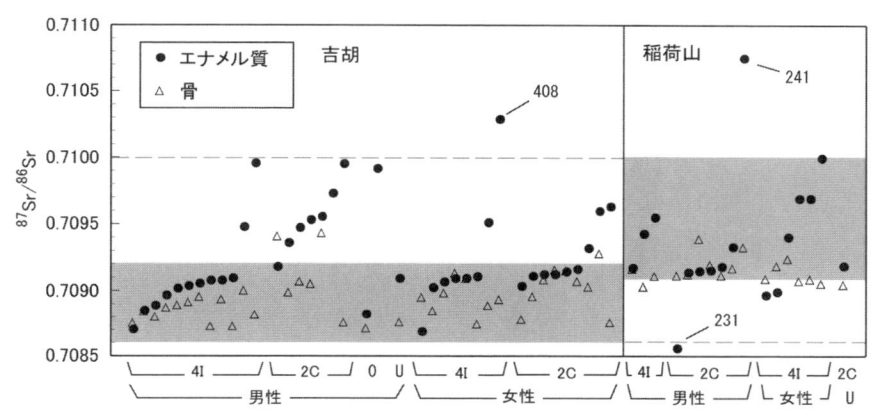

図6 抜歯系列と性別によってわけた吉胡貝塚人骨と稲荷山貝塚人骨の Sr 同位体比
（Kusaka *et al.* 2009・2011 より筆者作図）

のピークは見られず、反対に中期後葉から後期前葉に増加する傾向にある。この後期前葉の遺跡数増加は、漁撈技術の発展が影響したのかもしれない。中・後期の川地貝塚人骨は、窒素同位体比が高く、栄養段階の高い魚を摂取していたと考えられる。縄文海進の後で、海水面が小低下した時期である。このころに湾口や外洋における漁撈活動が活発化した可能性がある。また京葉地区では中期中葉から後期中葉にかけて炭素同位体比が高くなり、海産資源の利用が増加したと考えられている（米田 2014）。東海地方においても同様の傾向にあったのか、川地人骨や他遺跡の人骨の高精度年代測定と食性分析を行う必要がある。

　また晩期前葉に貝塚遺跡数のピークがみられることも関東地方の遺跡とは異なる傾向である。晩期前葉の遺跡数の増加は、「弥生の小海退」とともに、ハマグリ採取に特化した海産資源適応が影響したのかもしれない。とくに稲荷山貝塚人骨では、食性と抜歯系列が変遷するという特異な事例が見られた。4I 系の男性は陸上資源に依存する傾向があったのに対して、その後の時期の2C 系の男性は海産資源に依存する傾向を示した。また、後期後半から晩期にかけて、吉胡貝塚や稲荷山貝塚では、集団間を移動する個体が存在していた。男性も女性も集団間を移動し、とくに 2C 系の個体が移動する割合が高い傾向にあった。このような人の移動の割合が、時期によってどのような変遷をた

どったのかについては、今後の検討課題である。縄文時代人は沿岸環境の変化に対応して、生業と食性を柔軟に変化させていたと考えられる。そして抜歯風習にみられる文化も、近隣する集団との交流の中で影響を受けながら変遷していったのかもしれない。

おわりに

　このような古環境と人の文化の変遷を考察するためには、それらを較正年代によって同じ時間軸上に位置付ける必要がある（工藤 2012）。グローバルなスケールの古環境データは豊富にあるが、グローバルに観察される環境変動が実際に東海地方においても生じていたのか、フィールド内のデータの蓄積が望まれる。海水準変動については先苅貝塚の研究によって先駆的に行われている。また貝塚遺跡の集成も行われており、土器型式と較正年代を対応づけることができれば、より詳細な遺跡数の変遷の検討を期待できる。さらに複数の遺跡について古人骨の同位体分析と年代測定を進めて行くと、より詳細な対比が可能となり、縄文時代の古環境と人の食生態や文化との関連性が明らかになってくるであろう。

引用・参考文献

阿部芳郎　2014「中里貝塚の形成をめぐる生業活動と地域性―複合的生業構造と遺跡群の形成―」阿部芳郎編『ハマ貝塚と縄文社会―国史跡中里貝塚の実像を探る―』雄山閣、東京、pp.209-226

今村啓爾　1997「縄文時代の住居址数と人口の変動」藤本　強編『住の考古学』同成社、pp.45-60

今村啓爾　2002『縄文の豊かさと限界』山川図書出版、pp.1-95

岩瀬彰利　2008「東海の貝塚」日本考古学協会 2008 年度愛知大会実行委員会編『日本考古学協会 2008 年度愛知大会研究発表資料集』pp.117-132

日下宗一郎・佐宗亜衣子・米田　穣　2015「縄文時代の國府・伊川津遺跡から出土した人骨の放射性炭素年代測定と炭素・窒素安定同位体分析」Anthrop. Sci. (Japanese Series) 123、pp.31-40

工藤雄一郎　2012『旧石器・縄文時代の環境文化史：高精度放射性炭素年代測定と考古学』新泉社

公文富士夫　2015「晩氷期から完新世への気候変化と地理的環境」『季刊考古学』

　　　132、pp.18-22

小泉　格　2011『珪藻古海洋学 完新世の環境変動』東京大学出版会

静岡県　1995『静岡県史通史編 1 原始・古代』

瀬川裕市郎・平野吾郎　1984「静岡県における縄文時代集落遺跡資料集成図集」日本考古学協会・日本考古学協会山梨大会実行委員会編『日本考古学協会昭和 59 年度大会資料 シンポジウム縄文時代集落の変遷』

田辺　晋・中島　礼・内田昌男・柴田康行　2012「東京低地臨海部の沖積層にみられる湾口砂州の形成機構」『地質学雑誌』118、pp.1-19

樋泉岳二　2008「動物遺体（貝・骨）」日本考古学協会 2008 年度愛知大会実行委員会編『日本考古学協会 2008 年度愛知大会研究発表資料集』pp.69-76

春成秀爾　1979「縄文晩期の婚後居住規定」『岡山大学法学部学術紀要』40、pp.25-63

春成秀爾　2002『縄文社会論究』塙書房、東京

春成秀爾　2013「腰飾り・抜歯と氏族・双分組織」『国立歴史民俗博物館研究報告』175、pp.77-128

前田保夫・山下勝年・松島義章・渡辺　誠　1983「愛知県先苅貝塚と縄文海進」『第四紀研究』22、pp.213-222

山田康弘　2008「貝塚遺跡における墓制」日本考古学協会 2008 年度愛知大会実行委員会編『日本考古学協会 2008 年度愛知大会研究発表資料集』pp.117-132

横山祐典　2009「海水準変動と気候、海進・海退」小杉　康・谷口康浩・西田泰民・水ノ江和同・矢野健一編『縄文時代の考古学 3 大地と森の中で―縄文時代の古生態系―』pp.13-23

米田　穣　2013「縄文時代の環境変動と食生活」三宅和朗編『環境の日本史 2 古代の暮らしと祈り』吉川弘文館、pp.8-30

米田　穣　2014「炭素・窒素同位体でみた縄文時代の食資源利用」阿部芳郎編『季刊考古学・別冊 21 縄文の資源利用と社会』雄山閣 pp.162-169

Bond, G., Showers, W., Cheseby, M., Lotti, R., Almasi, P., Priore, P., . . . Bonani, G. 1997. A pervasive millennial-scale cycle in North Atlantic Holocene and glacial climates. *Science*, 278（5341）, pp.1257-1266.

Johnsen, S. J., Dahl-Jensen, D., Gundestrup, N., Steffensen, J. P., Clausen, H. B., Miller, H., . . . White, J. 2001. Oxygen isotope and palaeotemperature records from six Greenland ice-core stations: Camp Century, Dye-3, GRIP, GISP2, Renland and NorthGRIP. *J. Quat. Sci.*, 16（4）, pp.299-307.

Kawahata, H., Yamamoto, H., Ohkushi, K.i., Yokoyama, Y., Kimoto, K., Ohshima, H., Matsuzaki, H., 2009. Changes of environments and human activity at the Sannai-Maruyama ruins in Japan during the mid-Holocene Hypsithermal climatic interval. *Quat. Sci. Rev.* 28, pp.964-974.

Kelly, R.L., 1995. The Foraging Spectrum: Diversity in Hunter-Gatherer Lifeways, *Smithsonian Institution Press*, Washington, DC.

Kusaka, S., Ando, A., Nakano, T., Yumoto, T., Ishimaru, E., Yoneda, M., Hyodo, F., Katayama, K., 2009. A strontium isotope analysis on the relationship between ritual tooth ablation and migration among the Jomon people in Japan. *J. Archaeol. Sci.* 36, pp.2289-2297.

Kusaka, S., Hyodo, F., Yumoto, T., Nakatsukasa, M., 2010. Carbon and nitrogen stable isotope analysis on the diet of Jomon populations from two coastal regions of Japan. *J. Archaeol. Sci.* 37, 1968-1977.

Kusaka, S., Nakano, T., Yumoto, T., Nakatsukasa, M., 2011. Strontium isotope evidence of migration and diet in relation to ritual tooth ablation: a case study from the Inariyama Jomon site, Japan. *J. Archaeol. Sci.* 38, pp.166-174.

Kusaka, S., Yamada, Y., Yoneda, M., 2018. Ecological and cultural shifts of hunter-gatherers of the Jomon period paralleled with environmental changes. *Amer. J. Phys. Anthropol.* 167, pp.377-388.

Wang, Y., Cheng, H., Edwards, R.L., He, Y., Kong, X., An, Z., Wu, J., Kelly, M.J., Dykoski, C.A., Li, X., 2005. The Holocene Asian monsoon: links to solar changes and North Atlantic climate. *Science* 308, pp.854-857.

東日本における地域社会の構造

東北地方の集落と遺跡群
―岩手県北上市大橋遺跡とその周辺遺跡を中心に―

八木 勝枝

はじめに

　東北地方の面積は約64,000㎢に及ぶ。筆者がおもな研究対象としている岩手県だけでも15,278㎢の広さがあり、岩手県遺跡台帳に登録されている埋蔵文化財包蔵地は約12,900ヶ所に上る（岩手県教委2018）。本稿では長期継続した岩手県北上市大橋遺跡およびその周辺遺跡群を、縄文後晩期遺跡群の一モデルとして設定し、実態を検討する[1]。

1. 岩手県内における集落遺跡の推移

　まず、本書のテーマである『縄文文化の繁栄と衰退』を考えるため、岩手県の北上川流域および沿岸部の縄文集落遺跡を集成した結果を述べる[2]。

　北上川流域（図1）では後期前葉に集落遺跡数のピークがあり、後期中葉から後期後葉に減少、晩期前葉から回復し晩期中葉に増加、晩期後葉に再び減少する傾向が認められる。

　沿岸部（図2）においては、中期中葉から後葉に多く、後期前葉に微減、後期中葉にごく少数になり、後期後葉に微増、晩期前葉に減少し、晩期中葉に増加、

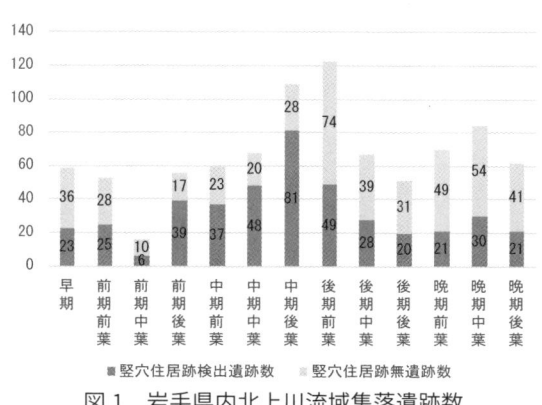

図1　岩手県内北上川流域集落遺跡数

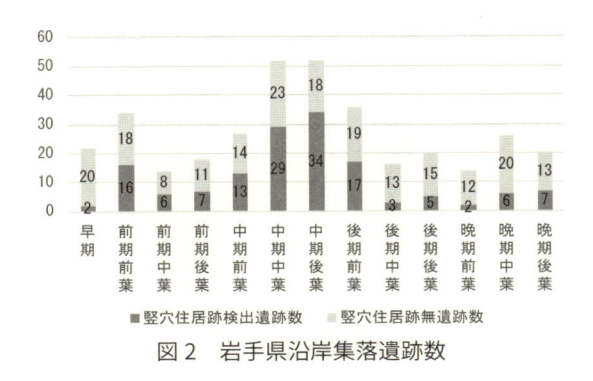

図2 岩手県沿岸集落遺跡数

晩期後葉に再び減少という傾向が認められる[3]。

さらに図には竪穴住居跡が検出された遺跡数と検出されていない遺跡数を分けて示した。竪穴住居跡数を見ても、中期後葉から後期初頭に多く、後期中葉から後葉にかけて減少していることが看取できる。この図からは、一見、縄文時代は中期に繁栄し、後晩期に衰退したと見ることが可能である。

しかし、竪穴住居跡が検出された遺跡数とされていない遺跡数の比率はどうだろうか。前期後葉から中期後葉にかけては、竪穴住居跡が検出された遺跡数がほぼ同数もしくは上回っている。一方、後期前葉以降はその比率に逆転が認められる。

発掘調査において竪穴住居跡を検出する際、時期によって条件が異なる場合がある。例外はあるものの、中期以前は褐色土まで掘削して床面としていることが多い。一方、後晩期の遺物が多く出土する遺跡は黒色包含層が厚く形成されており、その黒色包含層中から突如石囲炉が検出されることが多い。また壁の立ち上がりや床面を確認することも難しく、この点において、後晩期住居跡の把握の困難さを指摘することができる。

筆者は2002・2003年に北上市大橋遺跡で晩期の盛土遺構を調査する機会を得た。盛土遺構からは大量の土器・石器などが出土したが、さらに盛土遺構の黒色土中から石囲炉を複数検出した。次項は大橋遺跡を例に晩期住居跡の見え難さと後晩期集落の実態を確認していこう。

2. 北上市大橋遺跡の様相

大橋遺跡は、北上市和賀町横川目6地割38ほかに所在し、JR北上線横川目駅の南西約0.9km、和賀川左岸に立地する。遺跡の西側には奥羽山脈が連なり、東側には北上川に沿って北上低地帯が広がる。北上川を越えた先には北上山地

図3　大橋遺跡遠景（東から撮影、岩手埋文提供）

が山塊を成している。和賀川は標高1,440mの和賀岳を源流とし、西和賀町錦秋湖まで南流し、そこから東に流路を変え、遺跡が所在する地点から東へ約14km地点で北上川と合流する。和賀川によって開析された渓谷は「仙人の窓」と呼ばれ、ここに雲がかかると雨が降る。この「仙人の窓」は古くから重要な街道のひとつで、出羽国平鹿郡と陸奥国和賀郡を結ぶ道として「平和街道」とも呼ばれている。遺跡の位置する和賀町横川目は奥羽山脈から北上低地帯に至る交通の要衝にあたる。このような地理的条件も、本稿で大橋遺跡を主軸として検討する事由である。

　2002・2003年に行った遺跡の発掘調査（調査面積6,494㎡）では、盛土遺構2ヶ所・石囲炉8基・焼土3基・掘立柱建物跡7棟・配石遺構5基・列石遺構1基・土坑52基・柱穴状土坑677個・埋設土器1基を検出した。図4に大橋遺跡調査区周辺地形図を示した。現地形では、周辺の丘陵裾部に傾斜の緩やかな雛壇状の水田が広がることがわかるが、等高線を起こすと、調査区は丘陵の張り出しと両端の浅い谷に位置していることがわかる。

　丘陵が張り出す縁辺部上では塚状の盛り上がりを2ヶ所確認した。これは

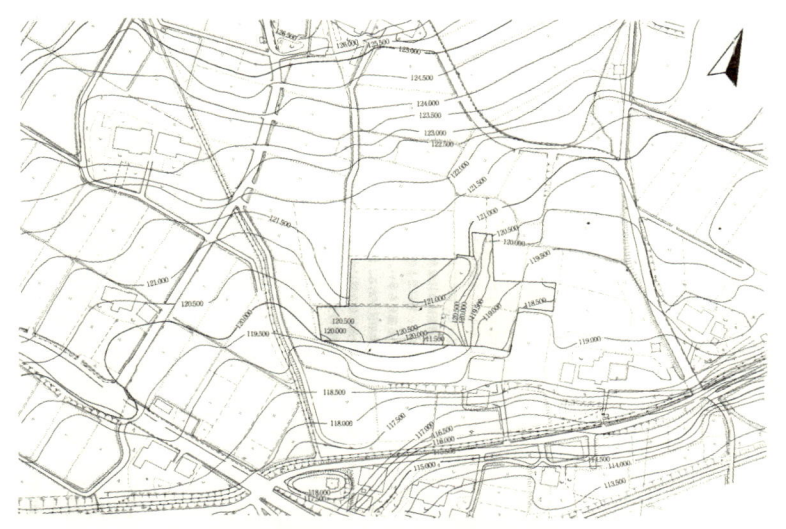

図4 大橋遺跡調査区周辺地形図（岩手埋文 2006）

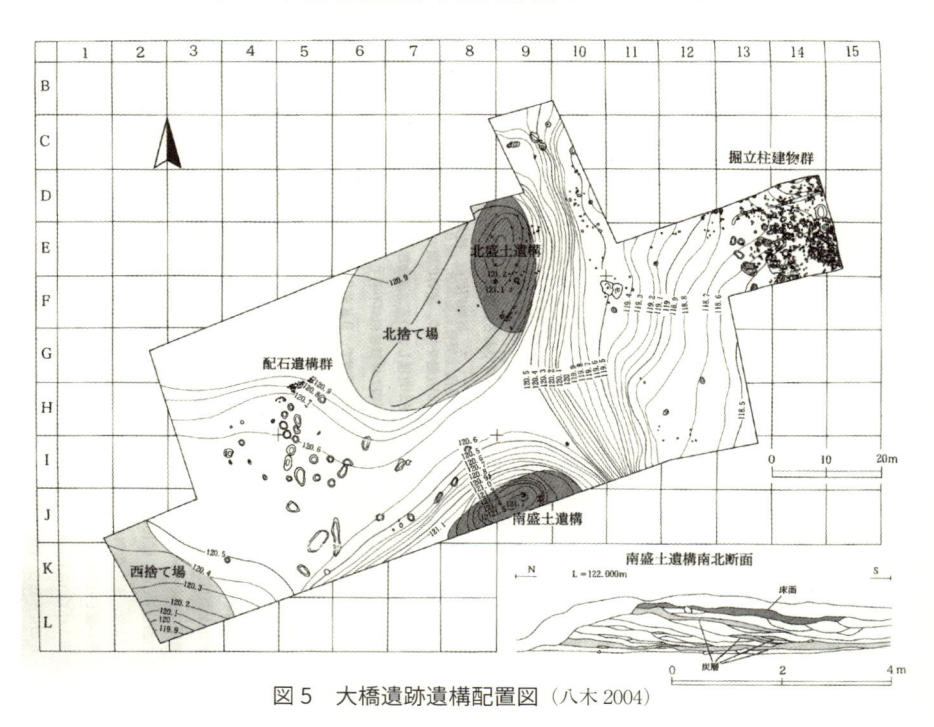

図5 大橋遺跡遺構配置図（八木 2004）

図6　盛土遺構（右が北盛土遺構、左が南盛土遺構。岩手埋文提供）

　図4でも示しているように、調査前段階で現地形等高線に表れていた塚状の高まりと一致する。調査区内の位置関係から、南側の塚を南盛土遺構、北側の塚を北盛土遺構と名付けた（図5・6）。

　南盛土遺構は長軸（東西）26m、短軸6m（南北・調査区内のみの長さ。南側半分は調査区外林へ延びる）、最大厚約1mである。堆積土は暗褐色土層・褐色砂質土層・炭層が互層をなしている。堆積土からは遺物が大量に出土したが、暗褐色土から出土したものが多い。また、石囲炉と炉に伴うと考えられる褐色土（図7の2層）を確認した。褐色土の広がりはベルト幅1mの間でしか確認

図7　南盛土遺構南北断面（岩手埋文提供）

することができず、土層観察ベルトは2mおきに設定していたが、隣接ベルトからは広がりを認められなかった。石囲炉の周辺だけに褐色土が貼り付けられ、周囲は黒色土のままだとすると、住居跡の範囲を判断することは極めて困難である。また、南盛土遺構は基底面から褐色土面までさらに数十cmの自然堆積による黒色土があり、柱穴状ピットを検出することができなかった。断面を確認しながら平面的に下げて住居を確認することの困難さもある。

出土遺物から考えられる南盛土遺構の時期は大洞BC〜C2式である。また、発掘調査報告書には㈱古環境研究所による年代測定値を掲載した。それによると、南盛土遺構上位に含まれる3号石囲炉は2,620±40BP、4号石囲炉は2,770±40BP、南盛土遺構中位にあたる7層上面で2,660±70BP、盛土遺構底面の11層上面で2,820±40BPという結果が出ている（岩手埋文2006）。さらに、国立歴史民俗博物館が行った土器付着炭化物の測定では、表土直下2,520±30BP、2層2,535±30BP、4層2,590±45BP、6層2,815±30BP、12層2,750±40BP、13層2,930±45・50BPと結果が示されており（小林2009）、盛土遺構最下層の13層から最上面まで約410年間継続して堆積していることが推定されている。

北盛土遺構はすべて調査区内に収まっており、長軸（南北）24m、短軸（東西）12m、最大厚約1mである。堆積土は暗褐色土層・褐色砂質土層・炭層が互層をなしている。石囲炉3基と炉に伴う床面の広がりを検出し、さらに最下面では柱穴状ピットを多数検出した。また、遺構の端で石囲炉2基を検出した。出土遺物から考えられる北盛土遺構の時期は大洞C1〜A式である。また、北盛土遺構においても年代測定を行っている。遺構中位で検出した2号石囲炉は2,580±40BP、最下層で検出した6号石囲炉は2,500±40BPである（岩手埋文2006）。再上面で検出した1号炉は炭化物が検出されなかったため年代測定を行っていないが、中位〜最下層の2号石囲炉・6号石囲炉の年代が2,500〜2,580±40BPであることがわかった。南北盛土遺構を比較すると、北盛土遺構の中位〜下位の年代が南盛土遺構上位〜中位の年代に近い。土器型式、炭化物年代測定いずれの結果も、南盛土遺構が先に構築され、南盛土遺構中位が堆積した頃になって北盛土遺構が構築され始めたと考えられる。

このように、南北の盛土遺構は開始および終末年代に時間差をもちながら併

存している。そして南北盛土遺構内部および近辺において石囲炉・柱穴状小ピットも確認することができた。盛土遺構には住居の痕跡のほか、大量に廃棄された遺物や炭化物層が認められ、それらの存在がより住居の痕跡を見え難くしており、全体像が把握し難いものの、盛土遺構の堆積土は当時の住居形態を考える上で重要といえる。

盛土遺構以外の遺構についても見ていこう。張り出した丘陵の中央付近では配石遺構群を検出した（図5）。この地点には配石遺構が3基まとまり、2号配石遺構には長軸約60cm、最大厚約20cmの大型石棒

図8　2号配石遺構検出（岩手埋文提供）

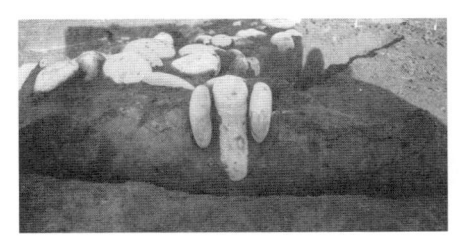

図9　2号配石遺構断面（岩手埋文提供）

が伴っていた（図9）。円形の扁平礫をX字状に配置し、X交点中央に棒状礫を貫入させる構造を呈している。下部には土坑が認められ人為的に埋め戻されており、墓と考えられる。

配石遺構や盛土遺構が立地する丘陵縁辺部から約1.5〜2m低い地点では掘立柱建物跡を確認した（図5・10）。柱痕の残存する4本柱掘立柱建物跡6棟と、直径70cmの柱痕が認められる6本柱掘立柱建物跡1棟を調査した。6本柱掘立柱建物跡を中央に見ると、4本柱掘立柱建物跡は北側に4棟、南側に2棟並んだ状態で検出された。4本柱掘立柱建物跡の柱に囲まれた範囲内には炉跡・焼成面・床面が認められなかったため、竪穴住居の柱とは考えられない。また、高床住居跡である可能性は捨てきれないが、掘立柱建物跡の柱穴には通常の竪穴住居跡の柱穴には見られない重量物を支えたかのような柱根固め石や底石が据えられており、倉庫の可能性もある。6本柱掘立柱建物跡の柱穴のうち2個には柱痕が認められず、そのうちのひとつからは焼土や石棒が出土しており、墓に転用された可能性が考えられる。また、6本柱掘立柱建物跡の東側

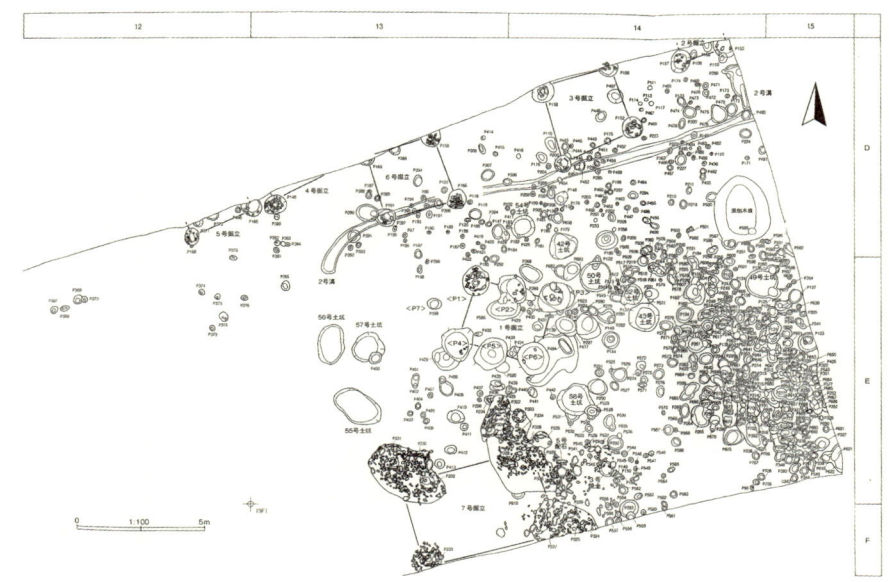

図10　掘立柱建物跡群配置図

には晩期の石剣が出土した土坑が隣接しており、墓がまとまって立地していた可能性がある。なお、1号掘立柱建物跡からは後期前葉、4本柱の掘立柱建物跡からは後期前葉から晩期中葉の土器片が出土している。また、調査区南東には柱穴が密集する地点があり、配列から住居跡の可能性がある。出土遺物が少なく、炉跡や焼土も確認することができなかったが、掘立柱建物跡がまとまる地点には後期前葉の遺物が少なからず認められることから、後期前葉に始まり晩期中葉まで使用されていたと考えられる。

　以上、大橋遺跡のおもな遺構について見てきたが、それぞれの遺構に配置の規則性があるようだ。丘陵縁辺部に南北盛土遺構が弧状に配置され、その中心には配石墓がまとまる。盛土遺構の下段外側には後期前葉から晩期中葉の掘立柱建物跡群が配置されている。このように、大橋遺跡は配石墓群を中心に据えた求心性の認められる集落遺跡と判断できる。

　それでは出土遺物から大橋遺跡の特性を確認しよう。出土遺物は、土器が40ℓコンテナ535箱・石器が20ℓコンテナ170箱で、このほか多数の土製品石製品が出土している。これらの大部分は南北盛土遺構から出土している。で

は、具体的に遺物の種別・出土数量を確認したい。

　石器は、石鏃391点・石鏃未成品255点・尖頭器31点・石錐252点・石匙388点・箆状石器61点・両極石器62点・板状石器30点・打製石斧72点・磨製石斧146点・敲石23点・多面体敲石20点・石核133点・磨石類723点・石皿60点・石錘1点・剥片61,234点が出土している。

　土製品・石製品は、土偶301点・鐸形土製品2点・亀形土製品2点・土版7点・土製仮面1点・土製耳飾65点・土器片円板107点、石棒類380点・岩版118点・石冠11点・独鈷状石器6点・石皿様石製品17点。木製品は赤色漆塗結歯式竪櫛1点が出土している。

　このように、土器・狩猟石器・土掘石器・調理加工石器・祭祀遺物（土偶と石棒類数に開きがない）が安定して揃っており、大橋遺跡は出土遺物からも集落遺跡と認めることができるだろう。

　出土土器から見た大橋遺跡全体の継続時期は、土坑出土の大木9式に始まり、土坑出土門前式・十腰内Ⅰ式、十腰内Ⅱ式・瘤付土器第Ⅱ・Ⅲ段階は遺物のみ出土、土坑出土瘤付土器第Ⅳ段階、大洞B式は遺物のみ出土、盛土遺構から大量に出土している大洞BCからA式である。なお、出土土偶から見た遺跡継続時期は、後期中葉・後期後葉・晩期前葉・晩期中葉・晩期後葉である。総

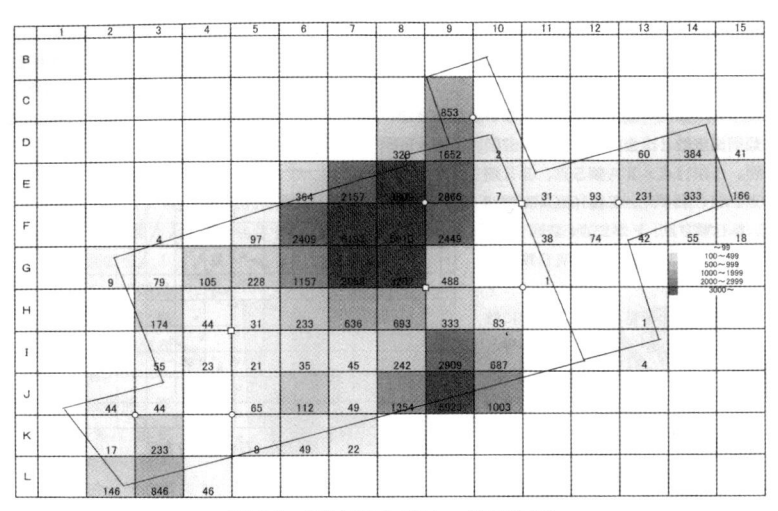

図11　剥片出土グリッド分布図

合的に考え、大橋遺跡の継続時期は、大木10式、十腰内Ⅲ〜瘤付土器第Ⅰ段階に遺構・遺物が認められないが、中期後葉から後期初頭に始まり、後期中葉後半から後期後葉前半に活発ではない期間が見られるものの、後期後葉以降大洞Ａ式期まで長期継続した集落遺跡と考えることができるだろう。

はじめに示したとおり、岩手県内の北上川流域および沿岸部の集落遺跡では、中期中葉は竪穴住居跡を検出する遺跡が検出されない遺跡を数の上で上回っており、後期中葉以降、その比率に逆転が認められた。とくに晩期集落は遺物量が多いにも関わらず居住域の不明な遺跡が多い。しかし、その理由は晩期住居が黒土層中から検出されることが多く、捨て場（包含層）と住居跡が重複していた場合、識別するのが非常に難しいからである。実際、捨て場（包含層）から石囲炉が検出される事例として、盛岡市手代森遺跡・花巻市安堵屋敷遺跡、宮城県根岸遺跡・香ノ木遺跡などが挙げられ、捨て場（包含層）には住居跡の痕跡が潜んでいると筆者は考えている（八木2004）。大橋遺跡からも丘陵縁辺に弧状に配置された盛土遺構内やその近辺から床面を伴う石囲炉や柱穴が検出されており、後晩期集落遺跡の一形態として認識すべきと考える。

3. 周辺遺跡の様相

ここからは大橋遺跡を中心に半径5kmを設定し、概ねその範囲内にある遺跡について見ていこう。（図12・表1）。

集落と考えられる遺跡は、蟹沢館遺跡、蛭川館遺跡、煤孫遺跡、本郷野遺跡（旧本郷遺跡[4]）、石曽根遺跡、上須々孫遺跡（旧林崎館遺跡[5]）、本内遺跡である。和賀川北岸の標高が高い地点に立地する蟹沢館遺跡では、大木2〜5式土器が出土しており、ロングハウスを含む住居が放射状に配置されていたと考えられる環状集落である。石錘6,571点のほか前期岩偶や石棒などの石製品も出土しており、前期集落遺跡と判断できる。蟹沢館遺跡から南東に約6km和賀川南岸を下った地点に煤孫遺跡がある。煤孫遺跡では大木5式から大木7a式土器が出土しており、大木6式期には住居跡が検出されている。土偶や石棒なども出土しており、蟹沢館遺跡以降の集落遺跡と考えられる。煤孫遺跡が立地する和賀川南岸河岸段丘上は、秋田自動車道建設に伴って多数の遺跡が調査されている。煤孫遺跡の西1.6km地点には本郷野遺跡を中心とした中期前葉〜中葉集落

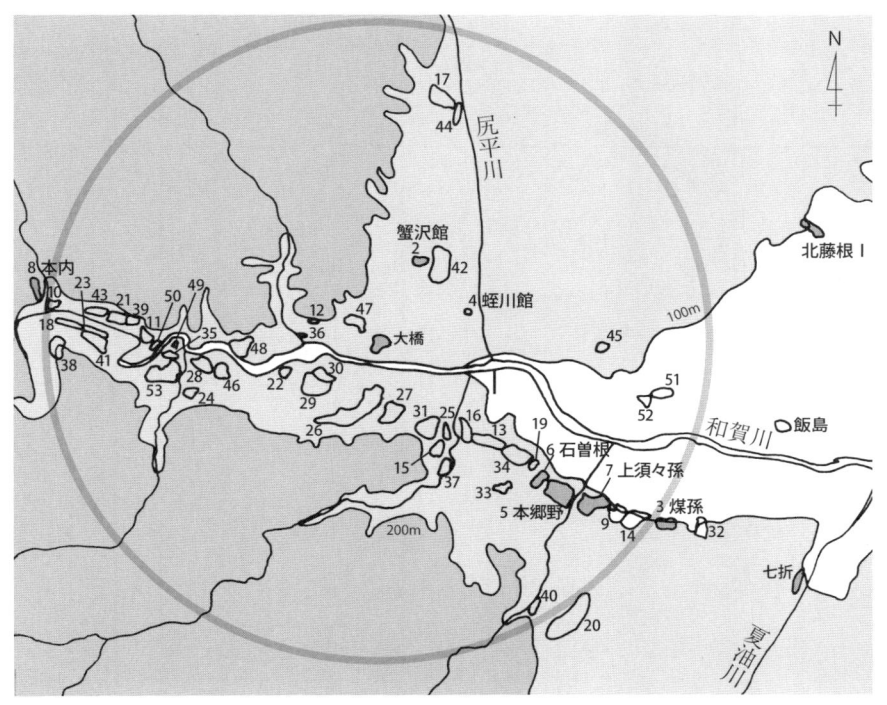

図12　大橋遺跡周辺遺跡（5km内）

が展開している。石曽根遺跡（大木8b式期）、本郷野遺跡（大木7a〜8b式期）、上須々孫遺跡（大木8b式期）である。石曽根遺跡・本郷野遺跡からは土偶、石曽根遺跡・本郷野遺跡・上須々孫遺跡からは石棒が出土しており、集落遺跡と判断できる。それぞれの遺跡は間には深い谷があるものの、全長約1kmにわたって隣接しており、時期を併行しながら継続性が認められることには注目したい。本郷野遺跡から和賀川を北西に約8kmさかのぼった山際に本内遺跡があり、大木10式期の住居跡が検出されている。門前式土器も出土しており、中期末から後期初頭にかけて継続している。

　以上のように、大橋遺跡を中心とした半径5kmの範囲には、蟹沢館遺跡（大木3〜5式）、煤孫遺跡（大木6・7a式）、本郷野遺跡（大木7a〜8b式）、石曽根遺跡・上須々孫遺跡（大木8b式）、本内遺跡（大木10式）が存在する。本郷野遺跡は大木7a式から8b式まで比較的継続して営まれた集落遺跡だが、それで

表1　大橋遺跡の周辺遺跡（5km圏内）（□岩手県遺跡台帳記載時期、◎住居有、○遺構有、△遺物有）

番号	遺跡名	種別	出土資料	早期	前期	中期	後期	晩期	標高(m)	遺構	大木8a	大木8b	大木9	大木10	門前	十腰内I	十腰内II	十腰内III
1	大橋	集落跡	遺物包含層、盛土遺構、配石遺構、縄文土器（晩期）、土偶、石斧			○	○	○	120	捨て場2、盛土2、掘立7、炉8、焼土3、配石5、列石1、土坑52、ピット677、埋設土器1			○			○	○	△
2	蟹沢館	集落跡、城館跡	縄文土器（前期）、石器、石製品、大型竪穴住居群、土師器、空堀、土塁		◎				174-180	住居17、住居状3、土坑20、集石1、焼土30以上、包含層4ヶ所（大木2~5、3~5◎ロングハウス）								
3	煤孫	散布地	縄文土器（中期）、石鏃、石錐、石匙			◎	◎		123-127	住居8、陥穴11、土坑109（前期末~中期初頭108、晩期末1）（5△、6・7a◎）								
4	蛭川館	散布地、城館跡	縄文土器（中期）、堀跡、土塁、石器、石製品			◎			117-118	住居1（8a8b）、フラスコ1、土坑7、ピット36、焼成土坑1（8a表採）/掘立2、住居状1、土坑3、炉1、焼土9/炉1、土坑2、焼土3、包含層1（7a△、7b8b○）	◎					△		
5	本郷野（旧本郷）	集落跡	縄文土器（中期）、石斧、磨石					△	123-130	住居18、フラスコ3、集積土坑20、土坑29、陥穴45、炉1、焼土3、集石2（6a△・6b△・7a◎・7b○）	◎	△						
6	石曽根	集落跡	縄文土器（中期）、石器、竪穴住居跡、土坑			◎	○	△	124-127	住居16（中初頭可能性有）、掘立1、土坑23、陥穴4、炉1、焼土8、埋設土器1	◎							△
7	上須々孫（旧林崎館）	集落跡	縄文土器、土壙、竪穴住居跡			◎			127-130	住居18、フラスコ11、土坑8、陥穴42	◎							
8	本内	散布地	縄文土器、石器						170	住居7、土坑50、焼土4、埋設土器1、配石1			◎	○				
9	中屋敷	散布地	縄文土器、石器	○	○			○	127	フラスコ19、土坑16、陥穴5（早期前期主体）	△							
10	土場	散布地	縄文土器、石器	○	○		○		170-180	早~前期土坑4、陥穴6						△		
11	人当I	散布地	縄文土器、石匙、石斧、石匙、土師器			○			159	前期初頭土坑7						△		
12	愛宕山	散布地	旧石器、縄文土器、フレーク			○			210	土坑4（上川　名II）								
13	八幡野I（旧八幡野II）	散布地	縄文土器・石斧				○	△	127-133	陥穴22						○		
14	法量野I	散布地	縄文土器、石鏃						127	土坑5、陥穴20、焼土3（7a○列状陥穴）	△							
15	羽黒山麓II	散布地	縄文土器（晩期）、石器						132-140	土坑5、ピット7	△							後期中葉破片
16	田中館	散布地	縄文土器、土壙、堀跡、石鏃					○	131-133	埋設土器1、土坑6								
17	鳥谷脇II	散布地	縄文土器（晩期）、陥穴状土壙、弥生土器、石器					○	162-165	焼土遺構1、土坑墓2（弥生）、陥穴13、土坑11/フラスコ3、陥穴8								
18	切留I	散布地	縄文土器（中~後期）、尖頭器、石匙、石匙、石斧	△					150-158	早期中期後葉土器片、石匙								
19	月館	城館跡	土塁、堀、単郭				△		120-130	陥穴11、土坑2（大木6△）								
20	望野II	散布地	尖頭器、石器、縄文土器、尖頭器、石斧	△	△				165-168	旧石器、前期6~7a△								

瘤付土器I	瘤付土器II	瘤付土器III	瘤付土器IV	大洞B	大洞C	大洞C1	大洞C2	大洞A	大洞A'	弥生	石器	土製品	石製品
	△		○	△	◎	○	○	◎	◎	△	石鏃 341、石鏃未成品 255、尖頭器 31、石錐 252、石匙 388、石篦 61、両極 62、板状 30、打製石斧 72、磨製石斧 146、敲磨器 23、多面体 20、石核 133、礫器 25、磨石類 723、石皿 60、石錘 1、異形 5	土偶 301、亀形 2、鐸形 2、土製仮面 1、土版、耳飾 65、土器片円板 107、粘土塊 68、(木製品漆櫛 1)	石棒 380、岩版 118、石冠 11、鈷状石器 6、玉 25、石皿様 17
											石鏃 692、尖頭器 149、石錐 76、石匙 395、石篦 1236、打製石斧 22、磨製石斧 18、磨斧 117、凹石 235、石皿 37、石錘 6571、特殊磨石 420、不定形 2210		岩偶、玦状耳飾、燕尾形石製品、カツオブシ形石製品、石棒
							○				石錘 2,393、磨石 359、削器 352、石鏃 237、凹石 199、石核 181、石匙 170、石篦 160、尖頭器 86、敲石 78、磨製石斧 37、磨斧 33、台石 24、石皿 19、砥石 17、半円状扁平打製石器 25、特殊磨石 244、石錘 10、打製石斧 4、両極 6	土偶(前期末〜中期初)	玦状耳飾 9、石棒 5、石剣 16、岩偶 2、石皿状石製品 2
											石鏃、石匙石篦 1、石錘 1、磨石 1、凹石 1、特殊磨石 1/石鏃 1、石匙 1、石錐 1、石篦 2、磨製石斧 2、磨斧 8、凹石 4、特殊磨石 2、石皿 2、石錘 1/尖頭器 3、石鏃 2、石匙 12、石篦 7、石核 2、打製石斧 5、磨製石斧 3、磨石 13、凹石 13、特殊磨石 3、石皿 10、不定形 18、RF25	土偶/石匙 1、土器片円板 1/土偶 2、土器片円板 4	石製円板、玉？/石製円板 1
					△	△				○	石鏃 7、尖頭器 26、石匙 26、石錐 11、石篦 37、両極 9、掻削器 34、不定形 78、石斧 157、石鍬 8、石錘 21、凹石 55、擦石 121、半円状扁平打製石器 109、敲石 11、石皿 8、砥石 2、石核 10	土偶 3(中期)、土版 1	石棒類 8、岩版 2、玦状耳飾 1、玉
							△		△	◎	石鏃 1、石匙 8、石錐 1、石篦 17、掻器 4、削器 40、抉入 7、尖頭器 6、楔形石器 1、打製石斧 7、石錘 2、磨製石斧 8、礫器 4、石核 1、石錘 23、凹石 48、石皿 68、特殊磨石 19、砥石 6	土偶(中期)	石棒 3、石刀 4、岩偶 1、石製品 4
											石鏃 3、尖頭器 3、石匙 3、石匙 4、掻削器 25、石篦 9、石斧 9、敲石 4、凹石 9、擦石 48、石皿、台石、石錘	土器片円板	石棒
	△	△									尖頭器 4、石匙 30、石錐 6、石匙 29、削器 19、掻器 3、石篦 49、石核 3、磨製石斧 4、打製石斧 1、石錘 5、敲石 5、凹石 3		
					○	○	△	△	○	○	石鏃 5、尖頭器 2、石匙 2、石篦 40、凹石 6、磨石 3、打製石斧 4、両極 10、不定形 31、石核 1、特殊磨石 25？、台石 3？		
				晩期破片							石鏃 11、石錐 3、石匙 18、石篦 51、石核 7、石錘 2、磨石 3、凹石 3		
							△		△		石錘 14、石鏃 4、石匙 2、尖頭器 1、磨石 4、磨製石斧 1、石匙 1、石核？、石皿 1、削掻器 11		
											擦石 1、削器 1、尖頭器 1、石匙 1、剥片		
					△			△		△	石鏃 3、尖頭器 1、石匙 4、石匙 2、不定形、石鍬 11、凹石、磨製石斧、石核 3、磨石 1、敲石 1、砥石 1		
					△	△	○	△	△		石匙 1、石篦 1、磨製石斧 2、磨石 2、敲石 4、石錘 1、打製石斧、不定形 22		
							○			△	石鏃 2、石錐 2、石匙 8、石篦 3、石鍬 1、磨石 1、凹石 1		
						○					石鏃 2、掻器 1、不定形 4、石核 3、砥石 1、磨石 1		
							○			○	凹石 3、石鏃 1		
											石篦、石匙		玦状耳飾(和賀仙人か)
										△	石匙 1、石篦 1、磨石 1、掻器 1、不定形 2、礫器 1、石核 1、砥石 1		
											打製石斧、磨製石斧		

番号	遺跡名	種別	出土資料	早期	前期	中期	後期	晩期	標高(m)	遺構	大木8a	大木8b	大木9	大木10	門前	十腰内I	十腰内II	十腰内III
21	人当III	散布地	縄文土器（中～後期）		△	△	□		180	6・8a	△							
22	下仙人館	城館跡	縄文土器（前期）、石器、堀切、土塁、陶磁器、単郭		△				155	大木6								
23	切留III	散布地	縄文土器（中期）、石器			△			148	中期土器片								
24	岩沢III	散布地	縄文土器（中期7b・8b）、石器			△			145-155		△	△						
25	千手堂I	散布地	縄文土器（後期）、石箆				△	△	116-123	なし					△		△	
26	小吹野	散布地	縄文土器、石斧				△	△	162	なし						△		
27	馬場館	散布地、城館跡	石器、縄文土器、弥生土器、土塁				△	△	152	なし							△	△
28	下岩沢I	散布地	縄文土器（後～晩期）、土壙、弥生土器、石器				△	△	147-151	後期～弥生土坑8								△
29	泉（旧田代遺跡の一部）	散布地	縄文土器、須恵器				△	△	133-138									
30	田代	集落跡	縄文土器（後～晩期）、土偶、石器、弥生土器、土師器				△	△	133-138									
31	羽黒山麓I	散布地	縄文土器、石器、須恵器				△	△	141-148	なし								
32	上反町	散布地、城館跡	縄文土器、堀跡					△	123-124	焼土7、土坑1、陥穴1、集石1								
33	荒屋沢	散布地	縄文土器（晩期）					△	－									
34	八幡館	集落跡、城館跡	縄文土器、土偶、石器、弥生土器、竪穴住居跡、堀？					△	120-130	土坑5、陥穴4、焼土1								
35	下岩沢III	散布地	縄文土器、石器					△	－									
36	石羽根	散布地	縄文土器（中期）、土坑				□		130	なし								
37	千手堂II（旧羽黒山I）	散布地	縄文土器（中期）、石器				□		－									
38	ぼうず山	散布地	縄文土器（中期）、旧石器、石鏃、石箆、石斧				□		250-255									
39	人当IV	散布地	縄文土器（中期）				□		170-180									
40	望野I	散布地	縄文土器（中期7a）、磨製石斧				□		158									
41	切留II	散布地	縄文土器（中～後期）			□	□		160	中期～後期？土器片								
42	館森	散布地	縄文土器（中～後期）、石鏃、石匙、土師器				□		－									
43	人当II	散布地	中期初頭、7a～8a、加曽利B、C2			□	□	□	173-177									
44	戸花I	散布地	縄文土器（後期）、石鏃				□		－									
45	芥川	散布地	縄文土器（後期）、石器				□		－									
46	岩沢II	散布地	縄文土器（後～晩期）、石器				□		145-155									
47	田屋	散布地	縄文土器（晩期）					□	126-128	大橋遺跡の一部として試掘								
48	鳥谷森	散布地	縄文土器（晩期）、石鏃、石匙					□	－									
49	下岩沢II	散布地	縄文土器（晩期）、石器					□	145									
50	赤石II	散布地	縄文土器（晩期）、剥片石器					□	130									
51	欠の下	散布地	縄文土器（晩期）					□	－									
52	上長沼II	散布地	縄文土器（晩期）					□	97									
53	下岩沢V	散布地	縄文土器（晩期）、剥片石器					□	157									

十腰内IV	瘤付土器I	瘤付土器II	瘤付土器III	瘤付土器IV	大洞B	大洞C	大洞C1	大洞C2	大洞A	大洞A'	弥生	石器	土製品	石製品
												不定形石器、石錘、石核		
							△			△	△	石匙2、凹石2、磨石1、掻削器1		
					△	△						石皿4、石箆1、磨製石斧1、打製石斧1		
							△				△	石鏃1、石匙1、石箆2、打製石斧2、礫石器8		
							△				△	尖頭器1、石匙1、スクレイパー3、石核3		
	△							△	△	△	石皿1	土偶1	石棒類1
	△							△		△	石皿、石鏃	土偶1	石棒
					△						石鏃1、石錐1、不定形1		
						△					石鏃5、石匙5、不定形18、磨製石斧2、砥石1、磨石6、石皿1		
							△赤彩壺							
								△	△	△	○	石匙1、石箆4、不定形9、礫器2、石斧6、凹石11、磨石10、砥石1	土偶（晩末）	独鈷石
								△				剝片石器		
												石鏃、石斧、石箆、打製石斧、スクレイパー		
												剝片石器		

表2　大橋遺跡周辺後晩期集落遺跡

番号	遺跡名	岩手県遺跡台帳		岩手県遺跡台帳□ 発掘調査結果◎○△					標高(m)	遺構	大木8a	大木8b	大木9	大木10	門前	十腰内I	十腰内II	十腰内III
		種別	出土資料	早期	前期	中期	後期	晩期										
75	本内Ⅱ	散布地	縄文土器、剝片石器			◎	○	◎	240-252	住居42、埋設土器6、配石13、土坑120、焼土13、捨て場	△	◎	○	◎	○	○	△	
76	北藤根Ⅰ	散布地、集落跡	縄文早期・晩期土器、石器、土師器	◎				◎	97-99	住居7、土坑23、小穴46 早期中葉◎								
77	飯島	集落跡	縄文土器（中〜晩期）、土偶、須恵器		□	□			82	土坑10、埋設1								
78	七折	散布地	縄文土器（後〜晩期）、石器、クマ形土偶、土面				△	△	108	住居状4、土坑12、集石1、焼土1、ピット3						△	△	△
79	九年橋	集落跡	縄文土器（晩期）、石器、竪穴住居跡					◎	58-59	住居3、石囲炉9、土坑27、焼土21、配石集石4、ピット7								

　も大木8b式で断絶する。大木9式は本郷野遺跡から7km東にある柳上遺跡には存在するが、柳上遺跡の主体となる時期は大木10式である。大橋遺跡の初期の痕跡が認められるのは、大木9式・門前式・十腰内Ⅰ式期の土坑であり、大木9から門前式は、柳上遺跡のような大集落を除いてごく少数といえる。

　後期前葉十腰内Ⅰ式期から後期後葉瘤付土器第Ⅳ段階は、明確な住居跡を伴う集落遺跡は見当たらない。大橋遺跡でも十腰内Ⅰ式と瘤付土器第Ⅳ段階に土坑がある程度で、活発な活動とは言えない。ただし皆無ということではなく、十腰内Ⅲ式期は石曽根遺跡・馬場館遺跡で土器が出土している。大橋遺跡から和賀川をはさんで対岸に位置する田代遺跡では、瘤付土器第Ⅱ段階・大洞C2式・弥生時代の土器片および結髪土偶1点（晩期末）が出土しているほか、大正時代に現在のJR北上線敷設工事が行われた際、晩期土器片のほか石皿・石棒・石鏃などの石器片多数が出土したという。同じく和賀川右岸の荒屋沢遺跡では遺構底部から大洞C2式の赤彩壺が出土している。鳥谷脇Ⅱ遺跡では不整形土坑から大洞C2式の皿形土器が出土しているほか、墓と考えられる土坑から弥生時代前葉土器が出土しており、晩期〜弥生時代中期前半に営まれたと報告がある。ただし半径5kmの円では端に位置するため、大橋遺跡の北隣の拠点集落である可能性もある。なお、鳥谷脇Ⅱ遺跡からは列状に並んだ溝状陥し穴

十腰内IV	瘤付土器I	瘤付土器II	瘤付土器III	瘤付土器IV	大洞B	大洞C	大洞C1	大洞C2	大洞A	大洞A'	弥生	石器	土製品	石製品
○配石単孔土器					◎	◎			◎	◎		石鏃330、尖頭器7、石匙70、石錐29、石箆80、不定形129、石斧61、石核、石錘2、石皿9、砥石、磨石類90	土偶8b1、後期中葉2、晩期前葉3. 土器片円板11	独鈷石3、石剣5、石棒110、石冠1、垂飾品1
									◎	◎		不定形3、台石1、微細剥離剥片I、剥片7		
							○	○	○			石鏃3、石錐2、石匙3、石箆3、不定形7、RF14、石核6、敲石2、凹2、砥石1	土版1	石剣1、岩版1
△	△	△	△		△	△	△	△				尖頭器6、石錐4、石匙9、石箆19、不定形185、打製石斧3、磨製石斧3、磨製石匙11、凹石10、敲石4、石皿6、石錐5、石核1	土偶2、スタンプ1、熊形土製品1、土製仮面1	石刀2
						◎		◎				石鏃類1155、石錐293、石匙155、不定形129、打製石斧91、石箆123、磨製石斧104、磨石類532、石皿114、砥石2、石錐11／円板状石製品8、両極31、スクレイパー27、石鏃30、打製石斧8、石核34、ノッチ5、凹石13、鋸歯縁10、石匙3、石錐9、尖頭器8、石皿5、石箆2、磨製石斧1、磨石4、ハンマー2、石鍬1、	土偶686、土版47、土面2、耳飾67、土器片円板559、石冠状土製品3、亀形2、玉類214、異形9（サメ垂飾5、玉1、骨製品3）	石棒類622、岩版13、独鈷状石器6、石冠4、石製円板765、玉類99、異形15／石棒類16、玉2、岩版1

状遺構が検出されている。陥し穴状遺構は、山際の土場遺跡から見つかっているほか、本郷野遺跡などが並ぶ河岸段丘上にも多く点在している。陥し穴状遺構の年代は、遺物が出土しないため確定が難しい。しかし、おおむね円形は早期から前期、溝状は中期以降と考えられていることから（瀬川1981）、本郷野

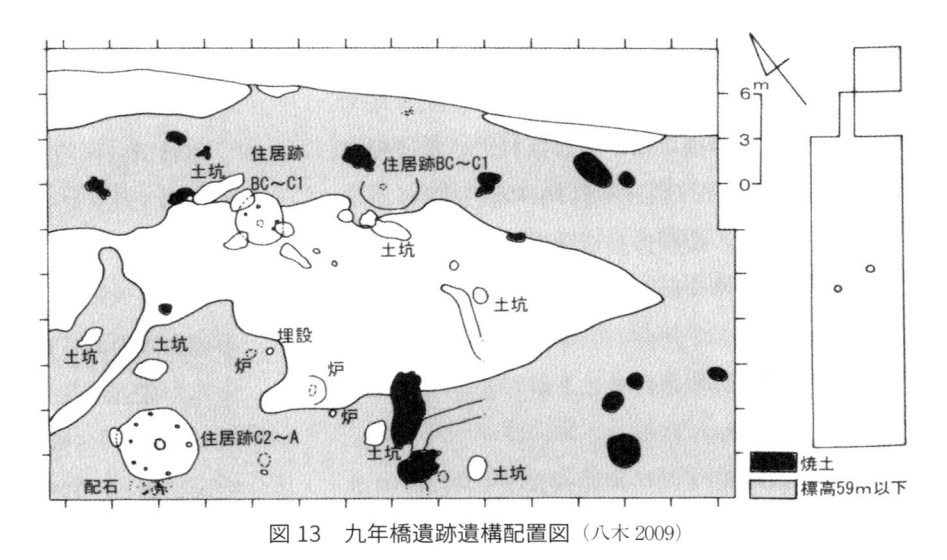

図13　九年橋遺跡遺構配置図（八木2009）

周辺の河岸段丘上の溝状陥し穴は、大木7a〜8b式期の集落もしくは大橋遺跡や後述する七折遺跡が管理運営していた可能性もある。

　大橋遺跡から和賀川南岸へ南東約7.3km下った地点に七折遺跡がある。七折遺跡は和賀川の支流である夏油川沿いに立地する。本郷野遺跡などの中期集落が立地する段丘より低い地点に位置する。旧和賀町教育委員会により発掘調査が行われており、住居状遺構や土坑などが検出されている。土器は十腰内Ⅰ〜瘤付土器第Ⅲ段階、大洞B〜C2式が出土しているほか、後期中葉土偶や晩期の土製仮面が出土するなど、集落の要素が強い資料が出土している。調査面積が狭く全体像を把握し難いが、大橋遺跡と併行する集落遺跡として把握すべきであろう。

　和賀川を上流に約10.7kmさかのぼった地点には本内Ⅱ遺跡がある。中期中葉〜後期初頭・晩期の遺跡で、竪穴住居跡42棟（うち19棟は中期）・土坑120基・埋設土器6基・配石遺構13基・焼土13基が検出されている。土偶8点・石棒類110点が出土し、集落跡と考えることができるが、土偶が少なく石棒が多いのは、山間地という特性からなのだろうか。いずれにしても、大橋遺跡を奥羽山脈と北上低地帯の玄関口とするならば、本内Ⅱ遺跡は岩手側と秋田側を繋ぐ中継地と考えられる。

　このように、大橋遺跡と併行する時期において、半径5km範囲内では荒屋沢遺跡で大洞C2式の赤彩壺が出土しているほかは土器破片程度しか出土しておらず、遺構・遺物とも大橋遺跡に集中していることがわかる。

　加えて、半径5km範囲外の後晩期集落遺跡との関係を確認しよう。岩手県内では、金子昭彦の継続研究により晩期の拠点集落はおよそ5kmおきに分布することがすでに示されている（金子2001a・b）。大橋遺跡と時期が併行する遺跡は、大橋遺跡から約7.3km南東の七折遺跡があったが、その七折遺跡から北東約6.4kmの地点、大橋遺跡からは約13km地点に著名な晩期遺跡である九年橋遺跡がある。九年橋遺跡の検出遺構は住居跡3棟、石囲炉9基、焼土21基、土坑27基、配石・積石3基、ピット7個であり、住居跡のうち、微高地縁辺に立地する2棟が大洞BC〜C1式期、低地に立地する1棟が大洞C2〜A式期である。九年橋遺跡は和賀川沿いの低地に立地しており、遺跡形成が始まってからもしばらくは湿地の状態が続いていたと考えられ、遺物は大量に出土するものの、対となる住居跡は認め難いとされてきた。しかし、岩手県

教育委員会による調査で「暗黄褐色シルト質の土壌であり、滞水によるグライ化の痕跡は認めがたかった。ほかの地点の調査では、この層を間層として下部に晩期前半の遺構が検出されている。この間層は河川作用によることが確実である。また、最上面で複数の遺構が確認されることから、晩期後半の段階では安定した面を形成していた」（岩手県教委 1997）という解釈が提出されており、集落遺跡としての立地条件は整っていたと考えられる。「出土した遺物は深鉢、浅鉢、壺、台付土器、注口土器といった食器類や、狩猟および漁撈具、調理加工具、装身具、祭祀具といった生活全般にわたるもので、それらの割合もこの時期の他遺跡と比べて違いはない」（北上市博 1984）とあり、土偶出土数は 641 点で石棒類は 686 点に上り両者の数に開きがない。以上のように、九年橋遺跡は大橋遺跡と同様に住居痕跡の把握が難しいが、晩期集落の様相を示しているといえよう。

和賀川北岸における大橋遺跡と九年橋遺跡の中間地点には、大洞 C1〜A 式期の飯島遺跡、早期・大洞 A' 式〜弥生期の北藤根 I 遺跡がある。飯島遺跡と北藤根 I 遺跡の間は約 3.1 km、飯島遺跡と七折遺跡との間は和賀川をはさんで約 2.35 km の位置関係にあり、今後遺跡の関係性を検討する必要がある。

4. 中期集落と後晩期集落の比較

最後に中期集落と後晩期集落の分布を考察したい。中期後葉は大規模集落と小規模集落の差が目立つようになることが先行研究ですでに示されている（菅野 2003）。筆者もかつてこの先行研究をもとに集落分布を検討し、中期中葉において、住居跡が 10 棟以上で構成される集落は標高 200 m 以上の高位面に立地し、集落間の距離が接近していること、小規模集落はより河川に近い低位面に散在していること、後晩期の集落分布は距離間が安定していることを指摘した（八木 2009）。同様の状況は、本稿で述べた大橋遺跡を中心とした後晩期の和賀川流域の遺跡群でも追認することができる。

後晩期集落は、遺跡数が減少した上に住居の痕跡が見えにくくなり、一見すると社会が衰退したように見える。しかし、後期後半以降の集落間の構造は、縄文人が物資や情報をより安定的に得ることができる集落領域の確立と交流網の発達と考えることはできないか。今後も検討を継続していきたい。

謝辞

本研究は 2014 年度明治大学大久保忠和考古学振興基金の成果であることを記し、ご支援いただいた皆様に深く感謝申し上げます。

註

1) 東北地方全体はもちろん、岩手県内だけでも遺跡の環境は一様ではない。本稿では、筆者が発掘調査を担当した北上市大橋遺跡およびその周辺遺跡を検討し、東北地方縄文後晩期集落の一モデルを示すことを目的とする。

2) 集成作業は、発掘調査報告書が刊行されている遺跡および県市町村史で遺跡の内容が報告されている遺跡を対象に行った。なお、報告書は 2017 年度までに刊行され岩手県立図書館に収められているものをあたった。その中から集落遺跡として認められる遺跡を選別し、第 1 節の図 1・2 に示した。紙面の都合上各遺跡のデータは割愛した。

3) 2011 年 3 月 11 日に発生した東日本大震災からの復興事業に伴い、岩手県内でも多くの緊急発掘調査が行われている。復興事業は今後津波被害を受けないと想定される地点を選択しているため、多くが標高の高い地点で行われている。従って、縄文時代早期から後期初頭および弥生時代の遺跡が多く調査され、後期中葉以降から晩期の調査数はごく少ない結果となっていると考えられる（八木 2009）。

4) 本郷野遺跡は、旧名は本郷遺跡である。平成 1・2 年の調査は本郷遺跡として報告されている。

5) 上須々孫遺跡は、旧名上須々孫館遺跡である。平成 2 年調査は林崎館として報告されている。平成 22 年に上須々孫館より分割して上須々孫遺跡として台帳登録されている。

引用・参考文献

今井冨士雄・磯崎正彦　1968『岩木山』

岩手県教育委員会　1997「3　新九年橋建設事業関連調査」

岩手県教育委員会　2018『岩手県遺跡・埋蔵文化財情報検索システム（平成 29 年度版）』

岩手県文化振興事業団埋蔵文化財センター　2006『大橋遺跡発掘調査報告書』

榎本剛治　2008「十腰内Ⅰ式土器」『総覧縄文土器』アム・プロモーション

岡田康博　1986「十腰内第Ⅲ群・第Ⅳ群・第Ⅴ群土器の再検討」『弘前大学考古学

研究』3

金子昭彦　1994「東北地方北半部における縄文時代後期中葉の土器」『紀要』ⅩⅣ（財）岩手県文化振興事業団埋蔵文化財センター

金子昭彦　2000「岩手県における縄文時代晩期の遺構」『紀要』ⅩⅨ、岩手県文化振興事業団埋蔵文化財センター

金子昭彦　2001a『遮光器土偶と縄文社会』（ものが語る歴史シリーズ④）同成社

金子昭彦　2001b「岩手県における縄文時代集落の諸様相」『列島における縄文時代集落の諸様相』縄文時代文化研究会

菅野智則　2003「縄文集落研究の初期的操作」歴史第101輯

菅野智則　2006「北上川流域における中期後半集落の研究―炉構造による住居跡形態の差異―」『宮城考古学』第8号

菅野智則　2007「北上川流域における縄文時代中期後半集落の地域性」『博古研究』第34号

菅野智則　2012「北上川中流域における縄文時代中期集落に関する基礎的研究」『東北地方における環境・生業・技術に関する歴史動態の総合研究』学校法人東北芸術工科大学平成19年度～平成23年度私立大学学術研究高度化推進事業「オープン・リサーチ・センター整備事業」研究成果報告書

北上市立博物館 1984『縄文人の祈り―樺山・八天・九年橋―』北上川流域の自然と文化シリーズ（6）

後藤勝彦　1990『仙台湾貝塚の基礎的研究』東北プリント

小林謙一　2009「近畿地方以東の地域への拡散」『新弥生時代のはじまり第4巻弥生農耕のはじまりとその年代』

鈴木克彦　1997「東北地方北部における十腰内式土器様式の編年学的研究3―十腰内5式以降、後期終末型式の研究―」『北奥古代文化』26

鈴木克彦　1998「東北地方北部における十腰内式土器様式の編年学的研究2（上）―十腰内3、4、5式土器の研究―」『考古学雑誌』83―2

鈴木克彦　1998「東北地方北部における十腰内式土器様式の辺縁学的研究2（下）―十腰内3、4、5式土器の研究―」『考古学雑誌』83―3

鈴木克彦　1998「東北地方北部における十腰内式土器様式の編年学的研究・4―十腰内1式と直前型式の研究―」『縄文時代』9

鈴木克彦　2001a『北日本の縄文後期土器編年の研究』雄山閣

鈴木克彦　2001b「岩手県の後期前葉土器の編年」『岩手考古学』13

鈴木克彦　2003「宝ヶ峯式土器の研究」『縄文時代』14

鈴木克彦　2007『注口土器の集成研究』雄山閣

瀬川司男　1981「陥し穴状遺構について」『紀要』Ⅰ、岩手県埋蔵文化財センター

関根達人　2005「「十腰内Ⅲ・Ⅳ・Ⅴ・Ⅵ群土器」に関する今日的理解」『北奥の考古学』

高橋憲太郎　1982『柿ノ木平遺跡』盛岡市文化財調査報告第 23 集

高柳圭一　1988「仙台湾周辺の縄文時代後期後葉から晩期初頭にかけての編年動向」『古代』85 号

中野幸大　2008「大木 7a〜8b 式土器」『総覧縄文土器』アム・プロモーション

成田滋彦　1989「入江・十腰内式土器様式」『縄文土器大観』4

藤沼邦彦・関根達人　2008「亀ヶ岡式土器（亀ヶ岡式系土器群）」『総覧縄文土器』アム・プロモーション

水戸部秀樹　2004「山形県の縄文時代後期前半の土器について」『研究紀要』2、山形県埋蔵文化財センター

森　幸彦　2008「大木 9・10 式土器」『総覧縄文土器』アム・プロモーション

八木勝枝　2004「北上川中・下流域の盛土遺構―縄文時代晩期包含層分析からの一視点―」『岩手考古学』第 16 号

八木勝枝　2009「岩手県北上川流域における後晩期集落の立地と分布」『岩手県立博物館研究報告』第 26 号

山内清男　1930「所謂亀ヶ岡式土器の分布と縄紋式土器の終末」

山内清男 1964『日本原始美術』1、講談社

関東地方の集落と遺跡群
―飯能市加能里遺跡を中心とした入間（飯能）台地の様相―

宮内 慶介

はじめに

　関東地方では縄文時代後・晩期に遺跡の数が減少することはよく知られている。しかしそうした中においても遺跡が群集する地域とそうでない地域がモザイク状に点在しており、実際には一括りにできるものではなく、多様な地域性が存在している。

　今回分析対象とする飯能市加能里遺跡は、集落の全体像を復元するには未調査の部分が多く残されているが、関東地方西部において数少ない、縄文時代晩期まで継続する集落遺跡のひとつである。加えて遺跡が所在する入間台地は関東地方全体から見た場合、遺跡の分布密度が極めて低く、関東地方内部での差異を考える場合にも興味深い地域のひとつといえる。小論では加能里遺跡を中心とした範囲を分析対象地域に設定して、縄文時代後期から晩期の遺跡の変遷を確認し、遺跡数の少なさゆえに衰退という述語で説明されることの多い当該期の実態を、具体的な地域・遺跡の実例から考えてみたい。

1. 入間台地の縄文時代後・晩期の概況

　埼玉県は、西部に関東山地に属する秩父山地（奥秩父山地・外秩父山地）、荒川より東部には大宮台地や沖積低地が広がり、その間の中部には西側の山地から張り出すように東へとのびる丘陵と台地が並んでいる。分析対象地域が含まれる入間台地は、このうち南を入間川、北を越辺川に挟まれた、南西から北東方向へのびる台地である（図1左上）。同じく南西から北東方向へ流れる小畔川などの河川によって台地は細かく開析されている。また入間台地は北から

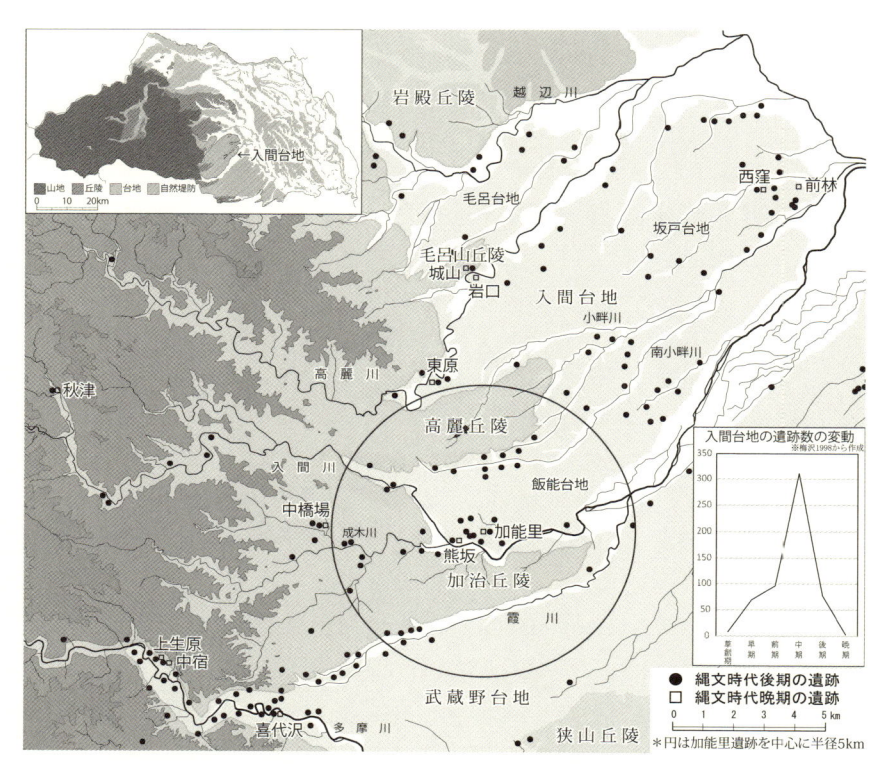

図1　入間台地周辺の縄文時代後・晩期の遺跡分布

毛呂台地（越辺川と高麗川に画された範囲）、坂戸台地（高麗川と小畔川に画された範囲）、飯能台地（小畔川と入間川に画された範囲）に細分されており、後述するように分析対象地域はこのうちの飯能台地に属している。

　図1は入間台地を中心とした縄文時代後・晩期の遺跡分布図である。右下に入間台地における縄文時代の遺跡数の変動をグラフで示した[1]。草創期以降徐々に遺跡数が増加し、中期に遺跡数が急増、後期には減少に転じ、晩期では数遺跡のみと激減していく状況がグラフから読み取れる。これは入間台地だけではなく関東地方一円で認められる傾向で、とくに西部地域では後・晩期の遺跡数の減少が顕著である。

　縄文時代後期の遺跡は河川沿いに点々と残されており、中期の集落遺跡より低位の段丘面に立地する傾向が認められる。入間台地では後期に属する遺跡は

80ヶ所近く認められるが、晩期の遺構や遺物が確認された遺跡は現在のところ次にあげる数遺跡のみである。高麗川中流で千網式のほぼ完形個体が採集された日高市 東 原遺跡、晩期前半の住居跡が検出された坂戸市岩口遺跡、入間（坂戸）台地の先端部に近い大谷川右岸で安行3a～3c式の土器片が採集されている坂戸市西窪遺跡、安行3a式の土器片が採集されている前 林 遺跡、入間川中流で晩期の住居跡を含め多くの遺構、遺物が検出されている飯能市熊坂遺跡や加能里遺跡のおおむね6遺跡である。図1中ではこのほかに、毛呂山丘陵上の坂戸市城山遺跡、成木川の支流である直竹川左岸の飯能市中橋場遺跡、入間川上流の山間部に立地する飯能市秋津遺跡、多摩川上流左岸の青梅市上生原遺跡、中 宿 遺跡、喜代沢遺跡で縄文時代晩期の遺構や遺物の所在が確認されている。入間台地では晩期の住居跡が確認されているのは岩口遺跡や熊坂遺跡、加能里遺跡と少なく、さらに晩期の集落と考えられる遺跡でも調査事例自体が少なく不明な点が多い。

　そのような中で加能里遺跡では、区画整理事業に伴う継続的な調査が行われており、入間台地においては遺跡の内容がわかりつつある後・晩期の集落遺跡といえる[2]。そこで今回は加能里遺跡を中心に半径5km圏内を分析対象地域として設定し、後期から晩期への変遷と地域的な特徴を考えてみることにする。なお、この範囲は機械的に設定した分析単位ではあるが、飯能台地のうち西半の高麗丘陵と加治丘陵に囲まれた範囲にあたり、地形的にもほかから区分できる独立した単位といえる。

2. 分析対象地域の縄文時代後・晩期の状況

（1）対象地域の遺跡分布と継続期間

　図2は加能里遺跡を中心とした半径5km圏内の遺跡分布と対象地域内の後・晩期遺跡の継続期間を示した表となっている。対象地は入間台地のうち飯能台地の西半部にあたり、南に入間川とその支流の成木川、北に南小畔川が東に向かって流れ、それぞれの河川沿いに遺跡が分布している。分析対象地域には29ヶ所の後・晩期の遺跡の存在が確認されている[3]。

　遺跡の時期は後期前半の称名寺式から堀之内式期が多く、ほとんどの遺跡でこの時期の遺構もしくは遺物が検出されている。しかしまたほとんどの遺跡が

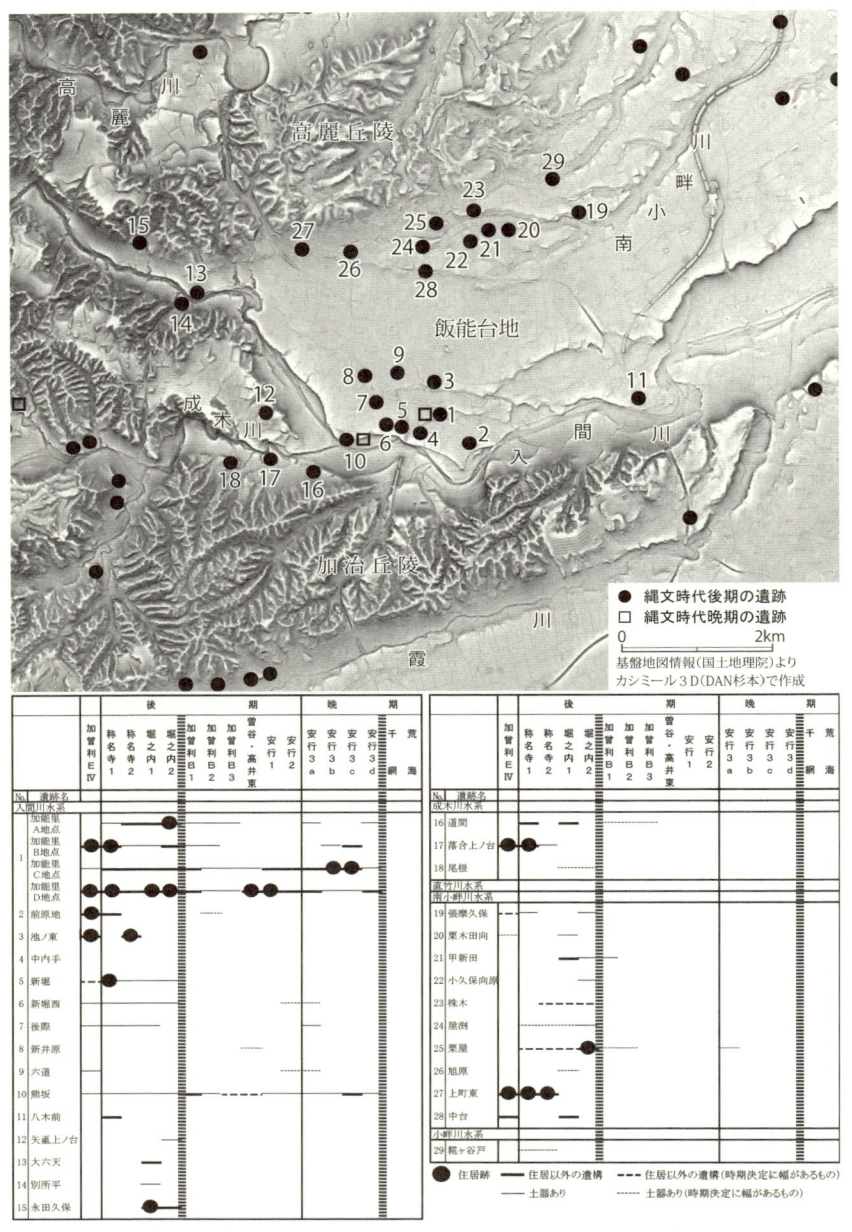

図2　飯能台地の縄文時代後・晩期の遺跡分布と継続期間

堀之内2式期以降加曾利B1式期の間に断絶しており、ここにひとつの画期が認められる。こうした状況は入間台地全体で認められるものである。

さらに晩期中葉の安行3d式期以降の遺構・遺物の検出事例は現在のところ皆無であり、ここにもひとつの画期が認められる。

分析対象地域において、後期前半以降晩期中葉まで遺構や遺物が連続的に検出されている遺跡は、入間川左岸の加能里遺跡と熊坂遺跡に限られる。そこで後期中葉の加曾利B式期以前・以後で区切り、加能里遺跡周辺の様相を次に詳しくみていくことにする。なお、南小畔川流域については晩期に継続する遺跡は今のところ確認できず、後期前半までの特徴は入間川左岸の地域と同様の傾向が認められる。

3. 分析対象地域における縄文時代後期前半の様相

(1) 加能里遺跡周辺における縄文時代後期前半の様相 (図3)

加能里遺跡は入間川左岸にひろがる縄文・古墳・奈良・平安時代・中世の複合遺跡で、入間川が形成した三段の河岸段丘面上に所在している。段丘崖線下には現在でも湧泉が多数存在し、周辺にはこれらの湧水を拠り所とする十数ヶ所の遺跡が集中する。

加能里遺跡は入間川から数えて2番目の段丘崖線下から3番目の段丘崖線上面にかけて東西900m、南北600mの範囲にひろがっており、これまでの調査成果から遺構・遺物のまとまりをもとにおおよそA〜Dの4地点に分けられる（図3上段）。周辺遺跡との比較や変遷を考えるうえでは地点ごとに分けて考えた方が良いので、小論ではこの地点名を用いることにする。

縄文時代草創期・早期には遺跡北端にあたる第三段丘崖線周辺（D地点）で遺構・遺物が検出され、縄文時代中期には遺跡東寄りの第二段丘面上（A地点）に環状集落が形成されている。その後中期末葉から後期前半は遺跡の各地点に遺構・遺物が分散するが、後期中葉以降には遺跡南西の第二段丘崖線周辺（C地点）および第三段丘崖線周辺（D地点）の2地点に遺構・遺物の分布が集約される。地点を替えながら縄文時代各時期の活動痕跡が残されており、周辺の遺跡とあわせて社会や生活の移り変わりを詳細に追跡できる地域といえる。

図3上段は加能里遺跡周辺の中期末（加曾利EIV式）〜後期前半（堀之内2式）

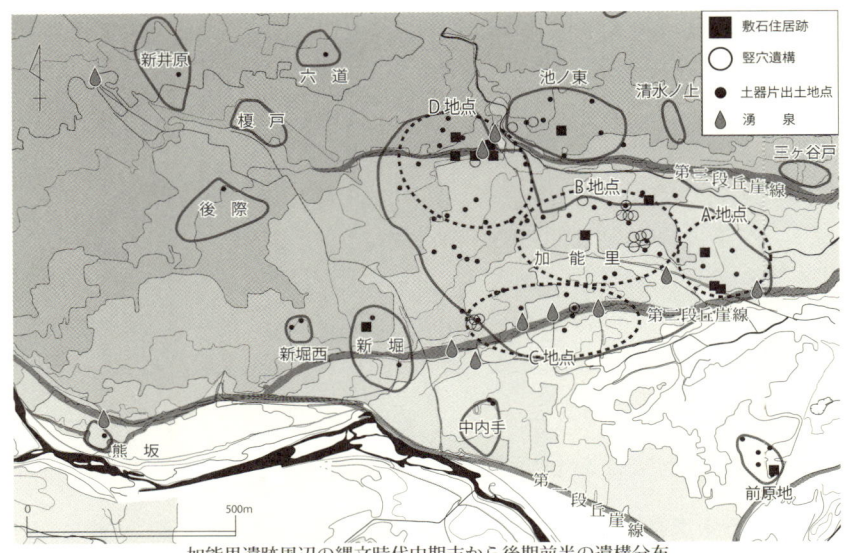

加能里遺跡周辺の縄文時代中期末から後期前半の遺構分布

住居跡（A地点）

	住居跡	土　坑	配　石	埋設土器	土　器
加能里A地点	●	●	●		●
加能里B地点	●	●	●	●	●
加能里C地点	●	●	●	●	●
加能里D地点	●	●	●	●	●
中内手		●			●
池ノ東	●	●			●
六　道					
新井原					
後　際					●
新　堀	●	●			●
新堀西					
前原地	●			●	●
熊　坂					●

加能里遺跡周辺 縄文時代中期末～後期前半の遺構組成表

住居跡（手前）と配石遺構（奥）（D地点）

円筒形の大形土坑（D地点）

図3　加能里遺跡周辺の縄文時代後期前半の様相（写真は飯能市教育委員会所蔵）

の遺構と遺物の分布を示している。加能里遺跡 A〜D 地点以外に 7 遺跡で当該期の遺構・遺物が検出されている。

　これ以前の勝坂式から加曾利 E II 式期にかけては、加能里遺跡 A 地点に環状集落が形成され、集住的な状況が続いていたが、加曾利 E III 式期以降集落は分散化する。つづく加曾利 E IV 式〜堀之内 2 式期も段丘崖線沿いや湧水に沿って広く遺跡が展開し、分散的な分布状況を示す。中期後半には遺跡が立地していなかった加能里遺跡 C・D 地点、新堀遺跡、新堀西遺跡や前原地遺跡などにも遺構の形成や遺物の散布が認められるようになる点が特徴である。

　図 3 下段に写真で示した加能里遺跡 A 地点および D 地点の住居跡は床面の一部に敷石が認められる堀之内 2 式期の住居跡で、敷石住居跡は加能里遺跡周辺では加曾利 E III 式期以降存在が確認でき、敷石を伴わない竪穴状遺構とともに集落を構成している。

　また、住居跡以外にも図 3 下段右の写真で示した貯蔵穴と考えられる円筒形の大形土坑や配石などが称名寺 1 式〜堀之内 2 式期を中心に構築される状況が認められ、中期後半以前には確認できなかった要素として注目される。

　図 3 中段には加能里遺跡周辺の遺構組成を表で示した。住居、土坑、配石や埋設土器が形成される遺跡（加能里遺跡 A・B・C・D 地点・池ノ東遺跡・新堀遺跡・前原地遺跡）のほか、注目されるのは住居跡に隣接した地点以外にも、図 3 に点で示したように広範囲で土器片の出土が認められることである。これらは居住域を中心に周囲に張り巡らされた活動地点の痕跡ととらえられる。この時期に認められる遺跡の分散化は集落周辺の土地利用の多様化と評価すべきだろう。

（2）中期から後期への変化（図 4・5）

　中期末から後期前半の様相を加能里遺跡の周辺を例にみてきたが、分析対象地域における縄文時代中期と後期の違いについても確認してみよう。入間台地では中期に位置づけられる遺跡は 300 ヶ所を超える数が認められており、後期には 80 ヶ所ほどに減少することは先述した（図 1 右下）。

　中期の遺跡は河岸段丘の平坦面上に形成されているものが多く、中には丘陵頂部に形成された飯能市八王子遺跡のような例も存在する。一方で後期の遺跡は中期の遺跡に比べ低位の段丘や斜面に立地する傾向が認められ、遺跡の立地

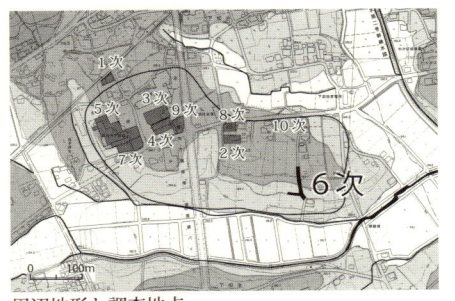

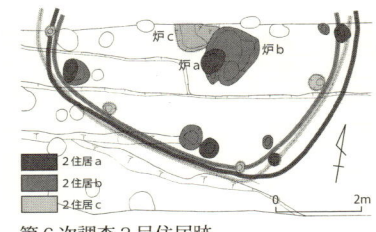

第6次調査2号住居跡

周辺地形と調査地点

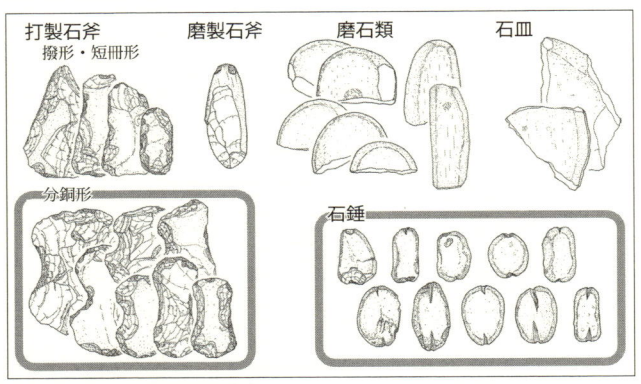

第6次調査区出土石器の構成

図4　栗屋遺跡第6次調査（熊澤 2005、飯能市教育委員会 2010 から作成）

に違いがある。図4に示した飯能市栗屋遺跡（図2-25）の事例をもとに確認してみよう。

　栗屋遺跡は南小畔川左岸に立地する縄文時代中期後半から後期前半の集落遺跡である。図4左上に遺跡の周辺地形を示した。加曾利EⅠ式〜EⅢ式期の住居跡は遺跡西半部の台地平坦面（第3〜5・7・9次）で検出されているが、後期前半の堀之内2式期の住居跡はこの面より一段低い地点でみつかっている（第6次）。同じ台地でも中期と後期で地点を替えて集落が営まれていることがよくわかる例である[4]。

　次に中期と後期の遺構や遺物の構成について栗屋遺跡と加能里遺跡A地点（図5）を比較しながら確認してみよう。

　栗屋遺跡第6次調査では堀之内2式期の住居跡が3軒検出されたが、そのう

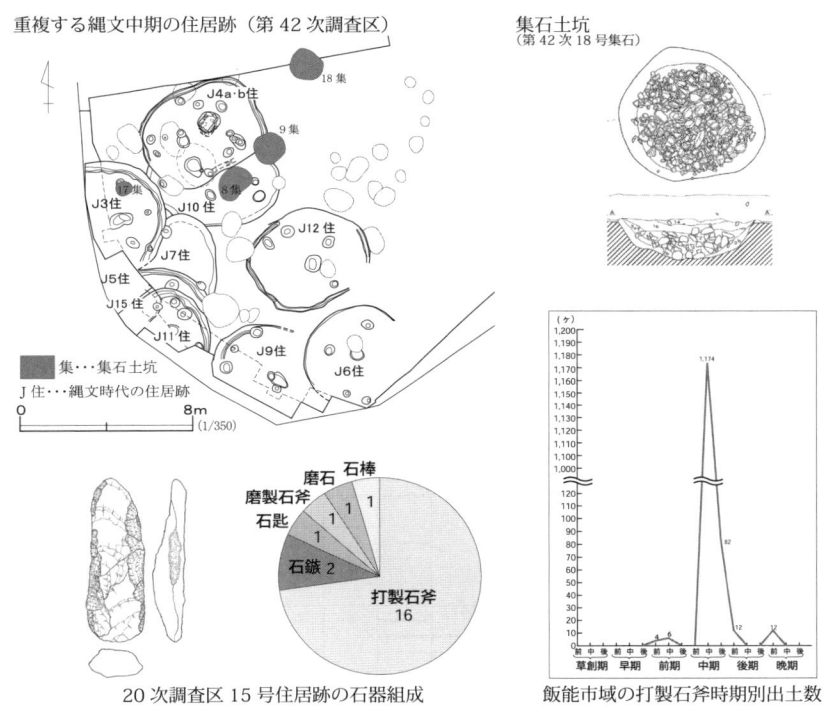

重複する縄文中期の住居跡（第42次調査区）　　　　集石土坑
（第42次18号集石）

18集
J4a・b住
9集
8集
J3住　J10住
J7住
J12住
J5住
J15住
J11住
J9住
J6住

■ 集・・・集石土坑
J住・・・縄文時代の住居跡
0　　　　　　　8m
（1/350）

磨石　石棒
磨製石斧　1　1
石匙　1
石鏃 2
打製石斧
16

20次調査区15号住居跡の石器組成　　　　飯能市域の打製石斧時期別出土数

図5　加能里遺跡 中期の特徴（飯能市教育委員会 2010、富元ほか 2016 から作成）

ち2号住居跡は3期にわたる建て替えが認められた。炉跡や柱穴の位置はほとんど変わっておらず、同じ場所で繰り返し住居の構築が行われたことを示している（図4右上）。これに対し中期の住居跡は拡張など同じ場所での建て替えが行われる例も認められるが、少しずつ場所を替えながら重なって住居が構築されることが多く、土地の反復利用の仕方に違いが存在する（図5左上）。

　また、この地域の縄文時代中期勝坂式から加曾利E式前半の集落遺跡を調査すると、集石土坑（図5右上）が住居跡と同数程度検出され、当該期に普遍的な施設と認識できる。集石土坑は石蒸や石焼に用いられた屋外の調理施設と考えられるが、後期の遺跡ではほとんど認められず、集落を構成する施設としては低調で、中期と後期の生活様式、とくに食物加工に関わる差異を示す遺構といえる。

遺物、とくに石器組成に関しても中期と後期でいくつか違いが認められる。図4下段には栗屋遺跡第6次調査区から出土したおもな石器を挙げた[5]。打製石斧に関しては分銅形が組成に加わり主体となる[6]。また石錘が組成に加わるのも後期前半の特徴である。分析対象地域では前後する時期にも網漁の痕跡はほとんど確認することができず、この時期に河川漁労に関して何らかの変化が生じたことは確かだろう。また磨石類の比率が高くなる傾向も指摘できる。

　一方、中期の石器組成では打製石斧の大量出土が特徴である（図5下段）。縄文時代中期において大量の打製石斧が出土する地域は相対的に貯蔵穴が少ないことに注目した今村啓爾は、これを東西関東の利用資源や食料保存の違いを示すものと指摘し、中期の打製石斧の大量出土を根茎類の利用に比重を置いた生業と結びつけて理解した（今村1989）。分析対象地域において打製石斧は縄文時代の前期以降、石器組成に普遍的に認められるようになり、後・晩期にも当然出土するが、中期の出土量は群を抜いており、集石土坑と並んで中期の大きな特徴となっている。

　以上、分析対象地域における中期と後期の違いをみてきたが、遺跡の立地や住居の構築にみられる土地の反復利用の在り方、遺構や遺物の組成に差異が認められる。また後期前半の時期には現在のところ環状集落のような集住的な居住形態を示す遺跡は確認できず、分散的な遺跡の分布を示している。ただし中期後半と中期末から後期前半の違いは断絶と評価できるような差異は存在せず、土器型式の連続性や基本となる石器組成の共通性などから、生活様式の変化と捉えられるものと考えられる。こうした変化が何に起因するものかは現状では判断できず、環境変化への適応形態なのかはさらなる議論が必要だろう。

4.　分析対象地域における縄文時代晩期集落の特徴

　分析対象地域において、つづく縄文時代後期中葉から晩期に継続する遺跡は加能里遺跡C・D地点・熊坂遺跡にほぼ限られ、ほかは単発的な遺物の出土が認められる程度となる（図2）。図6左上に飯能市域における竪穴式住居跡の検出数の増減グラフを示した。堀之内式期以降は極端に検出事例が減り、集落か否かを住居跡の有無で判断するのが困難な時期といえる。居住施設の存在が集落遺跡と判断するうえでの条件と考えられるが、住居跡の検出が困難な場合は

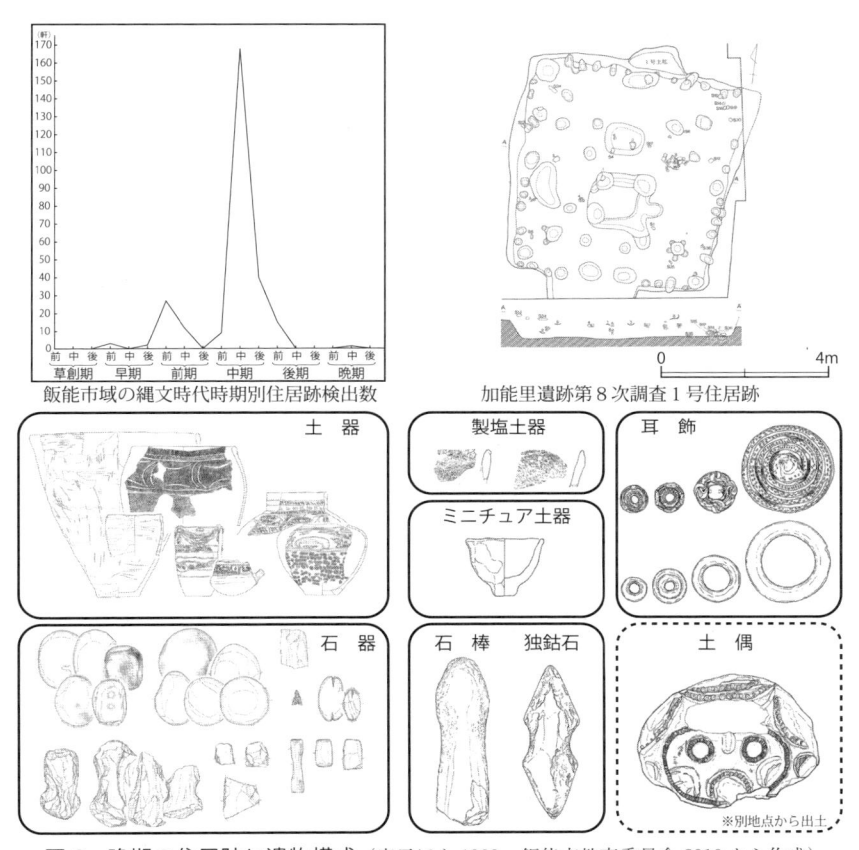

図6　晩期の住居跡と遺物構成（富元ほか1989、飯能市教育委員会2010から作成）

遺物組成からの判断が有効となる。

　加能里遺跡C地点では晩期安行3b～3c式期に比定される竪穴式住居跡が第8次調査で検出されており（図6上段右）、これに伴って精製・粗製土器のほか製塩土器や、耳飾・手捏土器などの土製品、石鏃、磨石・石皿類、磨製石斧、打製石斧に加え砥石や石棒など多種多様な遺物が検出された（図6下段）。また加能里遺跡D地点では後期後半の事例であるが、竪穴式住居跡の床面近くから土偶が出土している。C地点でも第8次調査区に隣接する第24次調査区などで土偶が複数出土しており、住居跡の遺物組成に土偶も加えられる。

　これをモデルに遺構・遺物の組成表を作成した（図7下段）。図6下段に示

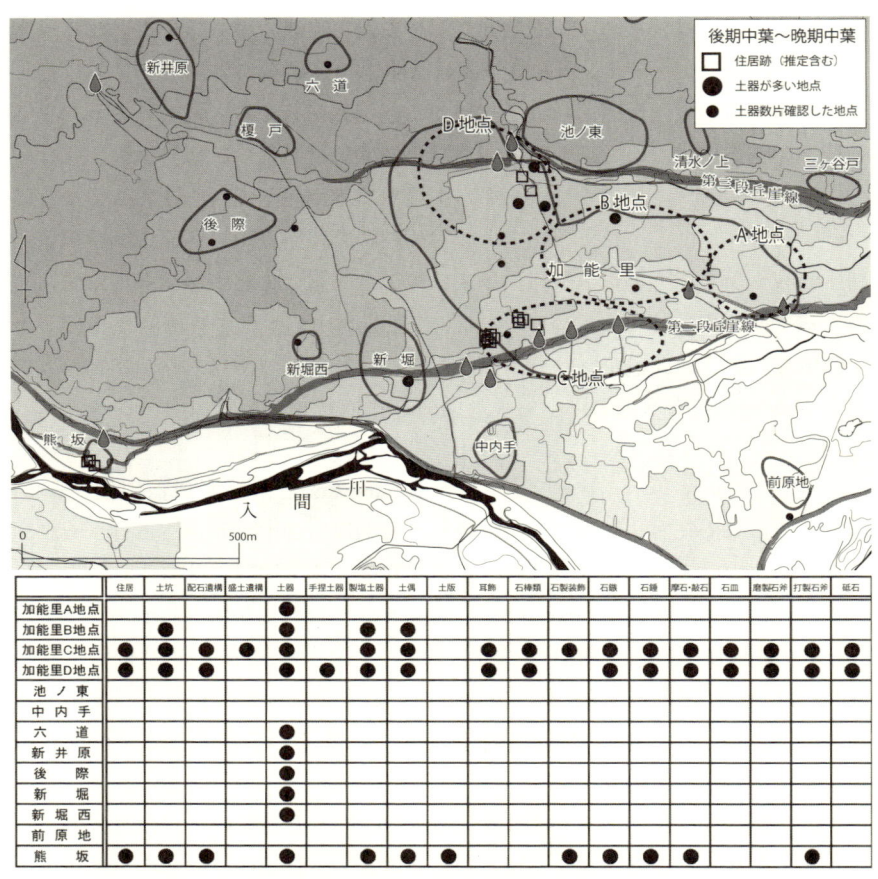

	住居	土坑	配石遺構	盛土遺構	土器	手捏土器	製塩土器	土偶	土版	耳飾	石棒類	石製装飾	石鏃	石錐	摩石・敲石	石皿	磨製石斧	打製石斧	砥石
加能里A地点					●														
加能里B地点		●			●			●	●						●	●			
加能里C地点	●	●	●	●	●		●	●	●			●	●	●	●	●	●	●	●
加能里D地点	●	●	●	●	●	●	●	●	●		●	●	●	●	●	●	●	●	●
池ノ東																			
中内手																			
六道					●														
新井原					●														
後際					●														
新堀					●														
新堀西					●														
前原地					●														
熊坂	●	●		●	●			●							●	●			●

図7 加能里遺跡周辺の縄文時代後期後半から晩期の遺構分布と構成表

した晩期の住居跡と同様の遺物組成を備えた地点は、住居が検出された地点と同様の活動が行われたものと仮定してよいだろう。つまり住居跡が検出できなくても遺物組成を頼りに集落か否かは判断ができる。図2下段の表から読み取れる継続期間とあわせて、やはり加能里遺跡C・D地点、熊坂遺跡が今回の分析対象地域における後期中葉～晩期中葉の集落遺跡と判断できる。

　次に図7上段から遺跡の立地を見てみよう。加能里遺跡C・D地点、熊坂遺跡ともに段丘崖線の湧泉近くに立地し、とくに加能里D地点と熊坂遺跡は段丘崖線下の平坦面に住居跡なども構築されている。C地点はやや異なり、崖線上

位に住居跡などの居住施設、崖線下位には配石遺構が検出され、立地に若干の違いが存在する。いずれも環状構成は取らず崖線に並行するか湧水に沿った遺構の分布を示す。では次に各地点の様相を具体的にみていくことにしよう。

5. 縄文時代後期中葉〜晩期中葉の変遷と特徴

（1）加能里遺跡C地点（図8）

　加能里遺跡C地点は、遺跡南西部の第二段丘崖線の上下にあたる地点で、段丘崖線からは現在でも複数の湧水がみられる。先述した安行3b〜3c式期の竪穴式住居跡が検出された第8次調査区が所在する地点である。

　この地点で注目されるのは、いわゆる「盛土遺構」に類似した厚い遺物包含層が数ヶ所で認められたことである。第27次調査を例にみてみよう。

　図8上段右・中段が第27次調査区の平面図と土層断面の一部である（柳戸1997）。この調査区では、表土下に厚さ40cm程の褐色〜暗褐色土の堆積が認められ、この層中に称名寺1式〜安行3c式の遺物が大量に包含されていた。褐色土中からは炉跡と考えられる焼土も認められたことから、褐色〜暗褐色土中に床面を持つ複数の住居跡の存在が想定された。報告書ではローム面で確認した柱穴の配列と土器の時期毎の分布範囲と検出深度の分析から、堀之内式期と安行式期の住居跡が最大で9軒存在した可能性が推測されている。

　また図8中段の土層断面を観察すると、土層堆積の不自然な不整合が複数認められる。これらは深さの異なる掘り込み面の存在を示すものといえ、累積的な遺構の形成結果と考えられる。こうした生活面の累積結果と考えられる厚い包含層は第24次調査区や第59次調査区でも確認されており、図8上段左に示したように段丘崖線に沿った東西方向に分布している。調査事例は決して多くないが、この地点をはずれると段丘崖線上では後期後半から晩期の遺構・遺物の出土はほとんど見られなくなることから、おおむねこの範囲がC地点の居住域にあたるものと考えてよいだろう。

　C地点ではこのほかに崖線下の第10次調査区で後期中葉〜晩期前葉の配石遺構が複数検出されている（図8下段、富元1995）。湧泉および湧水の流れに沿って遺構が検出されており、水場遺構の存在も想定される。

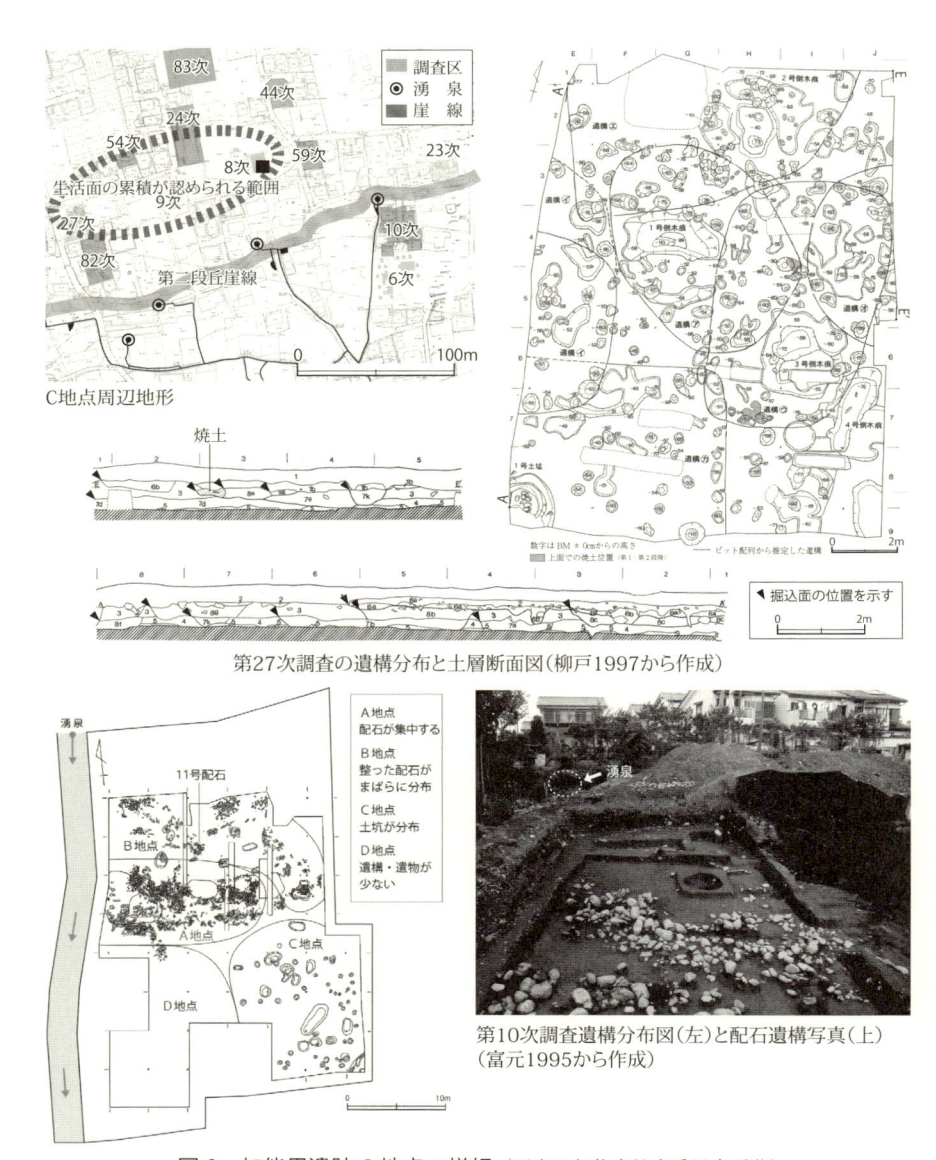

図8　加能里遺跡 C 地点の様相（写真は飯能市教育委員会所蔵）

（2）加能里遺跡Ｄ地点（図9）

　加能里遺跡Ｄ地点は遺跡の北西にあたる第三段丘崖線上下に位置し、おもに縄文時代草創期・早期・中期～晩期の遺構・遺物が検出されている。北東には湧水を貯めた池およびそこから流れ出る水路が存在し、これ以外にも湧水の小規模な水路がみられる。付近の崖線上下の比高差はわずか2mほどで、現在は緩やかな斜面となっている。この斜面を調査した結果（第39・47・62次）、段丘崖の埋積は縄文時代早期撚糸文期以降進んでいったようで、第47次調査区では埋積が進んだ斜面で早期中葉の住居跡、それより上層から加曾利Ｅ式後半の敷石住居跡が検出されている。併せて段丘崖上の平坦面でも加曾利Ｅ式後半から後期前半堀之内式期の住居跡や土坑などが検出されている。注目されるのは、堀之内2式期の住居跡が斜面上で検出されていることで（図3下段左）、埋積が進む段丘崖の地形変化に呼応する形で中期的な集落立地から後期的な集落立地への変化が捉えられる。

　また段丘崖線下の平坦面からは後期初頭称名寺式から晩期中葉安行3c式までの土器片が検出されており、遺構としては後期後葉の住居跡が第43・52・55次調査区（図9写真上段左）で、組石石棺墓が第52次調査区（図9写真上段右）で検出されている。さらに縄文時代の後期から晩期に湧水が流れていた河道跡が第55・65・68次調査区で検出された。晩期の確実な遺構は少なく、第75次調査区で安行3d式期の竪穴状遺構および焼礫の集中箇所を検出している。

　Ｄ地点で注目すべきは、「礫敷遺構」と呼称した遺構である。この遺構は地点により若干の違いはあるが、砂礫を幅3～4m程帯状に盛り上げたもので（図9写真下段）、現在2条が確認されている。構築時期については、礫敷構成層や遺構の上下でみつかった遺物の時期から縄文時代後期中葉～晩期初頭と考えられる。礫敷遺構が構築されている場所は当時滞水的な環境だったと推測され、こうした地点に砂礫をもり上げた構築物が帯状に続いていることから、ぬかるみや足元が悪い場所での「足場」や「道」としての機能を想定している（宮内2019）。

　図9上段から周辺の遺構分布を確認すると、礫敷遺構は居住域から湧泉のある段丘崖や同時期の河道へとのびていくことから、居住域と当時の水場とを結ぶ目的で構築されたものといえよう。さらには水場に限らず集落周辺に配置さ

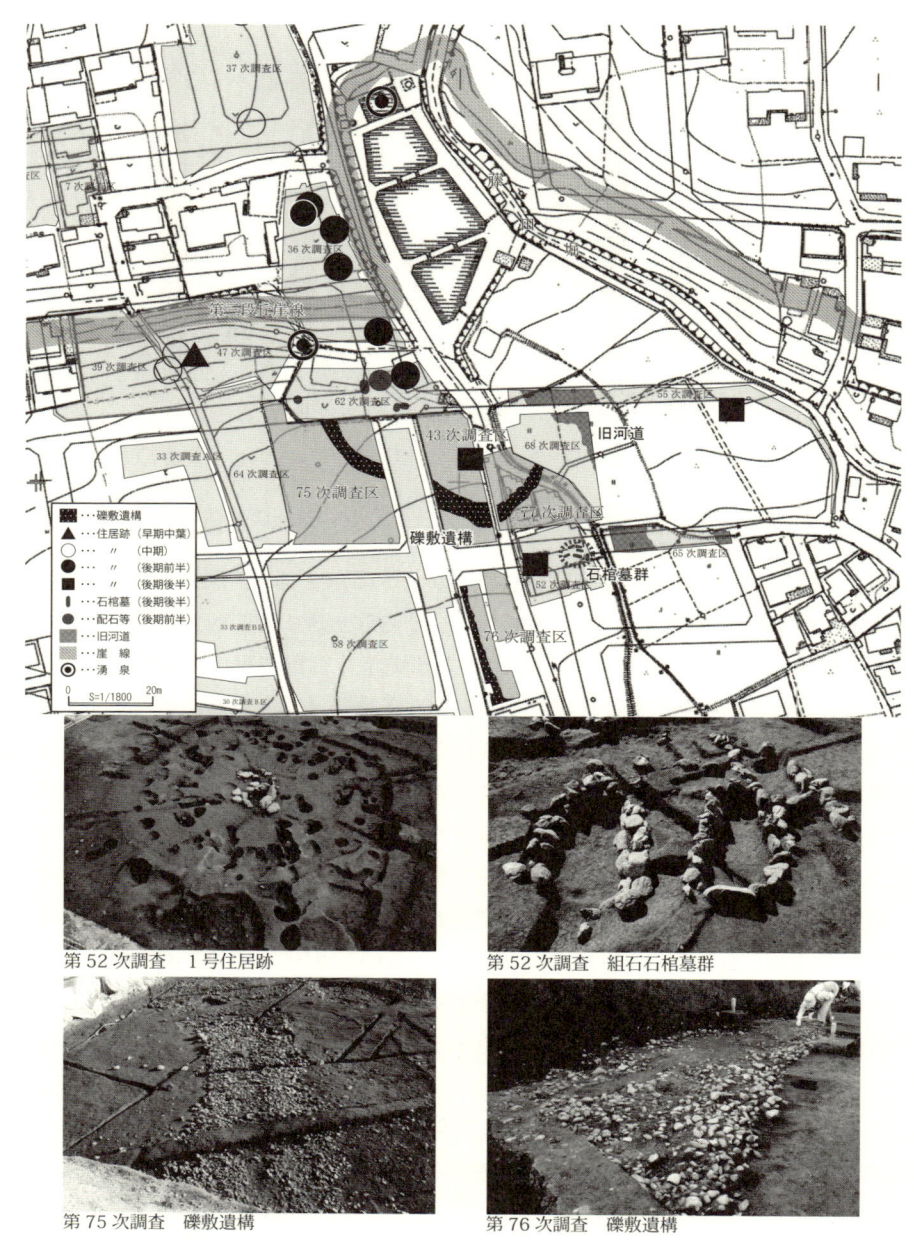

第52次調査　1号住居跡　　　　　第52次調査　組石石棺墓群

第75次調査　礫敷遺構　　　　　　第76次調査　礫敷遺構

図 9　加能里遺跡 D 地点の様相（宮内 2019 から作成、写真は飯能市教育委員会所蔵）

れた諸活動域へのアプローチと捉えることも可能かもしれない。

これに加えて第52次調査区で検出された住居跡は、図4で示した栗屋遺跡第6次調査2号住居跡のように炉が3基重複しており、壁柱穴も重複が著しく、同一地点での反復的な建て替えが想定される。また同一調査区の隣接地点で検出された組石石棺墓群も古いものを新しいものが壊して構築されており、ここでも土地利用の固定化が認められる。

このように礫敷遺構を代表として、住居跡や墓跡にも同一地点への定着性の強さや土地利用における固定化が読み取れ、計画的な集落経営の存在が示唆される。とくに礫敷遺構の存在は、集落周辺の地形環境に手を加え長期にメンテナンスや管理を行っていたことを推測させるものといえる。

（3）熊坂遺跡（図10）

熊坂遺跡は入間川左岸の河岸段丘上に位置し、ちょうど入間川と成木川が合流する地点から100mほど下流にあたる。遺跡北側の段丘崖には以前は湧泉が存在したそうで、立地は加能里遺跡D地点に似る（図10左上）。

これまでに2次にわたる発掘調査が行われており、採集された遺物から中期末～晩期中葉にわたる継続期間が想定される（図2下段表）。第1次調査区からは台地縁辺部で石囲炉が見つかっており、住居の構築も確認されている（図10上段右）。また後期中葉から晩期中葉の土坑やピットも検出され、中には墓坑と考えられるものも含まれていた（図10下段）。大量の土器や石器のほか、土偶や土版、石棒などの特殊遺物もみつかっており、集落全体の規模など不明な点は多いものの晩期に継続する集落遺跡と考えることができる。

（4）集落以外の地点（図7）

集落以外の遺跡では、加能里遺跡A地点ほか5遺跡で後期中葉から晩期中葉の土器片が出土している（図7）。集落域である加能里遺跡C・D地点や熊坂遺跡の周辺、それらの中間となる地点だけでなく、湧泉や湧水の流れに近い場所に遺物の散布が認められる。居住域から離れた地点でも遺物の出土が認められる点は後期前半までの様相と似ているが、それに比べると遺物量や出土地点の数は少なくなる。居住域が分散して存在していた後期前半に対し固定的となる後期中葉以降では遺物散布地の意味合いも異なっている可能性もあるが、何らかの作業場のような地点が集落周辺に配置されていたことを示すものと考えられる。

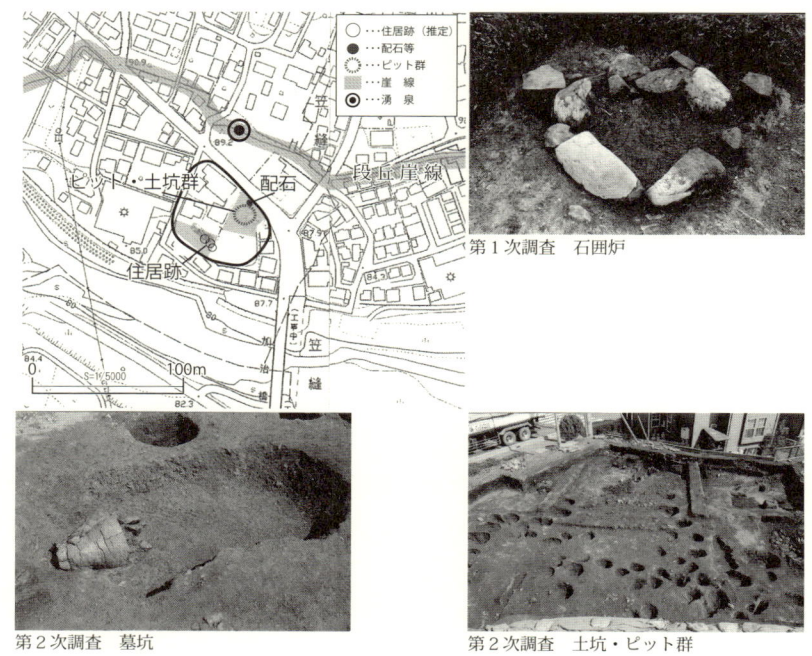

第2次調査　墓坑　　　　　　　　　　　　第2次調査　土坑・ピット群

図 10　熊坂遺跡の様相（写真は飯能市教育委員会所蔵）

6. まとめ

　ここまで加能里遺跡を中心とした分析対象地域内の縄文時代後・晩期遺跡についてみてきたが、確認できた状況をまとめてみよう。分析対象地域では中期末葉から後期前半までの遺跡は、それ以前の加曾利EⅡ式期までの集住的な集落形態とは異なり、分散的な様相を示していた。遺跡も何らかの活動域を示す散布地的なものが数多く残されている。これらを集落周辺の多様な土地利用形態を反映したものと考え、のちの長期継続型集落への過渡期の特徴と考えておきたい。また、中期との比較で検討した遺構の構成や石器組成の変化、同一地点での反復的な遺構形成の在り方などは後期中葉以降にも認められるもので、晩期まで継続する集落の基本的な仕組みはこの時期に形づくられていたと評価できる。

　分析対象地域では後期前半の堀之内2式から加曾利B1式期の間に画期があ

り、この後遺跡数が激減し、後期中葉以降の集落遺跡は加能里遺跡C・D地点、熊坂遺跡の3地点に集約される。いずれも晩期中葉安行3d式までの遺物が確認されており、遺跡数は激減するものの、長期間にわたり安定した活動が営まれていたと想定でき、長期に継続する集落遺跡だと現時点では考えている。遺跡数の減少＝衰退とは簡単に説明できないようだ。

それぞれの地点における遺構の時期認定や遺構の構築時期の連続性の把握などに現状では課題が残っているが、図7の表に示した遺構・遺物組成からは地点による偏在性は認められず、各集落で行われた活動内容には現在のところ違いはない。また一方では、居住痕跡の累積性や規模、出土遺物量の差から、加能里遺跡C地点が分析対象地域の中では核的な性格を帯びた地点と考えられる。

これらの3地点は遺跡が激減する関東西部にあって、それぞれ1kmに満たない至近距離に位置し、地形的な連続性も認められることから、有機的に結びついて地域社会を形成していたことは想像に難くない。3地点を残した集団が社会的にどのように結びついていたのかを直接的に示す遺構・遺物は現在のところ明確ではないが、各地点間の湧泉近くに土器の散布地が点々と認められるのは興味深く、共同で何らかの作業を行っていた可能性を想定しておいてもよいだろう。

また、関東東部では開析谷の奥部に形成されたいわゆる「環状盛土遺構」が縄文後・晩期の長期継続型集落の典型のひとつとして注目されているが、今回分析した3地点の後・晩期集落からは環状の構成は見いだせない。湧水が豊富な段丘崖が並走する今回の分析対象地域では、こうした地形をうまく利用するために崖線に並列して集落や活動域が展開しているだろう。継続期間は同様でも、地域ごとに地形や環境への適応に違いが存在することを示している。いずれにしても加能里遺跡を中心とする地域は関東地方の後晩期の地域性を考える際にひとつのモデルを提示しうるものといえるだろう。

註

1) 入間台地の遺跡数変動グラフは（梅沢1998）から入間台地に属するものを抜き出して作成した。20年ほど前の数値であるが、現在でも大きな変更はないものと考える。

2) 現在土地区画整理事業に伴う調査を継続的に実施しており、未報告の調査も

多い。今後刊行される正式報告と小論に齟齬がある場合、その責はすべて筆者に帰する。

3) 加能里遺跡を中心とした5km圏内には武蔵野台地も一部含まれるが、間に山地や丘陵が存在し地形的な区分が明瞭なため今回は割愛した。

4) しかしながら分析対象地域には、山地裾部の斜面に堀之内式期の住居跡が検出された永田久保遺跡（図2-15）も存在し、遺跡の立地についても一様ではない。ただしここでも住居跡と円筒形の土坑が検出されており、加能里遺跡周辺で確認した遺構の構成が当該期においてある程度普遍性をもったセットであることが理解できる。

5) 栗屋第6次調査区の石器の大半は耕作に伴う廃棄溝中からの出土とされる（熊澤2005）。ただし縄文時代の遺構に関しては堀之内式期の遺構しか検出されておらず、出土土器も加曾利EⅢ・Ⅳ式期のものが少量認められるものの主体は堀之内1・2式であり、混在は少ないものと考えられる。

6) 縄文時代後期以前から存在する撥形や短冊形の打製石斧と分銅形とでは刃部の角度など異なる部分も多く、同一の機能をもつ石器かどうかは議論が必要と考える。

引用・参考文献

阿部芳郎ほか　2000「縄文後期における遺跡群の成り立ちと地域構造─印旛沼周辺遺跡群の踏査と研究の成果─」『駿台史学第』109号、pp.35-94

今村啓爾　1989「群集貯蔵穴と打製石斧」『考古学と民族誌 渡辺仁教授古稀記念論文集』六興出版

梅沢太久夫　1998「周辺地域における集落立地の動向」『日高市史 原始・古代資料編』

熊澤孝之　2005「Ⅴ 栗屋遺跡第6次調査」『飯能の遺跡（33）』飯能市教育委員会

富元久美子ほか　1989「Ⅲ 加能里遺跡第8次調査」『飯能の遺跡（8）』飯能市教育委員会

富元久美子　1995「加能里遺跡第10次調査」『飯能の遺跡（19）』飯能市教育委員会

富元久美子ほか　2016『加能里遺跡第42・43次調査』飯能市遺跡調査会

飯能市教育委員会　2010『掘り起こせ！ 地中からのメッセージ─発掘調査でわかった飯能の歴史─』飯能市教育委員会

宮内慶介　2019「埼玉県飯能市加能里遺跡の礫敷遺構について」『駿台史学』165号

柳戸信吾　1997「Ⅱ 加能里遺跡第27次調査」『飯能の遺跡（21）』飯能市教育委員会

＊紙数の都合から参考とした発掘調査報告書や市町村史については割愛した。

第3節 ────────────────

中部地方の集落と遺跡群
─長野県小諸市石神遺跡群と新潟県上越市籠峰遺跡を中心に─

中沢 道彦

はじめに

　中部地方の縄文時代後晩期（以下、「時代」省略）の集落と遺跡群について、長野県東信地方の小諸市石神遺跡群、長野県に隣接する新潟県上越地方の上越市中郷村区籠峰遺跡とそれら周辺遺跡を中心に分析する。いずれも規模として地域を代表する縄文後晩期の集落遺跡であり、資源利用の一端として自然遺物が出土し、生業活動を復元する手掛かりがある。また半径5km以内には時期が重なる集落域や墓域が明らかな遺跡が所在し、その関係性を検討できる。かつ、筆者は共同研究でそれらの遺跡出土の土器の型式学研究、レプリカ法分析、土器付着物や人骨の年代測定・安定同位体分析といった理化学分析などを行っており、中間報告ながらもそれらの成果を踏まえ、集落と遺跡群の復元を試みる。なお時間軸は中部高地の土器型式のほか、必要に応じて関東の型式を用いる。

1. 長野県小諸市石神遺跡群とその周辺

　長野県小諸市石神遺跡群は浅間山麓の南傾斜面に立地し、標高800m前後である。1950年代に永峯光一は石神遺跡採集の「粗大な工字文」土器を分析し，後に中部地方の縄文晩期中葉佐野Ⅱ式の型式設定を行っているほか、縄文晩期前半の遮光器土偶や人面付土器（図1）などを紹介している（永峯1955・1956）。

　石神遺跡は1991（平成3）年に小諸市教育委員会により約20,000㎡、長野県埋蔵文化財センターにより2,100㎡の範囲が調査された（図2）。小諸市教育委

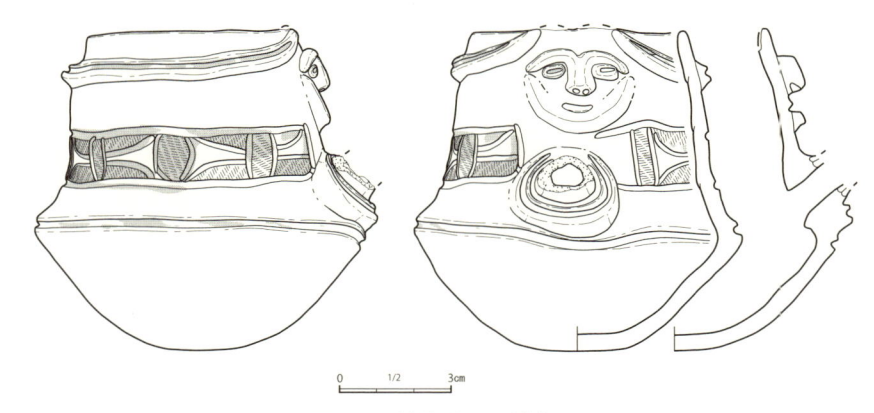

図1　石神遺跡人面付土器

員会の調査では、縄文前期諸磯a式、中期中葉〜後葉加曽利E2式を欠くが、基本的に縄文時代早期末〜晩期中葉佐野Ⅱ式まで連綿と継続する。後晩期の遺構は称名寺式の住居1棟、堀之内1式の住居3棟、堀之内2式の住居5棟以上、加曽利B1式主体6棟、加曽利B2〜B3式1棟、加曽利B2式〜後期後葉「高井東式」1棟、後期後葉「高井東式」「中ノ沢式」の住居3棟、晩期前葉の住居2棟、晩期中葉4棟、後期の掘立柱建物址4棟、晩期の掘立柱建物址1棟、土壙墓5基、石棺墓21基が検出された。石神遺跡では晩期前葉〜中葉の6棟の住居がまとまる12×8mの範囲で、大半が佐久市八風山産安山岩の石鏃791点と多量の剝片が出土する。791点の大半が晩期前葉〜中葉とすると、この時期に石鏃を多量に製作、保有した石神遺跡の性格を考えるべきであろう。土製耳飾りは100点近く出土している。大中小など幾つかサイズがある。

　長野県埋蔵文化財センターの調査では、前期初頭〜前期中葉関山Ⅱ式、中期初頭「梨久保式」（五領ヶ台式）の土坑が検出されたほか、遺構外であるが、縄文時代晩期後葉氷Ⅰ式、弥生時代前期氷Ⅱ式の土器片が出土した。県センターの調査により、石神遺跡では佐野Ⅱ式以降も弥生前期氷Ⅱ式まで活動の痕跡が確認されている。

　遺跡周辺5kmの範囲には縄文後期の集落遺跡として小諸市三田原遺跡群、同市岩下遺跡などがある（図3）。

　三田原遺跡群は縄文早期中葉細久保式、前期初頭、前期後葉諸磯a式〜中期

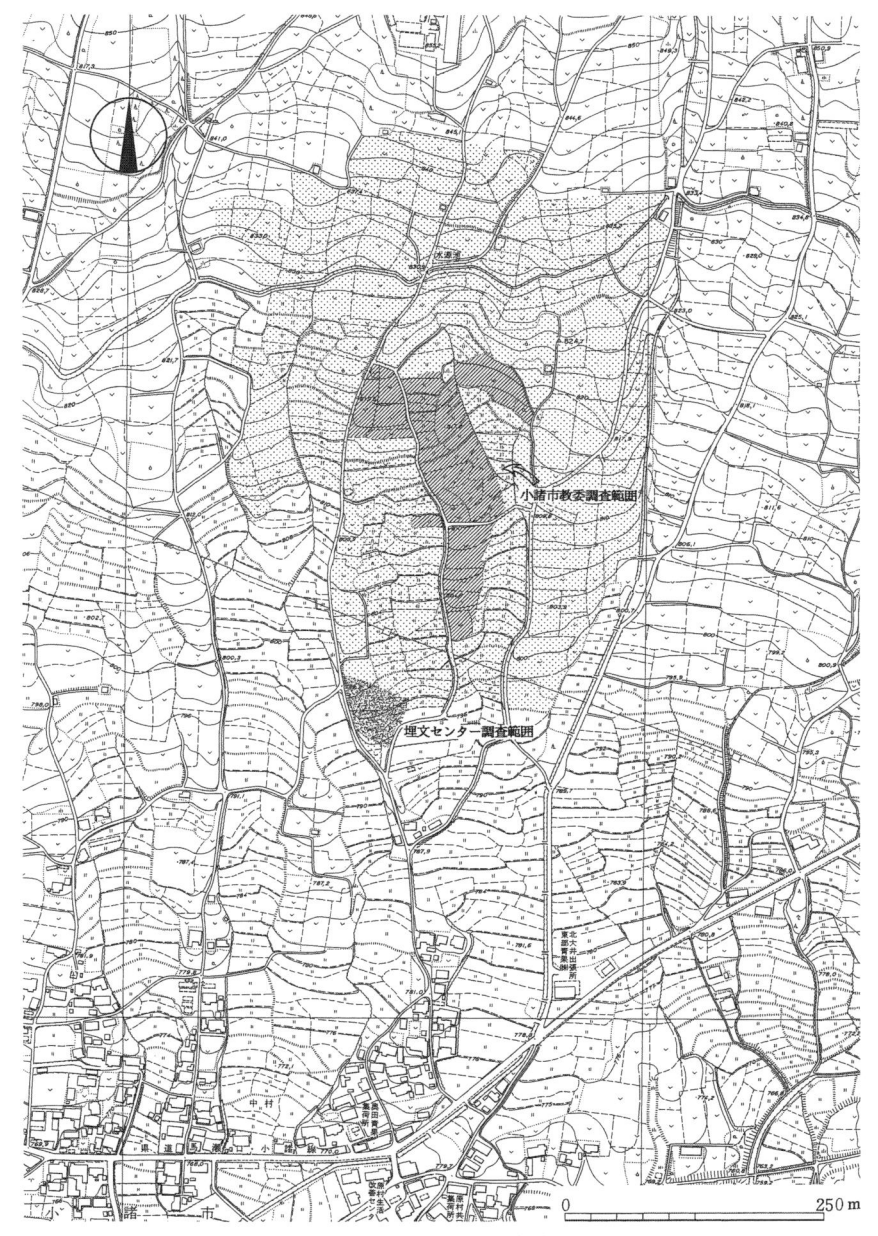

図2　石神遺跡の調査範囲

図3　石神遺跡群と周辺遺跡

初頭、中期後葉〜後期前葉堀之内2式と継続する。住居は中期後葉加曽利E1式〜E4式が13棟、後期初頭の称名寺式では出入り部が認められた柄鏡形敷石住居2棟を含めて4棟、後期前葉堀之内1式では石列を伴い7棟の住居が確認された集落を含めて10棟以上検出されたが、堀之内2式では住居が確認されず、土坑1基検出のみであった。堀之内2式以降は後述の岩下遺跡に活動を移した可能性がある。

岩下遺跡は縄文前期初頭から中期初頭、中期後葉加曽利E2式〜後期中葉加曽利B1式と継続する。住居は縄文中期後葉加曽利E2式が1棟、E3式が3棟、加曽利E4式〜後期初頭称名寺式が2棟、称名寺式が2棟と中期後葉〜後期初頭は住居の配置が1、2棟程度と散在傾向にあるが、堀之内1式、2式で集落規模が拡大し、斜面をカットして設置した石列をもつ住居群が形成される（図4）。石列では石棺墓、土壙墓が群在する。石列をもつ集落について三田原遺跡群は堀之内1式、岩下遺跡は堀之内1式、2式と継続する期間に差はあるが、斜面を開発して環状集落が展開すること、石列の配置、堀之内1式の住居の形状やサイズで両遺跡は共通する。岩下遺跡では後続する加曽利B1式で土坑群が検出されるが、住居は検出されず、それ以降の縄文時代における活動痕跡は確認されない。

縄文後期前葉〜中葉に関して石神遺跡、三田原遺跡群、岩下遺跡の住居群を比較すると、堀之内1式では石神遺跡で住居が3棟あり、三田原遺跡群、岩下遺跡では集落が展開する。堀之内2式では石神遺跡で住居が5棟あり、岩下遺跡では集落が展開する。三田原遺跡群は土坑1基のみで、堀之内2式以降の住居は途絶える。加曽利B1式では石神遺跡で加曽利B1式主体の住居が4棟あるが、岩下遺跡は土坑群があるものの、加曽利B1式以降の住居は途絶える。三田原遺跡群、岩下遺跡の集落規模は堀之内1式では石神遺跡より大きいが、石神遺跡では堀之内1式、2式以降も比較的近い範囲で2、3棟の住居が散在しながら、晩期中葉までは居住域として利用される。

石神遺跡では縄文後期を中心とする土壙墓5基、石棺墓21基が検出された。考古学として時期が明確なものでは、3号土壙墓が加曽利B1式、5号土壙墓が後期末か晩期初頭、石棺墓では堀之内1式の時期がSX13、14、17、堀之内2式でSX2、7、加曽利B1式でSX15、19となる。時期不明のものの多くは後

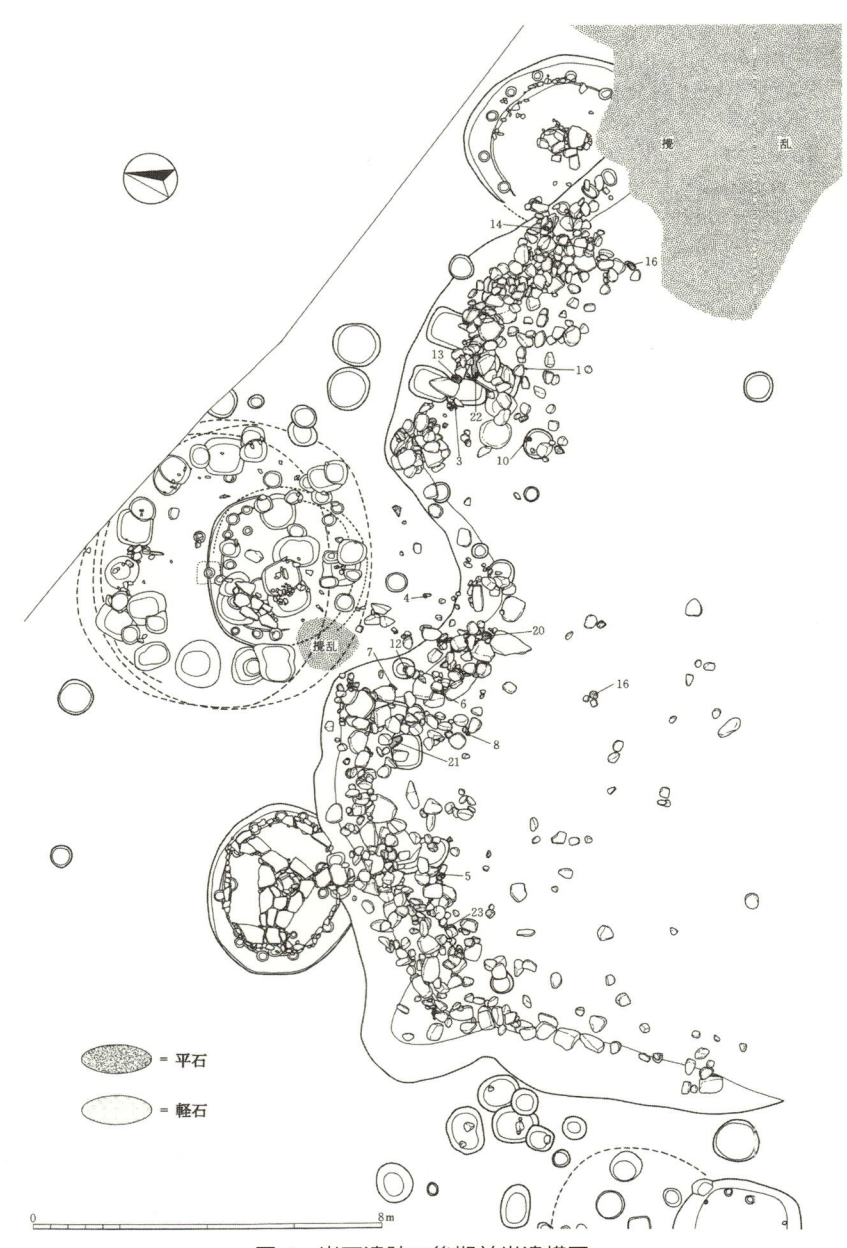

図4　岩下遺跡の後期前半遺構図

= 平石

= 軽石

期前葉〜中葉と考えられるが、中部高地では石棺墓が晩期後葉浮線文土器群前半までは継続するため、一部晩期に下る可能性がある。

　埋葬については、石棺墓SX2、7で頭部に堀之内2式の浅鉢を被せた例がある。人骨は石棺墓では堀之内2式のSX7で、SX7、時期不明のSX3、土壙墓では後期とされる2号土壙墓、堀之内2式〜加曽利B1式の3号土壙墓、後期末〜晩期初頭の5号土壙墓、時期不明の1号土壙墓で出土し、SX7での2体出土例を含め、計8体出土する。年代測定の結果、2号土壙墓出土人骨はおおむね3300年BP（未較正）の数値が得られているが、報告は別途行う。

　人骨の内、抜歯をもつ事例は加曽利B1式とされる3号土壙墓の壮年男性で上顎側切歯、犬歯の左右対称の抜去と後期末〜晩期初頭の5号土壙墓の壮年男性で上顎犬歯、小臼歯が左右対称、下顎小臼歯が抜去される例がある。

　石神遺跡では縄文時代後晩期の墓址が土壙墓、石棺墓として確認されたが、石神遺跡から5km以内の範囲で所在する小諸市七五三掛遺跡では、崖面の隣り合う2ヶ所の洞穴から砂利採石作業中に縄文時代後晩期〜弥生時代前期と推定される8体以上の人骨が獣骨片、カワシンジュガイ片とともに灰層から出土した。発見時は事件性の確認から長野県警察による捜査も行われ、結果、中近世人骨の流れ込みと見込まれていたのだが、当時、野沢南高校教諭の田中和彦が抜歯人骨を確認し、縄文墓制や抜歯などから派生する問題を的確にまとめた（図5、田中2003）。抜歯人骨は7体を数える。田中らが骨3点の年代測定を行い、未較正で鹿角が3,880±250BP、ヒト椎骨で3,240±130BP、ヒト上腕骨で2,320±100BPと縄文後期後半〜弥生前期相当の測定値が得られている。ただ、新たに人骨の年代測定を行ったところ、一部に1,600〜1,700年BPと古墳前中期に推定される人骨を含むものの、多くが2,500〜2,400年BP（未較正）と縄文晩期後葉氷I式〜弥生前期氷II式頃の年代となった。別途正式報告を行うが、おもに晩期後葉〜弥生前期の時期に洞穴が墓制・葬制で利用されたようだ。

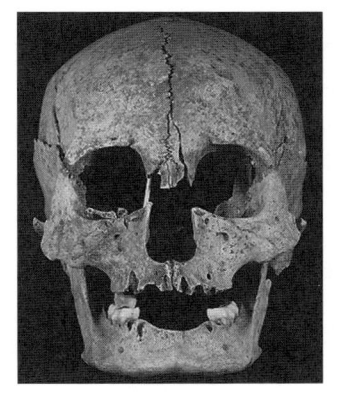

図5　七五三掛遺跡出土の
A-2号頭蓋（田中2003）

図6　保地遺跡の人骨出土状況（塩入ほか 2002）

　石神遺跡群や七五三掛遺跡の墓址を考える上で比較すべきなのが、同じ千曲川流域の長野県坂城町保地遺跡の6号墓址・1号墓址の「多数人骨集骨葬」の例だ。保地遺跡6号墓址と1号墓址は同じ位置に重なりあう。下の6号下部から熟年男女2体（人骨 AB）の一次埋葬→6号上部で11体以上（人骨C〜N）の再葬→配石→1号で3体以上の再葬という順序で埋葬が行われ、さらに3体の再葬の2号墓址に切られる（図6）。6号墓址・1号墓址の出土土器の多くは破片で、後期前葉堀之内2式が多いが、後期中葉加曽利B1式〜後期末、晩期前半も含む。6号墓址・1号墓址の時期を報告では堀之内2式に位置づけているが、集落との関係性や人骨の抜歯から「縄文後期後半〜晩期前半」や「晩期前葉の「6号墓址」から晩期中葉の「1号墓址」」の時期変遷の案が提案されている（設楽 2008、鈴木 2017）。なお、別途報告を行うが、年代測定では6号墓址・1号墓址出土人骨は全体的に 3,200〜3,000 年BP（未較正）の範囲にまとまり、縄文後期後葉〜晩期初頭頃の人骨の可能性が高い。

　6号墓址下層では熟年男性のA人骨、熟年女性のB人骨が埋葬され、切合関係からA人骨の埋葬が最も古くなるが、A人骨は上顎骨の両側の犬歯と右の第一小臼歯（左側の第一小臼歯は欠失）、下顎骨は両側の犬歯、第一小臼歯が抜歯

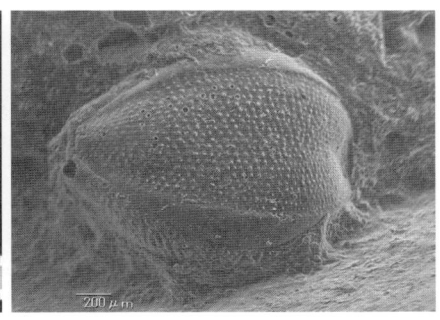

図7　氷Ⅰ式土器とアワ圧痕電顕写真

され、Ｂ人骨は下顎の右側の第2切歯と犬歯、左は犬歯が抜歯される。長野県安曇野市北村遺跡では堀之内2式主体で加曽利B1式が下限となる墓址から出土した119個体の人骨に確実な抜歯が確認されなかった状況を踏まえると、Ａ人骨が縄文後期後葉以降となる蓋然性が高い。

　石神遺跡群と保地遺跡の墓址遺構は同じ千曲川流域であるが、時期が重なる縄文後期後葉以降で墓制・葬制が異なる。七五三掛遺跡は縄文晩期後葉を中心に洞穴を利用した埋葬が行われたが、一方で千曲川中流域の長野県長野市宮崎遺跡ではおおむね縄文晩期後葉の範囲内で5号、4号、3号土壙墓が切り合う。切り合いは5号、4号、3号土壙墓の順に新しく、出土した人骨の年代測定でも未較正で5号人骨が2,524±23BP、4号人骨が2,596±23BP、3号人骨が2,722±22BPの値が得られている（中沢ほか2019）。宮崎遺跡例は土壙墓で、5号土壙墓の5号人骨はサメ椎骨製耳飾を装着した状態で埋葬されているが、再葬に向けた1次葬の可能性もある。洞穴と土壙墓で形態は異なるが、いずれも再葬処理を含めた墓制の可能性を比較検討したい。

　石神遺跡では住居は晩期中葉佐野Ⅱ式まで、遺物は縄文晩期後葉氷Ⅰ式〜弥生前期氷Ⅱ式まで確認される。遺跡での活動は現時点のデータでは晩期後葉浮線文土器群以降は小規模化するように見えるが、遺跡の他地点で集落が継続、展開する可能性もある。小諸市内ではレプリカ法分析において氷Ⅰ遺跡で氷Ⅰ式期にアワ、キビ圧痕が確認され（図7）、縄文晩期後葉に新たな生業としてアワ、キビの畠栽培を導入している。石神遺跡、三田原遺跡群、岩下遺跡、七五三掛遺跡が千曲川右岸に位置するが、中部高地の縄文晩期後葉〜弥生前期

土器型式の氷Ⅰ式、氷Ⅱ式の標識遺跡である同市氷遺跡は千曲川左岸に位置し、石神遺跡との距離はおおむね 10 km である。氷遺跡は小規模段丘北縁の傾斜地に立地し、斜面地から 1 次調査で土器「1000 個体以上」、2 次調査で 4500点と、縄文晩期後葉～弥生時代前期土器群が多量に出土した。集落関係遺構は確認されていないが、おそらく段丘上の平坦部に展開していたものと考えられる。中部高地では縄文晩期後葉浮線文土器期に丘陵・段丘や山麓などの立地が選択され、また微高地で集落域、湿地部の斜面域が廃棄域で構成されるという指摘がある。また、遺跡の継続期間で浮線文土器群～弥生中期初頭と比較的短い幅の遺跡が増えるという指摘もある。氷遺跡は縄文後期の断片的な資料は出土するが、明らかにこれらの指摘に該当する遺跡だ。石神遺跡のように長期継続型遺跡で遺構が縄文晩期中葉までしか確認できない遺跡との関係性が課題である。筆者は、浮線文土器群～弥生中期初頭に丘陵などの立地選択や当該期の時間幅の小規模な遺跡の増加は認め、丘陵などの立地選択に新たな生業である畠によるアワ、キビ栽培の導入の結果を想定する。しかし、当該期の時間幅とされる遺跡の中には、長野県御社宮司遺跡、静岡県富士川西岸河岸段丘遺跡群山王遺跡Ｄ地区や後述する和泉Ａ遺跡など、縄文後晩期の長期型継続型遺跡おいて縄文時代晩期後葉～弥生時代中期初頭の時期の拠点が丘陵上に移る例もあり、石神遺跡群の集落がいつ終わりを迎えたかの判断は慎重に行いたいと考えている。

2. 新潟県上越市籠峰遺跡・和泉Ａ遺跡とその周辺

　新潟県上越市中郷区は新潟県南西部の上越地方南部に位置する（図8）。妙高山麓部には縄文の大規模遺跡が数多く所在するが、籠峰遺跡及び和泉Ａ遺跡はともにその代表例である。両遺跡は隣接し、遺跡の連続時期や位置関係から一体的な遺跡と理解される。両遺跡の標高は 330～340 m である。籠峰遺跡から約 2 km の範囲で学史的に著名な縄文後期後葉～晩期中葉を主体とする妙高市葎生遺跡が所在する。約 5 km の範囲で「石棺状配石」4 基検出、佐野Ⅱ式新段階がまとまり、編年研究の基準資料になっている上越市奥の城西峯遺跡や「石棺状配石」1 基検出の二本木西林遺跡、縄文時代晩期後葉女鳥羽川式の土器棺墓が検出された上越市前原遺跡が所在する（図9）。

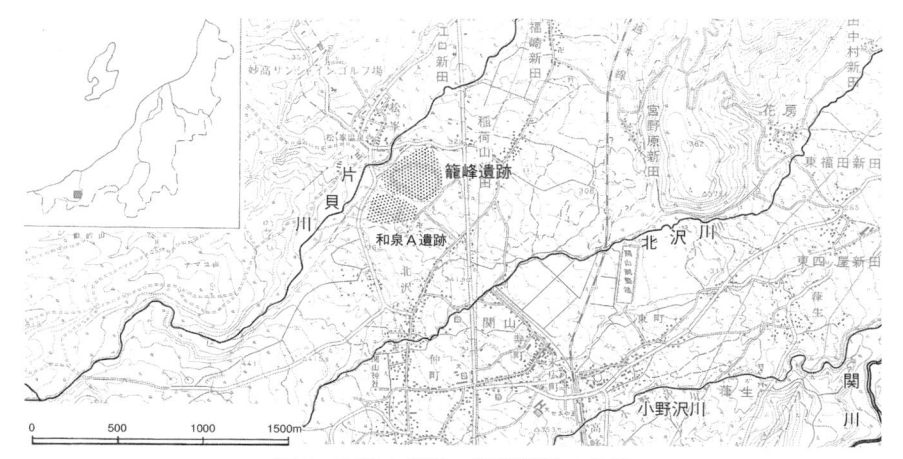

図8　和泉Ａ遺跡・籠峰遺跡の位置

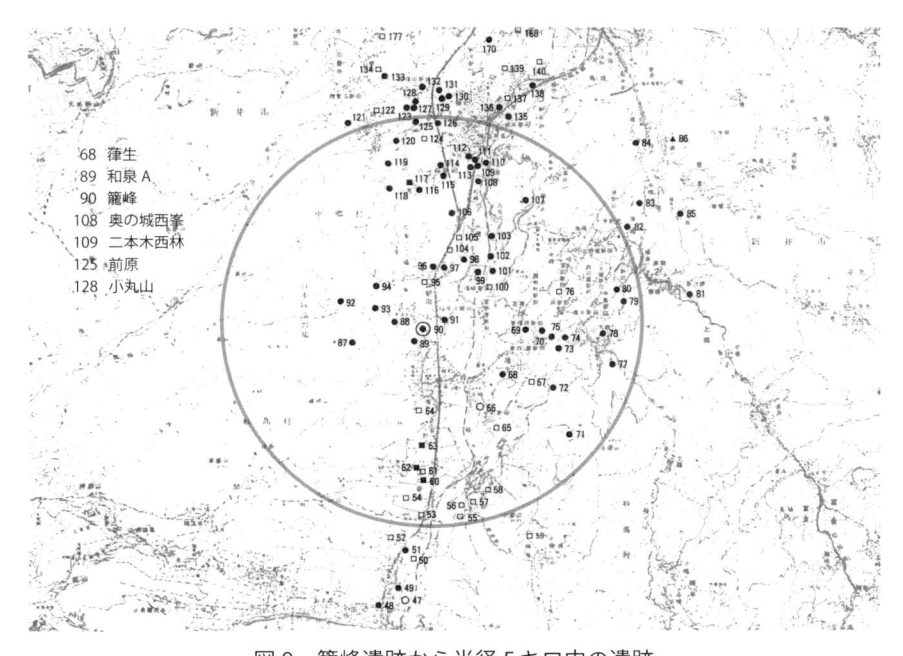

68　莇生
89　和泉Ａ
90　籠峰
108　奥の城西峯
109　二本木西林
125　前原
128　小丸山

図9　籠峰遺跡から半径５キロ内の遺跡

妙高山麓の縄文遺跡は妙高火山の火山活動との関係が不可分である。田口岩屑流堆積層（約8000年前）の下層から草創期、早期が確認され、赤倉火砕流（AK-p）（約5300年前）の下層から前期中葉有尾式が確認され、大田切火砕流（OT-p）（約4200年前）は中期後葉〜後期初頭の時期と考えられる。大田切火砕流堆積層より上層に縄文後期の遺跡が形成される。大田切火砕流の影響であろうか、縄文後期前葉で妙高山麓部の遺跡が少なめになるが、後期後葉〜晩期になると籠峰遺跡などで遺跡の規模が拡充する。

　籠峰遺跡は1983〜1986年に調査が行われた。大田切川火砕堆積物の上位に展開する縄文後期中葉〜晩期後葉の長期継続型遺跡である。遺構は「石棺状配石」約80基、竪穴建物跡9棟、柱穴列35基以上、埋設土器27基が検出された。遺物は石鏃1,115点、石錐234点、磨製石斧508点、打製石斧508点、土偶133点、土製耳飾1,089点、石冠66点などが出土した（野村ほか1996・2000）。籠峰遺跡で大田切火砕流上層での展開は縄文後期中葉加曽利B2式以降に集落が確認される。住居はHI19区で縄文後期中葉の4棟、HI14・15区で縄文後期後葉〜晩期前葉の5棟の2つのグループに分けられるが、住居の切り合いは少ないが、遺物が時期幅をもち、細かい時期比定が難しい。柱穴列は35棟復元され、中央の遺構空白部に長軸方向が向くとの指摘がある。「石棺状遺構」はHI15・I16区・K15区と3ヶ所に集中した

　和泉A遺跡は1992〜1994年に調査が行われ、縄文中期末〜後期初頭の大田切川火砕流堆積物層を間層とし、その下層で縄文前期末〜中期初頭の遺構・遺物、上層から縄文晩期後葉〜弥生中期初頭の土器1,300箱、石器2,488点、掘立柱建物址5棟、土坑13基、ピット50基、集石土坑1基、遺物集中地点14などが検出された（荒川ほか1999）。遺物集中地点は14のブロックごとに主体となる時期を異にし（図10）、上越地方の該期土器研究の基礎資料となる。

　和泉A遺跡、籠峰遺跡は遺跡の連続性や遺構などの位置関係から一体的な遺跡であり、和泉A遺跡の地区がその縄文前期末〜中期初頭、晩期後葉〜弥生中期初頭の拠点であったと考えられる。籠峰遺跡では晩期後葉〜弥生中期初頭の遺構は判然としないが、和泉A遺跡では掘立柱建物址が5棟検出されている（図11）。型式レベルの時期の絞り込みは難しいが、該期の遺構と考えるべきだろう。調査所見ではこのほかにもピット群から掘立柱建物に復元できる可能性も

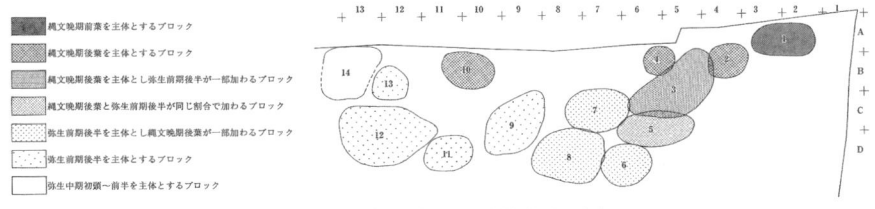

図 10 　和泉Ａ遺跡の遺物集中地点

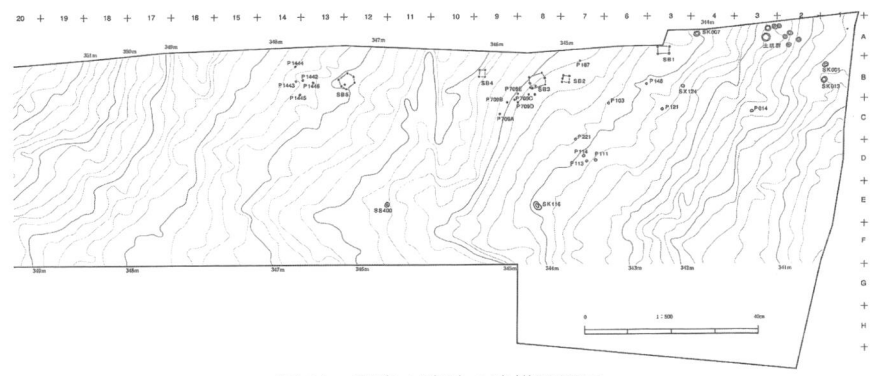

図 11 　和泉Ａ遺跡の遺構配置図

指摘されており、まず和泉Ａ遺跡は集落遺跡と考えるべきだろう。和泉Ａ遺跡では時期を違えた 14 ブロックの遺物集中地点が弧状に分布するが、5 棟の掘立柱建物はその内側に位置する。掘立柱建物の集落域と遺物集中地点の廃棄域は隣接するが、分離する。斜面地の高位が集落域、低位が廃棄域となり、集落域と廃棄域が分離される状況は中部高地と一致するが、斜面地を一体的に利用する点が異なる。

　和泉Ａ遺跡上層出土の縄文晩期〜弥生中期初頭土器を対象に種実圧痕をレプリカ法で調査し、大陸系穀物では縄文晩期後葉氷Ⅰ式古段階でアワ 1 点（図 12）、アワ？ 3 点、氷Ⅰ式新段階でアワ 2 点、氷Ⅰ式新段階〜弥生前期氷Ⅱ式・緒立式でアワ 2 点、キビ 2 点、氷Ⅱ式・緒立 1 式でアワ 25 点、キビ 10 点、イネ（？） 3 点、時期不明でアワ 2 点、キビ 2 点を確認した。弥生前期の籾類似圧痕 3 点については顆粒状突起をもつ穎が確認されず、イネに絞り込めなかった。

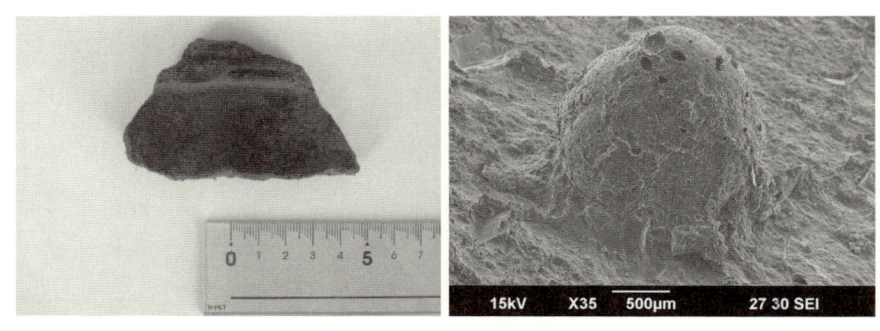

図12　和泉Ａ遺跡出土浮線文土器とのアワ圧痕電顕写真

　和泉Ａ遺跡上層では磨石・凹石83点、石皿3点が出土する。縄文晩期〜弥生中期初頭のある段階まで堅果類利用の伝統的な生業が積極的に行われていたのだろう。それに少なくとも氷Ⅰ式古段階にはアワ・キビ栽培が加わった状況といえる。ただし、和泉Ａ遺跡・籠峰遺跡では畠などの生産遺構は検出されていないが、アワ・キビ栽培の畠は山麓斜面の和泉Ａ遺跡では弧状に掘立住居跡が位置する集落域の上位にあったと想定される。集落域の下位に廃棄域が位置するからだ。また仮に弥生前期に水田による稲作が導入されたとするならば、山麓部でも河道や湧水地の湿地利用の小規模水田を想定できるが、その検証は今後に期待したい。

3.　おわりに

　最後に縄文後晩期文化衰退説について触れる。学史的には坪井清足の「縄文文化論」に代表される。「縄文文化は後期以降それ自身の生産力の限界によって発展性を失い、停滞的な社会をいとなんでいった」「これにピリオドをうたせたのは、大陸よりあらたな水稲耕作の技術をともなって波及した金属文化であった」（坪井1962）とする。時代を反映し、唯物史観の影響を受けているが、後の縄文研究に大きな影響を与えた。ただ、坪井による「停滞的な社会」は、今日では「縄文社会の複雑化」の概念で整理されることが多い。

　中部高地では八ヶ岳山麓を中心に、縄文中期に遺跡数、住居数が増加する一方、後期以降にはそれらが減少する。後期以降の遺跡数、住居数の減少を「衰退」と評価されることがある。しかし、今回の分析で対象とした長野県東信地

方の石神遺跡群や新潟県上越地方の籠峰遺跡・和泉 A 遺跡では、遺跡群など
を単位にすると、集落は地点や遺跡を違えながらも縄文中期から晩期後葉、弥
生前期まで連続する。居住や資源管理などの要素では、居住域として一定の価
値があった区域と考えられる。筆者自身はかつて縄文中期の遺跡数、遺構数の
増加現象を「繁栄」という表現を用い、その意味を検討するシンポジウムを開
催したことはあるのだが、縄文後晩期を一概に「衰退」と評価する考えには違
和感を覚える。

　今日的な気候復元で縄文後晩期の寒冷化が指摘され、一定の動植物資源の変
化は想定できるが、生業についてしかるべき環境適応がなされたのだろう。そ
して、晩期後葉以降にイネ、アワ、キビなど大陸系穀物の栽培を従来からの伝
統的な生業サイクルに加え、緩やかに変化するのが実態と考えている。

引用・参考文献

石川日出志　2010『岩波新書　シリーズ日本の古代史①　農耕社会の成立』岩波書店

櫻井秀雄・宇賀神誠司ほか　2000『上信越自動車道埋蔵文化財発掘調査報告書 19
　　小諸市内 3：三子塚遺跡群、三田原遺跡群、岩下遺跡、石神遺跡群、郷土遺跡、
　　東丸山遺跡、西丸山遺跡、深沢遺跡群』財団法人長野県文化振興事業団長野
　　県埋蔵文化財センター

塩入秀敏・助川朋広・斎藤達也・米田　穣・百瀬長秀・茂原信生ほか　2002『金
　　井遺跡群　保地遺跡Ⅱ』坂城町教育委員会

設楽博己　2006「弥生時代改訂年代と気候変動―SAKAGUCHI 1982 論文の再評価
　　―」『駒沢史学』第 67 号、駒沢史学会、pp.129-154

設楽博己　2008『弥生再葬墓と社会』塙書房

鈴木正博　2017「先史墓場とピコ太郎―「積葬墓」の風習―」『利根川』39、利根
　　川同人

田中和彦　2003「長野県七五三掛遺跡出土の縄文時代人骨」『人類学雑誌』第 111
　　巻 1 号、日本人類学会、pp.69-85

坪井清足　1962「縄文文化論」『岩波講座　日本歴史 1 原始および古代（1）』岩波
　　書店、pp.108-138

中沢道彦　1998　「縄文文化の終焉」『御代田町歴史編上』御代田町誌刊行会、
　　pp.158-191

中沢道彦　2012「氷Ⅰ式期におけるアワ・キビ栽培に関する試論」『古代』128、
　　早稲田大学考古学会、pp.71-94

中沢道彦　2013「レプリカ法による静岡県富士市山王遺跡出土土器の種実圧痕の調査と派生する問題」『東海縄文論集』東海縄文研究会、pp.69-77

中沢道彦　2014『日本海学研究叢書　先史時代の初期農耕を考える―レプリカ法の実践から―』富山県観光・地域振興局国際・日本海政策課

中沢道彦　2016「佐久の縄文晩期」『佐久考古通信　特集：佐久の縄文時代』No.114、佐久考古学会

中沢道彦　2017「長期継続型遺跡における初期農耕の導入の一事例―新潟県上越市和泉A遺跡・籠峰遺跡―」『二十一世紀考古学の現在』六一書房

中沢道彦・大森貴之・尾嵜大真・米田　穣　2019「長野市宮崎遺跡出土人骨の年代と派生する問題」『長野市立博物館紀要』第20号、長野市立博物館、pp.1-14

永峯光一　1955「千曲川沿岸地方における晩期縄文式土器に就いて」『石器時代』第1号、石器時代文化研究会、pp.23-33

野村忠司ほか　1996『籠峰遺跡発掘調査報告書I』新潟県中郷村教育委員会

野村忠司・渡邊朋和・荒川隆史ほか　2000『籠峰遺跡発掘調査報告書II』新潟県中郷村教育委員会

花岡　弘・綿田弘実・西沢寿晃・角張淳一・金子浩昌　1994『石神遺跡群　石神』小諸市教育委員会

百瀬長秀　1994「浮線文期遺跡分布論」『中部高地の考古学IV』長野県考古学会、pp.165-200

綿田弘実　2016「佐久の縄文後期」『佐久考古通信　特集：佐久の縄文時代』No.114、佐久考古学会

西日本における地域社会の構造

東海地方の集落と遺跡群

川添 和暁

はじめに

　東海地方でもその西部地域は、後期以降、確認される遺跡数が多くなる。海岸部では、貝塚が集中しており、とくに縄文時代晩期の研究においては、良好な資料に恵まれた地域といえる。

　今回は、その中でも、豊川下流域を中心に遺跡の動態を概観し、以前分析を行った尾張地域の低地帯と比較して、当地域における後晩期遺跡の特徴と変遷について概略を述べていきたい。

　なお、土器型式に関しては、尾張と三河地域で異なる土器型式が設定されている場合がある。本稿での土器型式の対応関係は、表1のようにしておく。

1. 尾張低地帯における様相

　筆者は、以前に濃尾平野といわれる沖積低地と犬山扇状地および周辺の低

表1　縄文時代後晩期　土器型式と時期区分の対応表

時期区分	中期末	後期初頭	後期前葉			後期中葉			後期後葉			晩期初頭	晩期前葉			晩期中葉	晩期後葉			晩期末	弥生前期	
土器型式	山ノ神式・吉野C式	中津・称名寺式	福田K2式・堀之内1式古併行	堀之内1新〜2式併行	天子神社／下内田段階	八王子式(八王子1式)	西北出式(八王子2式)	蜆塚KII式(蜆塚III)	元住吉山II式併行	宮滝式併行	寺津下層式・伊川津式	下別所式	寺津式・吉胡B1式	元刈谷式・保美II式	又木式・雷II式	桜井式・稲荷山式	西之山式	五貫森式(古)	五貫森式(新)	馬見塚式	樫王式	水神平式
土器群名			縁帯文土器			一乗寺K・元住吉山I		凹線文土器				半截竹管文系条痕土器(晩期前半)				突帯文土器(晩期後半)				条痕文土器		

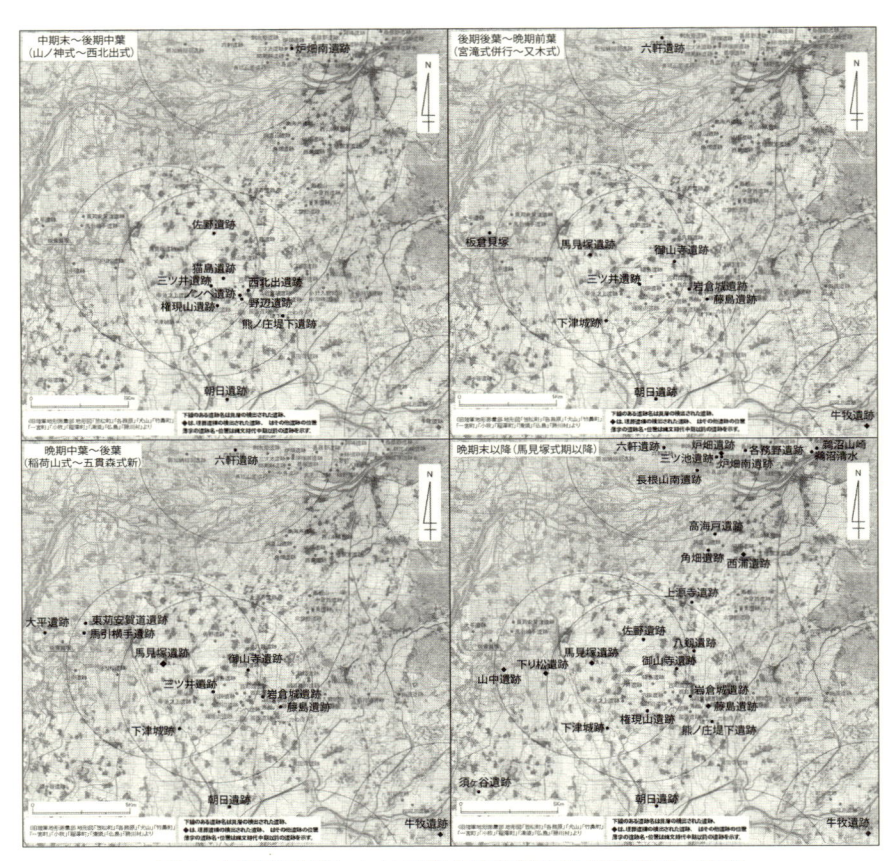

図1　尾張低地帯における縄文時代後晩期 遺跡形成の変遷

位・中位段丘に展開する遺跡群を取り上げたことがある（川添編2013）。ここ
では、その成果をごく簡単に示して、豊川下流域との異同についての比較資料
とする（図1）。

　低地帯の東側に展開する犬山扇状地および段丘面では、大口町北蒼地遺跡を
はじめとして縄文時代早期前半以降中期後半までの集落および活動痕跡が知ら
れている。このころは、気候温暖化による縄文海進により濃尾平野西側は海域
であった頃にあたり、ハマグリ・マガキなど鹹水産貝種で構成される岐阜県海
津市庭田貝塚の存在は、そのことを端的に示すものである。

　寒冷化による海退により、中期以降、低地帯には、河川と自然堤防・後背湿

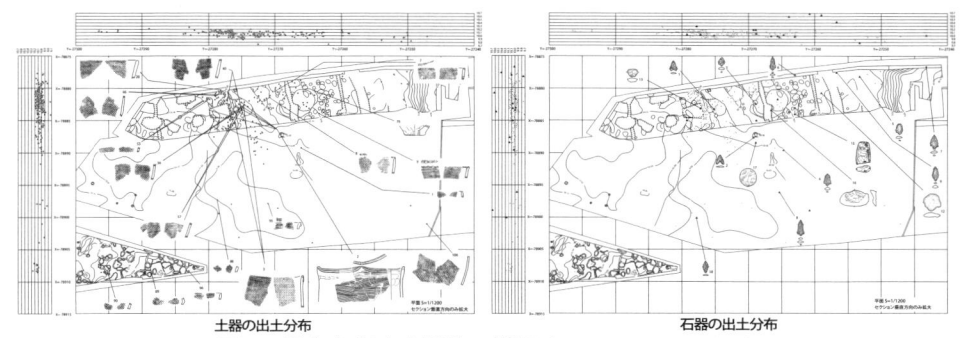

土器の出土分布　　　　　　　　　　　　　　石器の出土分布

図2　岩倉市 御山寺遺跡の様相（石黒編 2011 より改変）

地からなる沖積低地が形成される。濃尾平野は東側から続く犬山扇状地や丘陵側の傾斜が緩い。尾張低地帯東側の犬山扇状地と沖積低地の境では湧水があったため、この地点での遺跡形成がとくに盛んであった。

　一宮市佐野遺跡では中期後半の中富Ⅰ・Ⅱ式以降や、清須市ほか朝日遺跡では縄文時代中期末・山ノ神式期からの活動痕跡が知られている。また、北名古屋市の熊ノ庄堤下遺跡では、中期末の竪穴建物跡が調査されている。

　中津・称名寺式期の岩倉市権現山遺跡や堀之内2式併行期以前までの朝日遺跡や一宮市三ツ井遺跡など、後期前葉までの活動痕跡が確認された遺跡では、竪穴建物跡や貯蔵穴、大きな棒状礫の持ち込みや、磨石敲石類・石皿台石類も出土しており、いずれも集落遺跡であると考えられる。尾張低地帯では後期中葉八王子式期の遺跡はよく分からないものの、西北出式期以降、再び活動痕跡が認められるようになる。しかしこの時期に形成された遺跡の性格は明確ではない。

　晩期前葉の雷Ⅱ式・元刈谷式併行期（又木式か）では、一宮市馬見塚遺跡のように多量の遺物・炭化物などを含む黒色の包含層形成が始まると同時に、岩倉市御山寺遺跡のように少量の土器と石器のみが出土する散発的な遺跡が認められるようになる（図2）。この傾向は、後期後葉の宮滝式併行期から始まる可能性もあるが、晩期中葉の稲荷山式期以降、後葉の突帯文土器の時期にとくに顕著となるようである。馬見塚遺跡と同様の傾向を示す遺跡には、岐阜県各務原市の六軒遺跡や名古屋市守山区の牛牧遺跡などがあり、牛牧遺跡では、包含層中からの50基以上の土器棺墓群のほか、地山面では竪穴建物跡1棟を検出

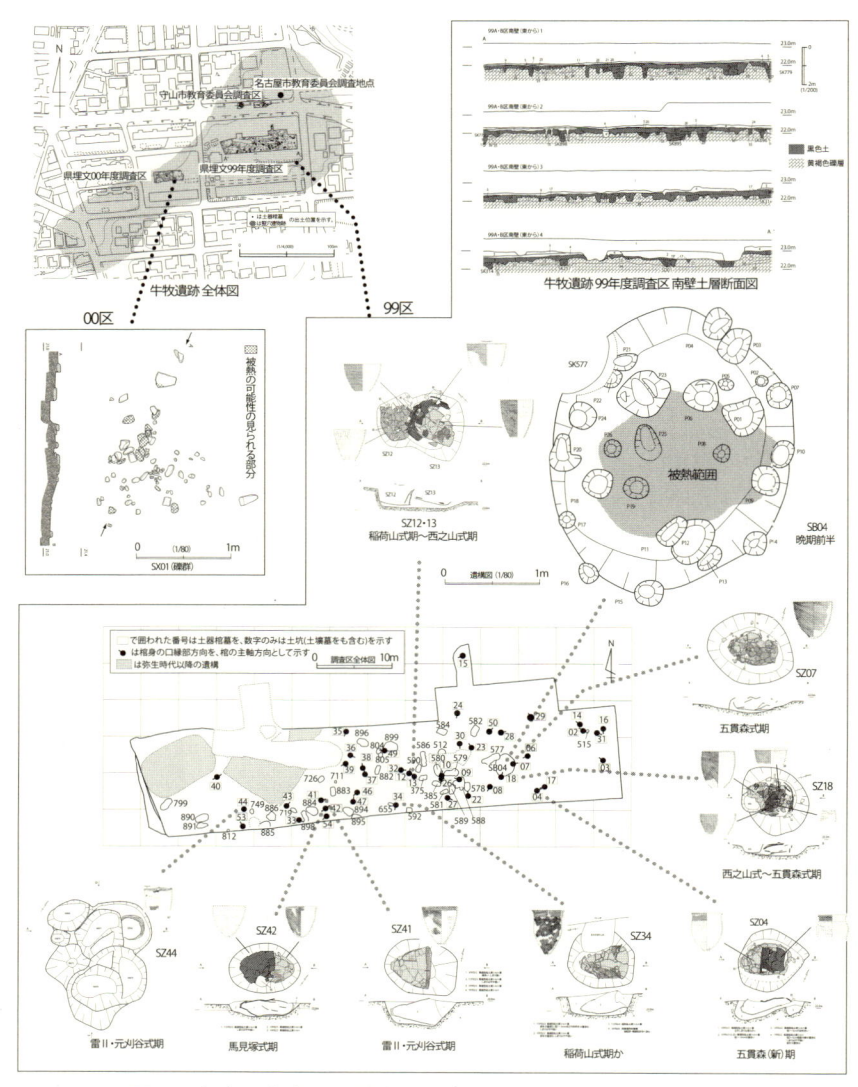

図3 名古屋市守山区 牛牧遺跡の様相（川添編 2011 より改変）

している（図3）。六軒遺跡と牛牧遺跡はともに馬見塚遺跡からそれぞれ別方向に直線距離にして約20kmの位置に所在する。馬見塚遺跡と牛牧遺跡との中間地点である岩倉市域には散発的な遺跡がまとまることから、この周辺にかつては馬見塚遺跡のような遺跡があったとしても不思議ではない。

ただし、このような構造は、縄文時代晩期末の馬見塚式期以降、変化が生じたようである。晩期末以降、遺跡数は多くなるものの、小規模なものばかりになる。いわば散在化の傾向が強くなるといえる。

2. 豊川下流域における様相

豊川下流域は、現在の豊川両岸を中心とした沖積低地の周囲を取り囲むように低位段丘が迫っており、牟呂地域では段丘が海側に向かって張り出している場所もある。当地も、縄文海進以降の寒冷化による海退後、縄文時代後晩期さらに弥生時代前期にかけての活動変遷を、沖積低地を含めた各所で追うことができる、絶好のエリアである。

後期初頭の中津・称名寺式期以降には、小浜貝塚のように、より低位の段丘上でも活動痕跡が認められる。土器・石器の出土のほか、貝層を構成する貝種が多様であることが報告されている。蒲郡市の形原遺跡では、堀之内2式併行期中心のスガイなどを主体とする貝層が見つかっている。調査では、完形土器などの多くの遺物が採集された。また、現海岸線から2km内陸に入った、現標高20mほどの丘陵上にある豊川市葉善寺遺跡ではハマグリを主体とする貝層が見つかっている。この遺跡からは、中期後半の神明・取組式と、後期堀之内2式併行期から八王子式の土器片が採集されており、貝層は後期の可能性が高いとされている。

この地域で、活動が活発化するのは、後期中葉の西北出式期以降で、後期後葉の宮滝式期併行期からは、より顕著となる。

現豊川右岸（北岸）では、保美Ⅱ式など晩期前葉から遺跡形成が認められる。低位段丘上では豊川市の菟足神社貝塚が、沖積低地の自然堤防上でも豊橋市の大蚊里貝塚で活動が顕著になる。両遺跡とも、多量の土器・石器とともに、石棒石刀類や土偶、石製玉などが出土し、大蚊里貝塚では埋葬遺構も確認されている。これら2遺跡とは突帯文土器前半期で重なるように、低位段丘上では豊

（旧陸軍地形測量部 地形図「深溝村」「蒲郡」「御油」「言祥山」
「幡豆村」「仏島」「豊橋」「石巻山」「姫島」「老津」「二川」より）
下線のある遺跡名は貝層の検出された遺跡、
◆は、埋葬遺構の検出された遺跡、●はその他遺跡の位置
薄字の遺跡名・位置は縄文時代中期以前の遺跡を示す。

図4 豊川下流域における縄文時代後晩期遺跡位置図

川市平井稲荷山貝塚においても遺跡形成がはじまる。この遺跡は、晩期中葉の
稲荷山式期から始まり弥生時代前期条痕文期まで続き、土器・石器をはじめ、
土偶や石棒石刀類が出土し、50体以上の埋葬人骨が確認された上、炉跡も見
つかっている。また、沖積低地上では、大蚊里貝塚にかわって、五貫森貝塚の

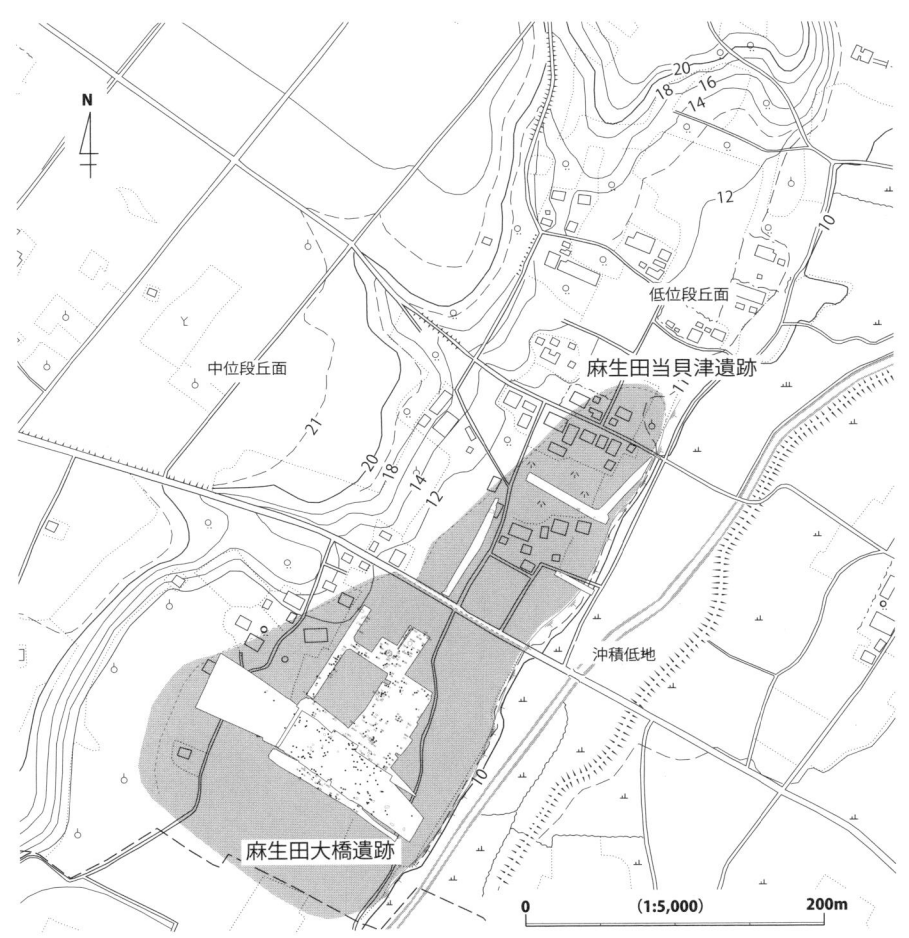

図5 豊川市麻生田大橋遺跡・当貝津遺跡の様相1（中村2005より）

形成が始まる。この遺跡では、五貫森式新段階以降条痕文期に入る前までと、形成期間は短いものの、土器・石器のほか、土偶や環状石斧・骨角製垂飾も出土している。

　現豊川市・豊橋市境付近では、低位段丘上に白石遺跡が展開する。この遺跡は、低位段丘南端の良好な場所に位置するためか、後期初頭から弥生時代にかけて継続した土地利用がなされている。そのなかでも主体は晩期前半以降で、石鏃や石鏃製作関連の剝片石核類を多く出土する遺跡として知られている。次

表2　豊川下流域における縄文時代後晩期遺跡一覧（1）

遺跡名	所在地	立地	出土土器																		
			山ノ神式・吉野C式	中津・称名寺式併行期	福田K2式・堀之内1式併行	天子神社式・下内田式段階	八王子式	西北出式	蜆塚KⅡ式	元住吉山Ⅱ式併行	宮滝式併行	寺津下層式・伊川津式	下別所式	寺津式・吉胡B1式	又木式・元刈谷式・保美Ⅱ式	稲荷山式・桜井式	西之山式	五貫森式古	五貫森式新	馬見塚式	樫王式以降
マガン寺遺跡	豊川市															?	?	?	?	?	?
麻生田当貝津遺跡	豊川市	低位段丘面														●	●	●	●	●	●
麻生田大橋遺跡	豊川市	低位段丘面														●	●	●	●	●	●
																●	●	●	●	●	●
郷中遺跡	豊川市	低位段丘														○	●	●	●	●	●
葉善寺遺跡	豊川市	中位段丘	○		●	●															
是区田・川向遺跡	豊川市	低位段丘					○	○				○									
林田遺跡	豊川市	低位段丘																·	·	·	·
河原田B遺跡	豊川市	低位段丘																			
玉川変電所遺跡	豊橋市	豊橋上位面			○												●	●	●	●	●
白石遺跡	豊川市	豊橋上位面					○		○	○		○	○	○	○	○	○	○			○
樫王遺跡	豊川市	低位段丘																			●
菟足神社遺跡	豊川市	低位段丘														○	○				
平井稲荷山貝塚	豊川市	低位段丘														○					
																●	●				●
																●	●	●			●
																●	●	●	●		●
五貫森貝塚	豊橋市	自然堤防上																		●	●
大蚊里貝塚	豊橋市	自然堤防上										●	●	●	●						○
												●	●	●	●	●				●	●
坂津寺貝塚	豊橋市	低位段丘端	○	○														·	·	·	·
若宮（前畑）遺跡	豊橋市	低位段丘端													●			·	·	·	·

石器／骨角器	土製品・石製品／骨角製品・貝製品	検出遺構	文献
石鏃			牧野ほか 1967
	みみずく土偶		久永 1939
打製石斧・磨製石斧・台石	石棒石刀	土器棺墓	前田 2003 中村 2005
石鏃・石錐・打製石斧・礫石器・磨製石斧（製品 1548 点、製作途上品 630 点以上）・磨石敲石類・石皿台石類・砥石	土偶・環状土製品・石棒石刀・独鈷石・石冠・多頭石斧・環状石斧・岩偶岩版類・石製玉	土器棺墓 102 基・袋状土坑・土坑	安井編 1991
石鏃・石錐・打製石斧・礫石器・磨製石斧（3475 点）・磨石敲石類・石皿台石類・砥石	土偶・土製垂飾・環状土製品・石棒石刀・独鈷石・石冠・多頭石斧・環状石斧・石製玉	土器棺墓 133 基・袋状土坑・竪穴建物跡	前田 1993
石鏃・石錐・打製石斧・刃器・磨製石斧・磨石敲石類・石皿台石類	石棒石刀・御物石器	土坑 2（遺跡の主体は、調査区西側の微高地上）	前田ほか 1989
			前田 1996
	石棒		前田ほか 1987
			小笠原ほか 1990
石鏃・石斧			小笠原ほか 1990
石鏃・石錐・石匙・打製石斧・打欠石錘・有溝石錘	石棒	土器棺墓	岩瀬 1989
石鏃・石錐・打製石斧・磨製石斧・打欠石錘	土製垂飾・滑車形見飾り・石棒石刀・玉	溝（弥生前期）、ピット	贄編 1993
石鏃・打製石斧・磨製石斧・砥石	／貝輪（使用？）	溝状遺構・埋葬人骨 3・土器棺墓	紅村ほか 1976
石鏃・石匙・打製石斧・磨製石斧・切目石錘・磨石敲石類／点状刺突具	石製玉／ヘアピン・小動物肋骨製玉		清野 1969
石匙・磨製石斧	石製玉・土偶		加納ほか 2010
打製石斧・磨製石斧／点状刺突具（ヤス・鏃）・錐か	石棒石刀／弭形製品（角形）・貝輪	貝層	杉原・外山 1964
石鏃・石錐・打製石斧・磨製石斧・刃器／点状刺突具（ヤス・鏃・根挟み）・錐か	土偶・石棒石刀・御物石器	土器棺墓 2・土坑墓（埋葬人骨あり）5・石囲炉跡 1・焼土面 3・貝層	中村編 1992
石鏃・石錐・石匙・スクレイパー・打製石斧・磨製石斧／点状刺突具（ヤス・鏃・根挟み）・錐か	土偶・土冠・不明土製品・石棒石刀・多頭石斧・玉類／腰飾り（鹿角製）・弭形製品（角形）・鹿角製垂飾・装飾のある鹿角製品・牙製垂飾・貝輪	埋葬人骨 52・土器棺墓	清野 1949 清野 1969
石鏃・石錐・スクレイパー・打製石斧・磨製石斧・磨石敲石類・石皿台石類	環状耳飾り・石棒石刀	土器棺墓・土坑・生活面	中村ほか 2002
石鏃・打製石斧・磨製石斧／点状刺突具（ヤス・鏃）・釣針	土偶・不明土製品・環状石斧／垂飾・貝輪（製作＋使用）	土器棺墓 1・埋葬人骨 2・貝層	杉原・外山 1964 江坂 1957
石鏃・石錐・磨製石斧／点状刺突具類（鏃・根挟み）	土偶・石棒石刀	埋葬人骨 2・イヌの埋葬 1	杉原・外山 1964
石鏃・スクレイパー・打製石斧・磨製石斧・打欠石錘・磨石敲石類	土偶	土器棺墓 1（樫玉）・貝層	贄・岩原編 2003
剥片（黒曜石・チャート）・打欠石錘・敲石／錐・ヘラ？			小畑 2001
使用痕のある剥片・打製石斧・打欠石錘・切目石錘・砥石（敲石）		集石遺構	松本ほか 2014
石鏃・打製石斧・打欠石錘			伊藤・住吉ほか 1996

表2　豊川下流域における縄文時代後晩期遺跡一覧（2）

遺跡名	所在地	立地	出土土器																		
			山ノ神式・吉野C式	中津・称名寺式併行期	福田K2式・堀之内1式併行	天子神社式・下内田式段階	八王子式	西北出式	蜆塚KII式	元住吉山II式併行	宮滝式併行	寺津下層式・伊川津式	下別所式	寺津式・吉胡B1式	又木式・元刈谷式・保美II式	稲荷山式・桜井式	西之山式	五貫森式古	五貫森式新	馬見塚式	樫王式以降
内田貝塚	豊橋市	低位段丘端						●	●	●	●	●	●	●	●	●	●				
水神第1貝塚	豊橋市	低位段丘端													●	●	●	●	●		
水神第2貝塚	豊橋市	低位段丘端														○	●	●	●	●	●
水神遺跡	豊橋市	低位段丘端													●						
大海津遺跡	豊橋市	低位段丘端															●				
大西貝塚	豊橋市	低位段丘端									○			○		○	●	●	●	●	
さんまい貝塚	豊橋市	低位段丘端													●				○		
市杵嶋神社貝塚	豊橋市	低位段丘端							○		○			○				●	●	●	●
王塚貝塚	豊橋市	低位段丘端																·	·	·	·
王ヶ塚貝塚	豊橋市	低位段丘端																			
小浜貝塚	豊橋市	低位段丘端		●	○	○	○	○													
吉胡貝塚	田原市	丘陵斜面から砂礫堆						●	●	●	●	●	●	●	●	●	●	●	●	●	●
								●	●	●	●	●	●	●	●	●	●	●	●	●	●

に麻生田大橋遺跡について見ていこう。麻生田大橋遺跡は当貝津(とうかいづ)遺跡と合わせて麻生田遺跡ともいわれるように一体化した巨大な遺跡のようにも見える。しかし、麻生田大橋遺跡での主たる活動の場は、凹地内を含めた浅い凹地に囲われた区画内のようであり、麻生田大橋遺跡と当貝津遺跡とははやや役割を異

石器 / 骨角器	土製品・石製品 / 骨角製品・貝製品	検出遺構	文献
石鏃・スクレイパー・磨製石斧・敲石・石皿・砥石 / 点状刺突具類（ヤス・鏃）・ヘラ	石冠・玉（蛇紋岩）/ 貝輪（半環状）、骨刀	土坑・敷石炉跡 9・地床炉跡 214・貝層	岩瀬・贄・岩原編 2009 岩瀬・岩原編 2009
石鏃・打製石斧・礫器・石核・磨製石斧・敲石 / 点状刺突具類（ヤス・鏃・根挟み）	/ 弭形製品（角形）・貝輪（製作？）	集石遺構・炉跡 51・石を伴う土坑 2・石を伴う土坑 1・平地住居址状遺構 1・土坑	芳賀編 1997
石鏃・使用痕のある剥片・石核・打製石斧・磨製石斧・敲石・台石	/ 貝輪（製作＋使用）・イモガイ製貝輪（弥生後期か）・貝穿孔品	石敷炉跡 3・地床炉跡 392・集石・土坑	岩瀬編 1998a
石鏃・磨製石斧・打欠石錘・凹石	土偶		伊藤・住吉ほか 1996 伊藤・住吉ほか 1998
		焼けた礫群	岩瀬編 1997
石鏃・楔形石器・石核・打製石斧・刃器・磨製石斧・敲石・石皿 / 点状刺突具（ヤス・鏃）・貝刃	/ 貝輪（製作＋使用）	敷石 4・集石 9・石組炉跡 1・地床炉跡 88・土坑 5（1 基は打製石斧・磨製石斧埋納）・貝層・人骨	岩瀬編 1995
石鏃・使用痕のある剥片・打製石斧	/ 貝穿孔品	敷石炉跡 4・地床炉跡 7	岩瀬彰利編 1998b
剥片・磨製石斧	石棒		小林・岩瀬 1991
磨製石斧			岩瀬・贄・岩原編 2009
打欠石錘・敲石	/ 貝穿孔品	埋葬人骨	伊藤ほか 1985、岩瀬編 2005
石鏃・石錐・打製石斧・刃器・磨製石斧・磨石敲石類・石皿台石類・砥石 / 点状刺突具（ヤス・鏃・根挟み）・逆棘付刺突具・釣針・ヘラ	土偶・環状耳飾り・滑車形耳飾り・石棒石刀・石冠 / 腰飾り（鹿角製多い）・ヘアビン・鹿角製垂飾・牙製垂飾・軟骨魚類脊椎骨製耳飾りや垂飾・猿樶骨製耳飾り・貝輪（環状と半環状、製作＋使用）	埋葬人骨 304・土器棺墓	清野 1949 清野 1969
石鏃・石錐・スクレイパー・石核・打製石斧・礫器・磨製石斧・打欠石錘・磨石敲石類・石皿台石類・砥石 / 点状刺突具（ヤス・鏃・根挟み）・逆棘付刺突具・釣針・ヘラ・斧	滑車形耳飾り・石棒石刀・石冠・玉（滑石）/ 腰飾り（鹿角製）・ヘアビン・鹿角製垂飾・牙製垂飾・軟骨魚類脊椎骨製垂飾・貝輪（環状と半環状、製作＋使用）	埋蔵人骨 33・イヌの埋葬・土器棺墓	斎藤ほか 1952
石器出土 / 点状刺突具（ヤス・鏃・根挟み）・釣針・ヘラ・斧	土製品・石製品出土 / 腰飾り（鹿角製）・ヘアビン・鹿角製垂飾・牙製垂飾・軟骨魚類脊椎骨製垂飾・貝輪（環状と半環状、製作＋使用）・貝鏃	埋蔵人骨 9・土器棺墓・埋葬犬 3	増山 2007

にする場であった可能性が高い（図5・6）。土層断面図を見ると、遺物包含をする黒色土の形成によって、浅い凹地は埋積し結果として平坦化したようである。麻生田大橋遺跡・当貝津遺跡のいずれも集落跡であろうが、麻生田大橋遺跡では面的な調査がなされているため、より様相が明らかとなっている。麻生

田大橋遺跡では晩期中葉の稲荷山式期から弥生前期まで継続した包含層形成とともに土器棺墓群や袋状土坑なども見つかっている上、地山面では建物跡も1棟検出されている。さらに各種石器が多量に出土しており、とくに5000点近い磨製石斧の出土は、その製作途上品や敲打具の存在と合わせて、遺跡の性格を考える上で注目される。一方、晩期中葉の稲荷山式期から突帯文土器期にかけては、麻生田大橋遺跡から南側約2kmに位置する郷中遺跡でも活動痕跡が確認される。この遺跡は、遺跡末端の包含層が調査されたのみで遺構の検出は少なかったものの、各種石器をはじめ、石棒石刀や御物石器の出土が知られている。麻生田大橋遺跡と異なり、これまでのところ土器棺墓は見つかっていないという。集落から離れた作業の場であったのかもしれないが、精神性を示す遺物も出土することから集落であった可能性も考えられる。

　豊橋市牟呂地区では、海岸線に向かって張り出す丘陵に沿って、牟呂貝塚群といわれる遺跡群が展開している。これらの貝塚群は、段丘裾の斜面を中心として集中した貝層形成がなされるという共通した特徴を有する。豊橋市内田貝塚は、後期中葉八王子式期以降から晩期中葉の西之山式期までの活動痕跡が認められる遺跡で、いわゆる加工場型貝塚の登場である（樋泉2008）[1]。検出遺構としては、層厚のある貝層内に、敷石炉跡・地床炉跡が合わせて200基以上確認された。その一方、出土遺物を見ると、土器・石器のほか、若干数であるが石冠や石製垂飾・骨刀や半環状の貝輪などの遺物も出土していることは注目される。同様の傾向は、弭形製品が出土した水神貝塚でもみることができる。さらに段丘上にある水神遺跡では保美Ⅱ式とされる晩期前葉の土器や土偶が採集されている（図7）。このように、晩期前葉までは、牟呂貝塚群でも精神性をうかがわせる遺物が、若干ではあるが確認できる。

　晩期中葉の稲荷山式期になると、段丘裾の大貝津遺跡では浜辺の作業場であったと考えられる焼けた礫群が見つかっている。また、晩期中葉の稲荷山式期以降から形成開始する豊橋市大西貝塚では、貝種がほぼハマグリで貝層の規模も大きくなり、いわゆる加工場型貝塚としての性格がより強くなる一方、土偶や石棒などは出土しなくなる。なお、大西貝塚からは立位状態で打製石斧・磨製石斧の出土した小土坑が見つかっているが、この遺構の評価は難しい（図8）。

また、渥美半島側では、吉胡貝塚において後期後葉の宮滝式併行期から弥生時代前期までの遺跡形成が認められる。この遺跡は、多量の土器・石器のほか、埋葬人骨が300体以上見つかっており、埋葬人骨は屈葬などが多く、晩期後半の伸展葬は少数であるという。腰飾りなどを有する埋葬人骨は、晩期前半期に属するものがほとんどであることから、晩期前半に属する人骨が多いかも知れない。報告されている土器棺使用土器を見ると、保美Ⅱ式期から稲荷山式・西之山式期に属するものが多く、五貫森式期に属するものは、やはり少ないように見える（清野1949）。この遺跡では、弥生時代前期の建物跡は知られているが、縄文時代の建物跡は知られていない。しかし、土層断面記録では貝層中に焼土塊と炭を多量に含む層が見つかっており、さらに水平方向に広がる様子も確認されている。このようなところが、少なくとも作業場の痕跡であった可能性は指摘できる（川添2012）。また、吉胡貝塚ではベンケイガイ製貝輪が多量に出土しているが、製作段階で腹縁部敲打を行っているものが多い。これは当地では晩期後半期以降に主体的に見られるもので（川添2011a）、晩期後半に向かって盛んに貝輪製作が行われていたものと考えられる。現状では断言できないが、吉胡貝塚は、晩期前半と後半とでは、遺跡の性格がやや異なっていた可能性が考えられる。

3.　遺跡および遺跡群構造の変化

　以上、尾張低地帯・豊川下流域の様相を概観した。両地域で共通しているのは、堀之内2式併行期までは、活動痕跡の重複度合いはあるものの、いろいろな活動を行っていた集落であったといえることである。後期中葉の八王子式期や西北出式から、あるいは後期後葉の宮滝式併行期以降、遺跡自体および遺跡群の構造に次第に変化が生じたようである。馬見塚遺跡・牛牧遺跡・麻生田大橋遺跡・稲荷山貝塚・吉胡貝塚などでは、多量の遺物・炭化物などを含む包含層形成がなされ、包含層中に埋葬遺構も認められるようになる。これらの遺跡はまずはいろいろな活動を行った場と考えられるが、石器などは磨敲石類・石皿台石類など定着的な活動を示す道具があり、埋葬遺構に近接して居住域が展開するあり方を想定するならば、こうした遺跡はまずは集落として捉えられよう。牛牧遺跡や麻生田大橋遺跡では、地山面で遺跡形成の初期段階の頃と考え

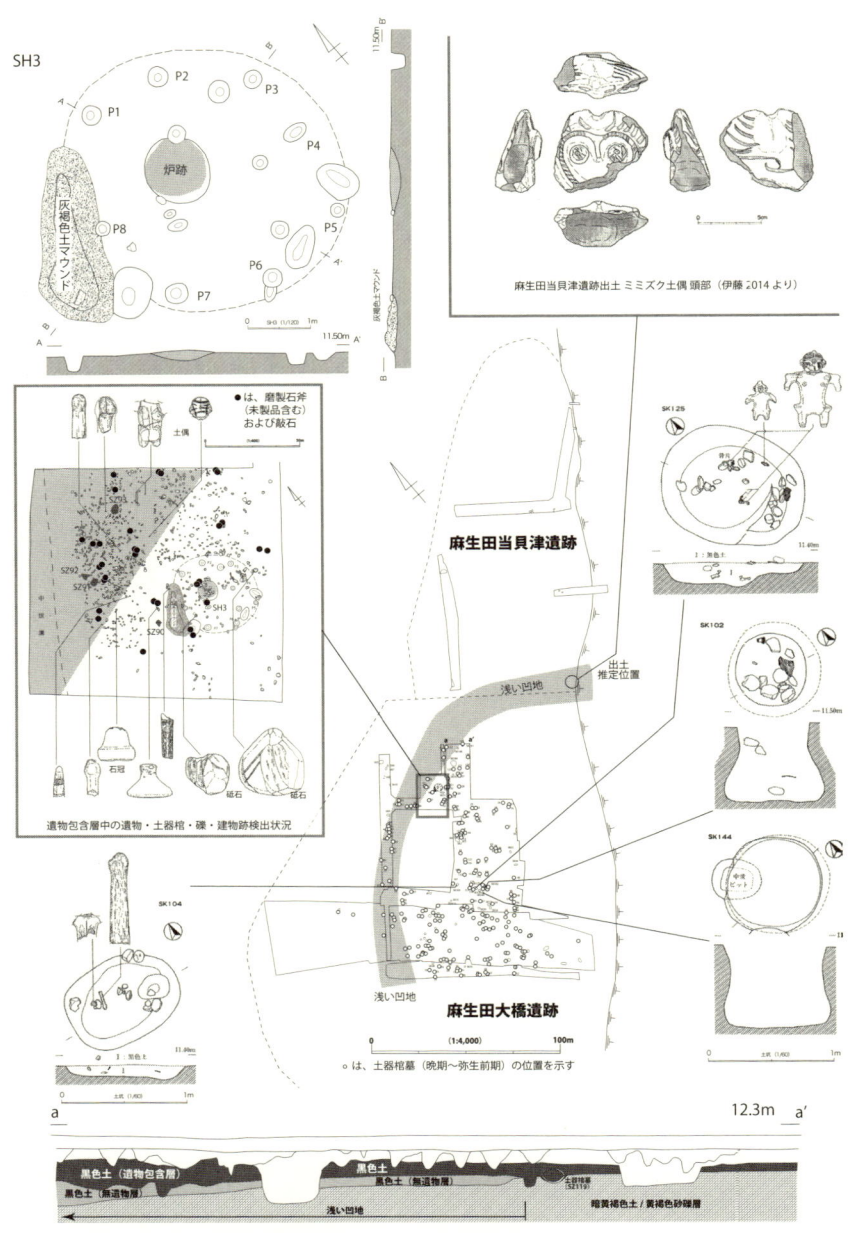

図6　豊川市麻生田大橋遺跡・当貝津遺跡の様相2（前田編 1993、伊藤 2014 より）

図 7　豊橋市水神貝塚・水神第 2 貝塚・水神遺跡の様相
（芳賀編 1997、岩瀬編 1998a、伊藤・住吉ほか 1998 より）

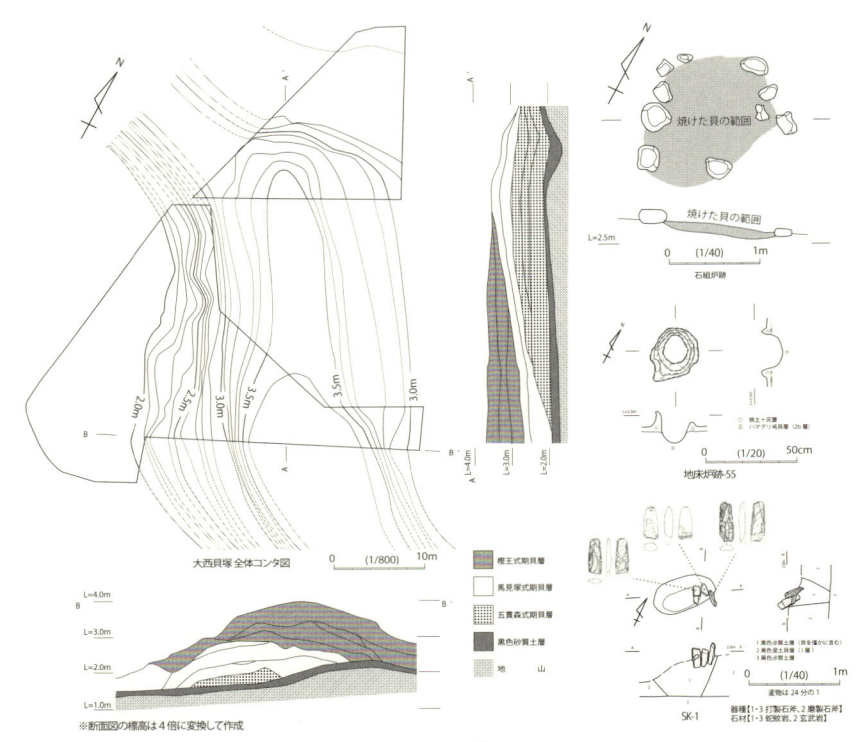

図8　豊橋市 大西貝塚の様相（岩瀬編 1995 より）

られる建物跡（住居跡）のみが見つかっている。今回の分析対象外地区の岡崎
市真宮遺跡や、田原市保美貝塚でも同様な状況で、建物跡が検出されている。
これは、調査により比較的検出可能な状態のもののみ見つかったものと考えら
れ、土器棺墓同様に、包含層形成中に遺構が構築されたとしたら、それを検出
するには、好条件でないと難しいかも知れない。この多量の遺物・炭化物など
を含む包含層は、廃棄活動の結果であろうが、一部には遺構も包含されている
可能性がある。一方、縄文時代晩期前葉以降、御山寺遺跡のように少量の土器
と若干の石器が散在するのみの遺跡が点在するようになる。こうした遺跡は、
一時的な活動の場であったと考えられ、晩期中葉稲荷山式期の大貝津遺跡で調
査された礫群や大平遺跡なども同様であろう。晩期中葉以降、こうした集落
の特性はさらに色濃くなったと考えられる。まずは埋葬遺構の群集化から始ま

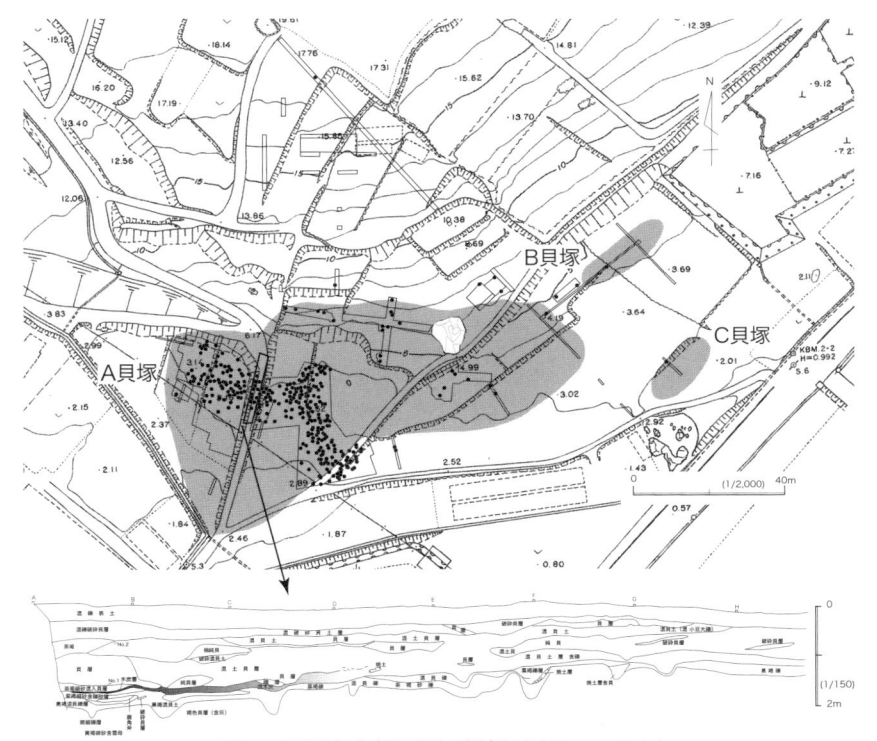

図9　田原市吉胡貝塚の様相（川添 2012 より）

り、麻生田大橋遺跡での磨製石斧生産、吉胡貝塚など渥美半島から志摩地域にかけての貝輪生産の盛行、馬見塚遺跡では下呂石石材の入手などを挙げることができる。さらには、大西貝塚など牟呂貝塚群の加工場型貝塚の性格がより顕在化し、集落的要素がさらに少なくなっていったと言えよう。

　尾張低地帯と豊川下流域での最も大きな違いは、縄文時代晩期末の馬見塚式期以降の様相である。前者は遺跡数は多くなるものの小規模なものばかりで、散在化の傾向が強くなった。一方、豊川下流域では、馬見塚式期以降、樫王式期・水神平式期と弥生時代条痕文土器期にかけても継続して形成がなされた遺跡が多く認められるのである。

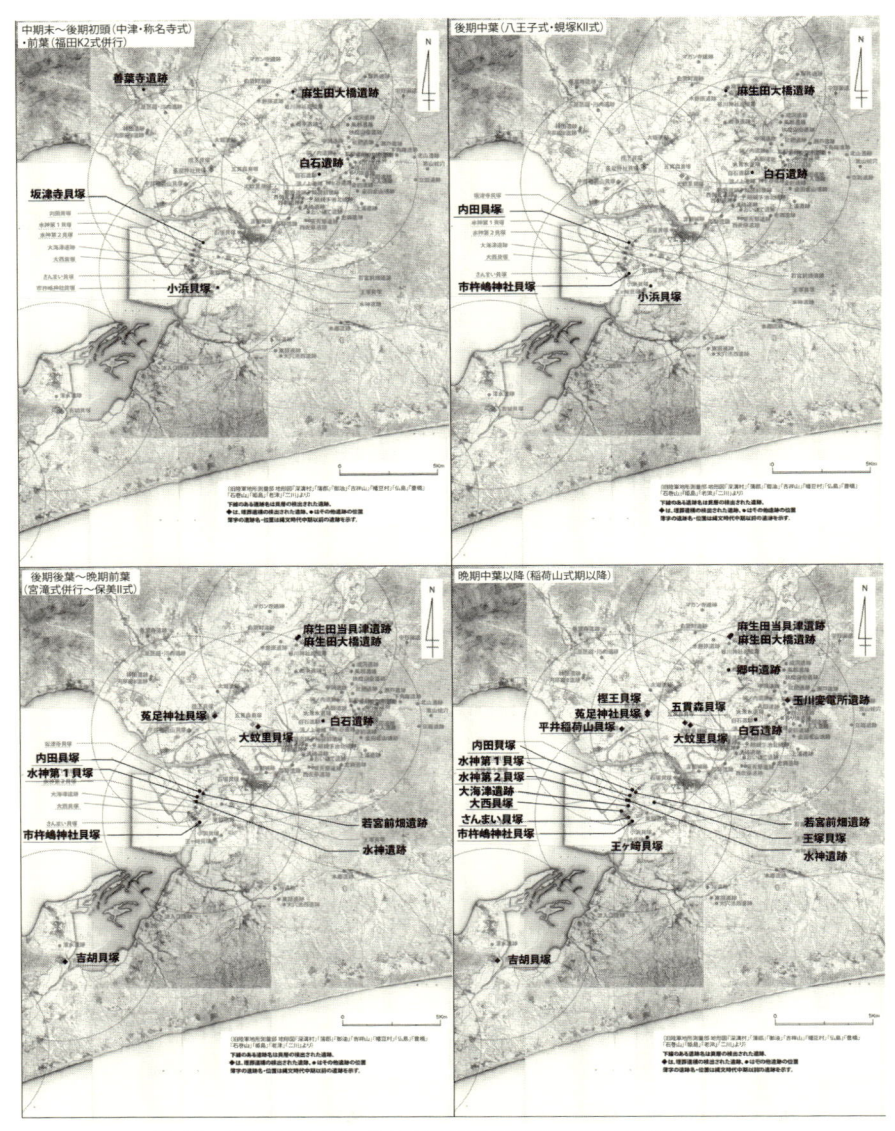

図10　豊川下流域における縄文時代後晩期 遺跡形成の変遷

4. まとめ

筆者は、以前、晩期前半の遺跡を複合的遺跡・単的遺跡・限定的遺跡と分類し、複合的遺跡を中心として活動エリア内に単的遺跡・限定的遺跡が存在するモデルを提示した（図11、川添2011a・b）。複合的遺跡がこの場合の集落で、限定的遺跡が集落から離れた位置にある貯蔵穴群などある作業や役割に傾倒した作業場、その他作業場が単的遺跡である。複合的遺跡は、それぞれに特性があるという意味で、それに対応する社会集団は

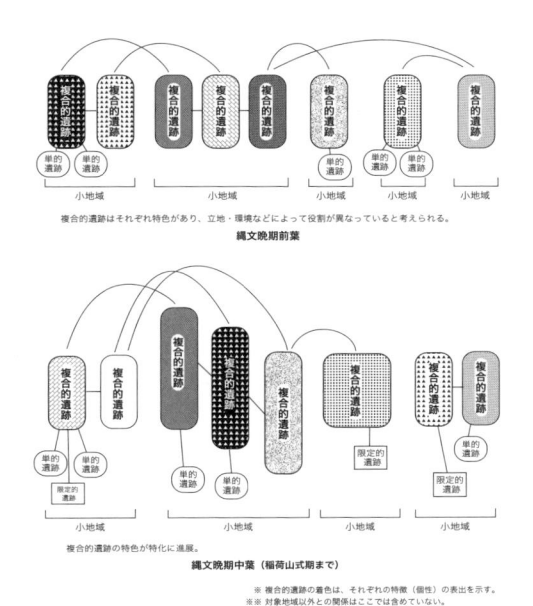

図 11　小地域内遺跡間関係の変遷
（川添 2011a より）

決して均一ではないと考えた。晩期中葉の稲荷山式期以降、複合的遺跡の特性がより顕著になる。これを特化現象と称した。この基本的構図と変遷への変更はないと考えている。しかし、前稿では牟呂貝塚群などの加工場型貝塚については位置づけを異にしていた。とくに稲荷山式期以降の特化現象により、牟呂貝塚群全体が限定的遺跡への性格が強くなったと言えよう。

これまでに論じてきたことから明らかであるように、東海地域では縄文時代後晩期において文化が衰退するという現象は認められず、むしろ後晩期になると遺跡数あるいは一遺跡からの遺物出土総量が増え、活動痕跡は顕在化する。特に後晩期に見られる貝塚群の存在は、このことを象徴的に示している。但し、この「活動痕跡の顕在化」は、そのまま「文化の繁栄」を直接示すものではない。そもそも、後世に考古学的痕跡として良好な状態で確認される場合とは、どのようなことを意味するのであろうか。考古資料は当時のヒトがその場で諸活動した直接的証拠であることは間違いない。しかし、遺構の重複回数をすべて調査で把握するには限界はあり、形成過程を検証しなくてはならない遺

物包含層の存在も考えなくてはならない。その際には、一遺跡だけではなく活動エリアの範囲や密度、場の利用頻度や複数遺跡との関係性も考えなくてはならないであろう。さらに一方で、削平や崩落などによる後世の地形改変などで、痕跡が一部あるいは大部分が失われている場合もありうる。従って、一瞥した見た目のみで、遺跡の大小などを図ることは難しいのではないかと思われるのである。筆者は、顕在化した活動痕跡は、後世に研究されるべき考古資料の充実度が高いということを示す点を、分析の出発点とする。その顕在化された活動痕跡は、質的内容を構造的にかつ多角的に分析することによって、当時の社会活動を今一度、冷静に分析・検討することが肝要であろう。その上で、前後の活動痕跡が顕在化していない時期についても、比較追求することで、その社会的要因の検討がはじめて可能となるのではと、考えられるのである。

謝辞

　本稿を草するに際し、以下の方々からから多数のご教示を得た。謝意を表する次第である。

　石黒立人・岩瀬彰利・長田友也・贄　元洋・前田清彦・増山禎之・村上　昇

註

1)　近年、豊橋市教育委員会によって坂津寺貝塚の調査が行われて、中期後半のハマ貝塚が見つかった。時期はほぼ咲畑式期に限定されるとされる。この事例と、八王子式期以降継続して形成される加工場型貝塚とは時期的に断絶しており、両者の関係性を検討することが今後の課題となるであろう。

引用・参考文献（表2掲載以外）

岩瀬彰利編　2002『豊橋の環境史と貝塚』豊橋市教育委員会

川添和暁　2011a『先史社会考古学―骨角器・石器と遺跡形成からみた縄文時代晩期―』東京、六一書房

川添和暁　2011b「縄文晩期遺跡論1―内陸部の遺跡：形成過程からの視点―」『縄文／弥生移行期の社会論』伊勢湾岸弥生社会シンポジウム・前期編、pp.71-90

川添和暁　2012「東海地方の縄文集落と貝塚」『シリーズ縄文集落の多様性Ⅲ　生活・生業』東京、雄山閣、pp.173-200

川添和暁編　2013『論集 馬見塚』考古学フォーラム編集部

樋泉岳二　2008「動物遺体（貝・骨）」『日本考古学協会 2008 年度愛知大会研究発表資料集』日本考古学協会 2008 年度愛知大会実行委員会、pp.69-76

長田友也　2011「縄文時代晩期社会論」『縄文／弥生移行期の社会論』伊勢湾岸弥生社会シンポジウム・前期編、pp.21-70

前田清彦ほか　2011『新編 豊川史市 通史編 原始・古代・中世』豊川市

表２および図関連引用文献

石黒立人編　2011『御山寺遺跡』愛知県埋蔵文化財センター

伊藤惠ほか　1985『福岡 むかしと今』豊橋市立福岡小学校校区誌編集委員会

伊藤　惠・住吉政浩・小畑頼孝・森田勝三　1996「原始・古代・中世」『牟呂史』牟呂史編纂委員会、pp.37-152

伊藤　惠・住吉政浩・小畑頼孝・森田勝三　1998『水神遺跡』豊橋市埋蔵文化財調査報告書第 49 集

岩瀬彰利　1989「玉川変電所遺跡出土の遺物について―絹村良氏採集資料による―」『三河考古』2、pp.1-10　三河考古談話会

岩瀬彰利編　1995『大西貝塚』豊橋市埋蔵文化財調査報告書第 19 集

岩瀬彰利編　1997『大海津遺跡（Ⅱ）』豊橋市埋蔵文化財調査報告書第 37 集

岩瀬彰利編　1998a『水神貝塚（第 2 貝塚）』豊橋市埋蔵文化財調査報告書第 44 集

岩瀬彰利編　1998b『さんまい貝塚』豊橋市埋蔵文化財調査報告書第 46 集

岩瀬彰利編　2005『橋良遺跡（Ⅳ）小浜貝塚』豊橋市埋蔵文化財調査報告書第 83 集

岩瀬彰利・贄　元洋・岩原　剛編　2009『内田貝塚―遺構・人工遺物編―』豊橋市埋蔵文化財調査報告書第 101 集

岩瀬彰利・岩原　剛編　2009『内田貝塚―自然遺物・分析・考察編―』豊橋市埋蔵文化財調査報告書第 102 集

伊藤正人　2014「麻生田当目津遺跡出土のミミヅク土偶について」『三河考古』24、三河考古学談話会、pp.1-18

江坂輝彌　1957『考古学ノート 2 先史時代（Ⅱ）』東京、日本評論新社

小笠原久和ほか　1990『御津町史 本文編』御津町

小畑頼孝　2001「坂津寺貝塚の出土遺物」『伊勢湾考古』15、知多古文化研究会、pp.159-175

加納俊介ほか　2010『小坂井町史 通史編』小坂井町

川添和暁編 2001『牛牧遺跡』愛知県埋蔵文化財センター調査報告書第 95 集

清野謙次　1949『古代人骨の研究に基づく日本人種論』東京、岩波書店

清野謙次　1969『日本貝塚の研究』東京、岩波書店

紅村　弘ほか　1976「樫王遺跡」『篠束遺跡調査報告書第2次（「小坂井町誌収録」）』小坂井町、pp.106-133

小林久彦・岩瀬彰利　1991『市杵嶋神社遺跡（Ⅰ）』豊橋市埋蔵文化財調査報告書第13集

斎藤　忠ほか　1952『吉胡貝塚』文化財保護委員会

杉原荘介・外山和夫　1964「豊川下流域における縄文時代晩期の遺跡—稲荷山貝塚・五貫森遺跡・大蚊里遺跡・水神平遺跡の調査—」『考古学集刊』2—3、東京考古学会、pp.37-101

中村文哉編　1992『平井稲荷山』小坂井町教育委員会

中村文哉ほか　2002『平井遺跡群』小坂井町教育委員会

中村幸代　2005『麻生田当貝津遺跡発掘調査報告書Ⅱ』豊川市教育委員会

贄　元洋編　1993『白石遺跡』豊橋市埋蔵文化財調査報告書第15集

贄　元洋・岩原　剛編　2003『白山Ⅰ・Ⅱ遺跡 西南代遺跡・城戸中遺跡 大蚊里遺跡』豊橋市埋蔵文化財調査報告書第72集

芳賀　陽編　1997『水神貝塚』豊橋市埋蔵文化財調査報告書第36集

久永春男　1939「三河豊川町麻生田遺跡」『中部考古学会彙報』4—2

前田清彦ほか　1987『為当条里遺跡発掘調査報告書』豊川市教育委員会

前田清彦ほか　1989『郷中・雨谷』豊川市教育委員会

前田清彦編　1993『麻生田大橋遺跡発掘調査報告書』豊川市教育委員会

前田清彦　1996「葉善寺遺跡の立会調査」『豊川市内遺跡発掘調査概報Ⅴ』豊川市教育委員会

前田清彦　2003『麻生田当貝津遺跡発掘調査報告書』豊川市教育委員会

牧野彦一ほか　1967『一宮町誌』宝飯郡一宮町

増山禎之　2007『国指定史跡吉胡貝塚（Ⅰ）』田原市埋蔵文化財調査報告書第1集

松本泰典ほか　2014『境松遺跡（Ⅲ）・坂津寺貝塚』豊橋市埋蔵文化財調査報告書第113集

安井敏則編　1991『麻生田大橋遺跡』愛知県埋蔵文化財センター調査報告書第21集

四国地方の集落と遺跡群

中村　豊

はじめに

　列島西部では、縄文中期末・後期初頭以降、沖積平野上の氾濫原に立地する集落が増加するといわれている。一方で、それら集落の具体的な内容については、十分にあきらかにはされているとはいいがたい。また、集落をとりまく遺跡群や地域社会の復元については、今後の大きな課題ということになるだろう。本稿でとりあげる四国東部地域についても、資料は決して豊富とはいえない。しかし、議論の軸となるべき事例の蓄積はみられ、ある程度の見通しは可能な状況になりつつある。以下、列島西部の沖積平野における、縄文後晩期集落の一考察としてその展開をみていくこととする[1]。

1. 研究の前提

（1）遺跡群を構成する遺跡の特徴

　四国東部地域では、遺跡の立地にかかわらず、遺構、遺物の出土傾向から小規模な遺跡が多いとみてよい。なかには徳島市矢野遺跡のように、環状集落に類似するような外観を呈する遺跡もみられるが、一時的・例外的なもので、一般的ではない。継続期間は各遺跡とも短い。一見長期間にわたって継続すると目される遺跡も、洪水砂の堆積を介在するなどして、遺構の再編や空白期間がみられるケースがほとんどである。すなわち、移動と回帰を繰り返すなかでも、とくに居住に適した微高地として断続的な土地利用が積み重なったとみられるのである。

　縄文後晩期の遺跡が立地する沖積平野は、氾濫原という不安定な地形環境に

あって堆積と浸食を繰り返す。遺構面形成後、時間を置かずに埋没や浸食にみまわれることもしばしば見受けられる。すなわち、黒褐色を呈する土壌層の形成が不十分な状態で、微高地上の生活面が埋没または浸食を繰り返す。その結果、見分けのつきにくい黄褐色細砂〜シルト層中に遺構・遺物が介在することによって、遺跡発見と遺構検出を難しくしている。埋没が微地形を大きく改変していくため、景観の復元も難しい。短期間で移動する特徴は、不安定な地形環境との共生を選択した結果を表しているともいえるのである。

（2）集落を定義する条件とは何か

竪穴住居と土坑のみからなる遺跡が多い。また、明確に住居跡としての痕跡を残さないため、浅い皿状の土坑、すなわち「不明遺構」として記録される例をみることができる。主柱穴をもたず、上屋構造の簡易な住居が多いのかも知れない。集落は短期継続・小規模を前提とするが、おおむね以下のように区分することができる。

①型：数棟の住居跡（不明遺構を含む）と土坑などから構成され、サヌカイトなど外来系の大型石材や外来系の有文精製土器、土偶、石棒など呪術具を出土する地域の中心となる遺跡

②型：ほとんど遺構の検出されない小型の遺跡。これには少量の遺物のみが見出される遺跡や、低湿地の谷部に遺物の集積のみを検出する遺跡がみられる。これらはさらに、以下2つに細別できる可能性がある。ただし、実際の判別は難しいため、以下の記述では、基本的に②型のみとする。

②a型：遊動性の高い集落または分村的な小型の集落

②b型：生業活動に伴う作業小屋や「活動地点」

②a型と②b型の2者は、小規模な遺跡が多く、遺構・遺物の検出さえ少ないため区別は容易ではない。石器組成や立地環境、廃棄物、特徴的な遺構などで区別可能とは考えられるが、それにしても出土遺物が少なく、すべてを集落から排除すると、あまりにも遺跡空白地帯が大きくなってしまう。また、縄文中期以前にみられた遊動性が完全には解消されていないとも考えられる。たとえば、近年愛媛県の標高1,000m付近の山稜で小規模な集落が見出されている（柴田・遠部2017）。これらは、縄文中期以前の遊動性が、縄文後晩期以後も一

定数受け継がれていることを示している。四国東部地域では、縄文後晩期、大分県姫島産黒曜石が内陸部の遺跡で出土する傾向がみられ、山間部の遊動性の高い集団の関与が推察される。

　なお、農耕を開始している縄文晩期末は遺跡数が増加し、半径5km圏内で①型の集落が複数形成されることもあるので、分村がおこなわれた可能性は想定しておく必要がある[2]。

　以上の背景には、列島東部ほど長期継続型の集落がほとんどみられないことと、資源利用の効率化、すなわち集団間の分業は進んでいないことがあるとみておきたい。

（3）地域社会の特質

　基本的に、縄文後晩期以前は、上記①型・②型の区分は明確ではないと考えられる。なかでも縄文草創期から前期前半は遊動性の高い小規模集落から構成される。縄文前期後半から中期前半ごろ、①型・②型区分の萌芽を認めることができるが、その後不明瞭になるなど時期による差異があり、①型に近い機能をもつ集落の分布は希薄である。①型・②型の区分が安定化するのは、縄文中期末以後であると考えられる。縄文中期末以後は、石棒など呪術具をともなう数棟の住居跡、土坑を擁する①型の集落がみられるようになる。この様相は、基本的に縄文晩期末にいたるまで継続していくが、①型集落にも長期継続型はみられない。ただし、縄文中期以前の遊動性の高い集落とことなっているのは、集落廃絶後も、半径約5km圏内の同じような地形環境において同様の集落が形成されるところにある（図1）。すなわち、移動を伴ってはいるものの、地域社会と生業圏には継続性がみられるところが特徴的であるといえよう[3]。

2. 縄文集落と地形環境

　以下の記述は四国東部地域の沖積平野という小地域における、縄文集落の個別具体的な展開を描いたものである。四国島全域を含む、列島西部一帯における縄文集落の立地環境に画一的な展開は存在しない。しかし、一定の共通性をもった動きを認めてもよいとは思われる。

　縄文草創期から前期前半にかけては、内陸部の河岸段丘や岩陰遺跡などに小規模遺跡が点在する。最終氷期の低海水準に対応して形成された河岸段丘（古

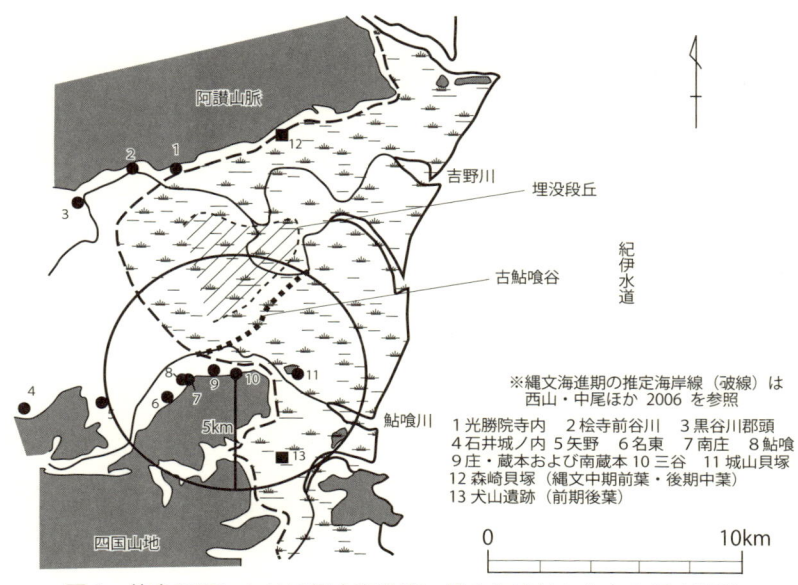

図1 徳島平野における縄文海進期の推定海岸線とおもな縄文遺跡

（図中の凡例）
※縄文海進期の推定海岸線（破線）は
西山・中尾ほか 2006 を参照
1光勝院寺内　2桧寺前谷川　3黒谷川郡頭
4石井城ノ内 5矢野　6名東　7南庄　8鮎喰
9庄・蔵本および南蔵本 10三谷　11 城山貝塚
12森崎貝塚（縄文中期前葉・後期中葉）
13犬山遺跡（前期後葉）

田 1996）など生活適地が、沖積層深く（徳島平野中心部で約 −25〜40m）に埋没し、約 −10〜25m のアカホヤ火山灰を挟む海成層に覆われていることが指摘されており（西山・中尾ほか 2006）、縄文早期以前の未知の小規模なオープンサイトが点在している可能性は想定される（図1）。しかし、これを見積もったとしても現状が一変するまでにはいたらないだろう。

　その後、縄文前期末・中期初頭の大歳山式・鷹島式をピークとする前後数型式では、低地と海浜部への進出が認められる（図1）。すなわち縄文海進に対応して新たに形成された、現平野奥の旧砂堆と考えられる微高地上への進出が特徴的である。ほかにも内陸の河岸段丘や扇端部・河川蛇行部・河川の平野への出口部分に形成される微高地に集落の形成を認めることができる。

　縄文海進期に、最終氷期に形成された河谷は埋積され、沖積平野が形成される。その後の海退にともなって平野は下刻を受け、起伏が形成されていったものと推察される。縄文中期末ごろには、その氾濫原に自然堤防や中州性微高地など、居住適地となる空間が形成されていった。縄文中期末以降は、以前の地形環境に立地する集落に加えて、あらたに河川下流部の氾濫原に立地する集落

が増加する点が特徴的である。そしてこの動向は、縄文晩期末まで継続していくのである。また、縄文晩期以降、縄文海進期に沈水したエリアの埋積が早い平野によっては、三角州上の微高地においても集落の形成がみられることもある。

　縄文集落の展開と地形環境の動態は、密接に関わっていたと推察される。縄文海進期に形成された砂堆や内陸部河川による自然堤防形成がみられる縄文前期後葉から中期前葉にやや遺跡数が増える時期がある。その後、縄文中期末・後期初頭から縄文晩期末にいたるまで、沖積平野上の氾濫原に微高地が形成され、より多くの遺跡が確認されている。すなわち、平野部の生活適地増加と遺跡の増加は相関関係にあるといえる。

　一方、こうした特徴的な遺跡の立地環境が、縄文集落の発見や景観の復元を難しくしているともいえる。氾濫原である以上、洪水との共生を視野に置かなくてはならない。すなわち小規模で短期移動型の集落経営戦略をとることになる。微高地に形成された遺構面に、明確な黒褐色の土壌が形成される以前に次の洪水に見舞われることが多いため、旧地表面の土壌化を前提とする黒褐色の厚い遺物包含層の形成は、谷部であっても数が限られる。まして環状盛土遺構が形成されることはまずない。さらに旧来の微地形にともなう起伏が平準化する。または、集落の立地する微高地自体が浸食を受けてしまう可能性もある。したがって、旧地形・集落景観を復元することは極めて難しい。土壌化の進行が十分ではない黄褐色を呈する遺構面において、同じ黄褐色の埋土をもつ遺構を探すことになるから遺構検出も高等技術を要することになる。弥生時代以降の遺構面との間に厚い無遺物層を挟んでいることもあって、試掘調査の時点で、遺跡の発見自体が見逃される危険性がある。

3. 縄文後晩期以前

　縄文草創期から前期前半の集落は少ない。内陸の河岸段丘や、岩陰遺跡などで、点々と小規模な遺跡がみつかっているだけである。遺構をともなうことも多くはない。先の分類でいう②型の遺跡が大半を占めるとみられるが、遺物が明確な遺構にともなうこともまれで、遊動性の高い生活を送っていた可能性が高い。

このような状況に変化がみられるようになるのは、縄文前期後半である。縄文前期末・中期初頭の大蔵山式・鷹島式を中心とする前後数型式の遺跡は比較的多くみられるようになる。これらの遺跡は、阿南市深瀬遺跡など、内陸の河川蛇行部に形成される自然堤防や段丘などに散在するとともに、鳴門市森崎貝塚、徳島市犬山遺跡、海部郡美波町田井遺跡など、縄文海進に対応して新たに形成された、旧砂堆と考えられる微高地への進出が認められる（図1）。また、竪穴住居など、遺構を伴うケースが増えてくる。外来系土器が目立つようになるほか、在地志向の強かった石材利用は、香川県金山産サヌカイトが太平洋沿岸にいたるまで波及するなど、遠隔地との交易も活発化する。磨製石斧の生産が活発化し、特徴的な形態の磨製石斧が東部瀬戸内沿岸一帯に分布する。

　その後、縄文中期末までの遺跡数は多くはない。当該期の遺跡は、安定した地形環境に位置するため、しばしば縄文後晩期の遺跡と立地が重なることがある。しかし空白期間や洪水砂の堆積を挟むことが多いので、長期継続というよりは、居住適地をめぐって移動と回帰を繰り返した結果とみるべきである。

4. 縄文後晩期

　縄文中期末以降に遺跡数は増加する。内陸部の河岸段丘（美馬郡つるぎ町貞光前田遺跡など）や旧砂堆の微高地（鳴門市森崎貝塚、阿南市蒲生田遺跡など）に立地する集落のほか、あらたに沖積平野上の氾濫原に立地する集落が増加する点は特徴的である。

　以前よりも遺構密度・遺物出土量・遺跡規模とも比較的大型で、外来系土器や大型サヌカイト剥片、呪術具などを出土する中心的な①型の集落がみられるようになる。一方、長期間継続する集落はあまりない。なかには複数型式にわたるものもみられるが、多くは遺構の再編や、洪水砂層を挟んでいる場合などが多く（図2）、基本的には生活適地への回帰とみるべきである。地形環境的に安定した山麓の微高地や内陸部の自然堤防、河岸段丘上の遺跡も同じような動きをみせるので、沖積平野に立地する集落の動きと、たがいに関連しあっているものと考えられる。

　徳島市矢野遺跡は、鮎喰川の形成する標高約7mの氾濫原に立地する（藤川・氏家・湯浅ほか2003、氏家2018）。突線鈕5式6区袈裟襷文銅鐸が出土するなど、

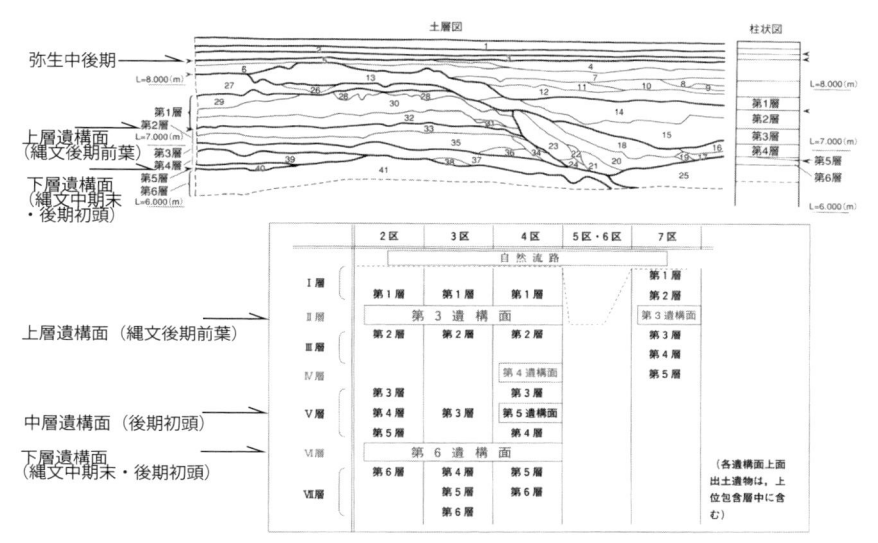

図2　矢野遺跡土層模式図（藤川ほか 2003）

標高約 8m に位置する弥生中期後葉から後期後葉の大型集落として周知されていた。縄文時代の遺構面は、弥生時代の遺構面下約 1m から見出されたが、その間土器など 1 片の人工遺物も出土していない（図2）。かつては、弥生時代の遺構面の調査で打ち切られることが通例であった。列島西部における沖積平野の自然堤防や微高地に形成された弥生中期以降の遺構面下には、縄文中期末から弥生前期ごろの遺構面が埋没している可能性が十分に考えられるので、今後とも注意しなければならない。

　矢野遺跡では、第6（下層）遺構面（図3上段）、第4（中層）遺構面、第3（上層）遺構面（図3下段）の 3 遺構面が確認された[4]。下層遺構面（図3上段）は、縄文中期末・後期初頭（北白川 C 式〜中津式古）の遺構を多数検出している。竪穴住居 10 棟、炉跡（地床炉）54 基、土坑 180 基のほか、竪穴住居の可能性が残る不明遺構 31 基、土器棺墓と集石遺構各 1 基である。これらの遺構が、長軸径 200m ほどの間に密集し、中央部に径 40m ほどの遺構空白地帯をもつ。この空白部からは、土製仮面の出土が認められる。いわゆる「環状集落」の形状をなしている。遺構、とくに竪穴住居・炉跡・不明遺構を合わせた住居関連遺構の検出数と遺跡の規模、集落の形状は列島西部の沖積平野に立地する縄文

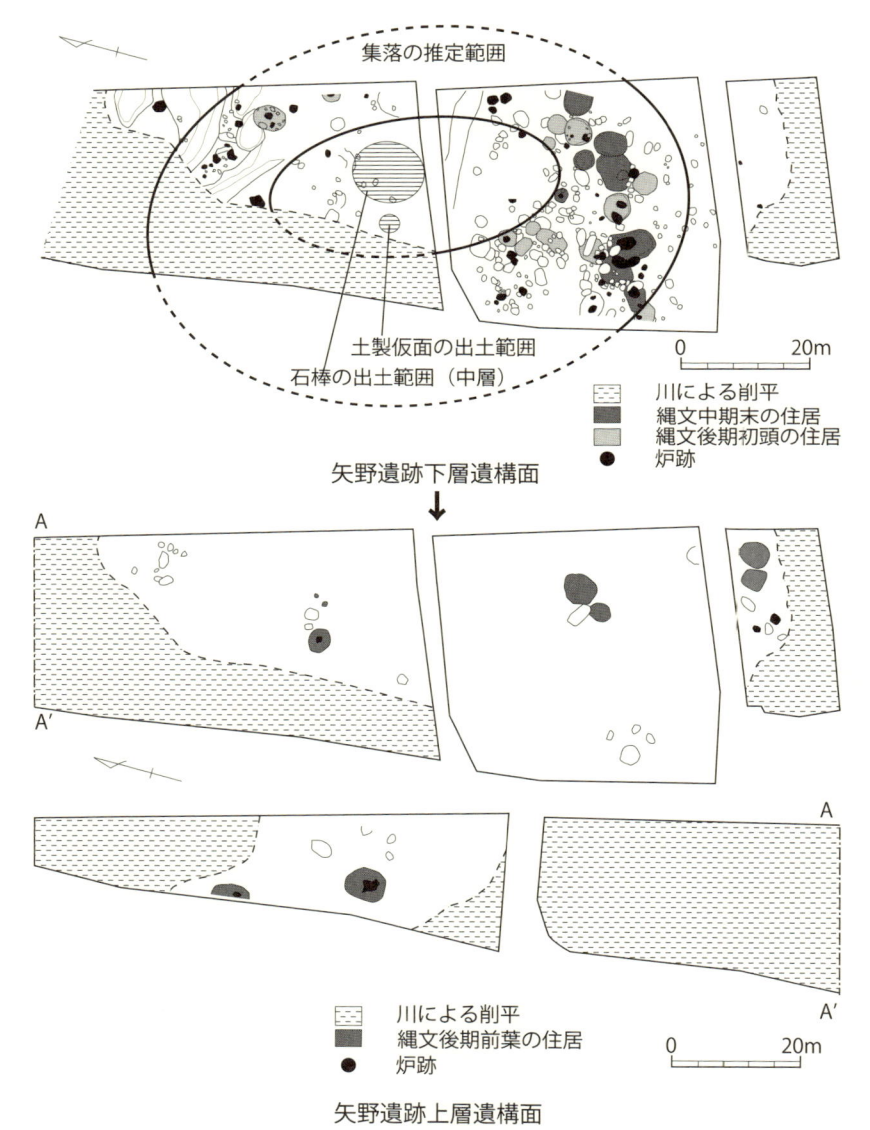

集落の推定範囲

土製仮面の出土範囲

石棒の出土範囲（中層）

0　　　　20m

川による削平
縄文中期末の住居
縄文後期初頭の住居
● 炉跡

矢野遺跡下層遺構面

A

A'

A

A'

川による削平
縄文後期前葉の住居
● 炉跡

0　　　　20m

矢野遺跡上層遺構面

図3　徳島市矢野遺跡における集落像の変遷.（氏家2018）

集落としては、屈指の規模になるとみてよいであろう。しかしこの規模、「環状集落」という形態での集落の存続期間は、縄文中期末から中津式の古相に限られる。

　中層遺構面では、下層遺構面の遺構空白地帯より北半に遺構の中心が移動している。ただし、石棒の出土地点は、下層遺構面の遺構空白部に相当する土製仮面付近（図3上段）であるため、若干の混同があるのかもしれない。あるいは祭祀空間は伝えられた可能性もある。土坑15基、不明遺構19基で、炉跡2基で、確実な住居跡は検出されていない。

　上層遺構面（図3下段）では、竪穴住居9棟、炉跡9基、土坑20基、不明遺構5基を検出している。遺構の密集度は高くない。遺跡の存続期間は、中津式新段階から縁帯文土器出現期であり、長くはない。竪穴住居と不明遺構、炉跡の分布からみて、おおむね2棟1対の住居が、一定の距離を置きながら分布する様相がうかがえる。

　矢野遺跡下層・中層遺構面の集落は、規模や環状を呈する形状、遺構の密集度、石棒の出土などからみても、その形成の背景すべてを列島西部の内的な蓄積のみに求めることはできない。直接的ではないにせよ、外部（列島東部）からのインパクトを想定できる。確かに矢野遺跡の下層遺構面は、前後の時期と比較して、また列島西部地域の集落としては大型であるといえよう。しかし、同じ規模での集落は長く存続せずに、移動・分散化する動きをみせることとなる。

　環状集落は、本来台地・段丘といった安定的な地形環境での長期継続を想定した集落形態であり、実際矢野遺跡の下層遺構面成立当初は、長期継続型の集落経営を視野においた可能性はある。沖積平野上の氾濫原に形成されつつあった中州性の微高地や自然堤防は、やや大型の集落経営を可能とする空間をもっていた。しかし、居住適地とはいっても氾濫原であることに変わりはなく、洪水による埋没と微高地の浸食への対応をはからねばならない。洪水の多い氾濫原での地形環境へ対応するなかで、小規模・短期移動型・散住といった戦略へ移行したものと考えられる。これにくわえて、大型の集落を維持できるほど、恵まれた環境を背景とする集落間の分業は進行していなかった可能性もある。

　小規模・短期移動型といった集落の特徴は、長く縄文晩期末にいたるまで継

続していく。一方、これらの集落のなかには、明確な住居遺構を構築し、外来系土器や大型のサヌカイト剝片、呪術具などが一定量出土するような、①型の集落がある程度の間隔をもって点在するところは、縄文中期以前とは異なっているといえる。

　徳島市庄遺跡は、鮎喰川の旧河道（開析谷）が蛇行し、分流する部分の凸岸側の自然堤防上に立地している（図4、前川・森本・湯浅1996、前川1997、岡山1999）。縄文後期中葉から晩期中葉までの遺構・遺物がみられる。しかし空白期間や、遺構・遺物の地点移動はみられるので、大規模な移動はないとしても、短期間での集落の再編はおこなわれたとみてよい。遺構・遺物がもっとも多くなるのが、縄文後期末（宮滝式）から晩期初頭（滋賀里Ⅰ式）である。竪穴住居1棟のほか、土坑9基、不明遺構2基などが検出された。竪穴住居は石囲炉をもち、不明遺構は住居跡の可能性を残している。隣接地の調査でも、土坑や大型石棒などが出土している。また、下流側分流後の中州性微高地側から旧河道に投棄したとみられる晩期中葉（篠原式）の完形復元可能な土器が多量に出土しており、晩期後葉（凸帯文土器）直前まで集落は再編しつつ近辺の微高地に位置し続けたものと推察される。やや未調査地が多いものの、矢野遺跡上層遺構面と同様に、2～3棟の住居が、開析谷に面した自然堤防上に立地し、環状・長期継続という形をとらずに、1～2型式で別の生活適地へ移動する様相をかいまみることができる。

　三谷遺跡は、庄遺跡と同じ開析谷の1kmほど下流、眉山北麓に近い自然堤防上に位置する縄文晩期末の集落である（図5、勝浦編1997、中村2017）。この開析谷は、眉山北西麓に沿って北東方面に流れていた。山麓に形成された崖錐状の微高地を避けるように蛇行し、蛇行部の凹岸側にも微高地をもっていた。当時の内湾に近い最下流部の微高地に三谷遺跡は立地する。

　1924・1925年の調査では、砂層・粘土層の堆積状況と、貝塚や竪穴・石棒などの分布から、開析谷南西側の岸部が、北西から南東へ向かって展開する様相が復元されている。

　1990・1991年の調査では、1924・1925年調査区の東方に2ヶ所の調査区（南側：Ⅰ区、北側：Ⅱ区）が設定された。眉山麓のⅠ区からは開析谷が検出された。Ⅱ区からは、北側調査区外に展開する微高地から南側の開析谷へ向かう

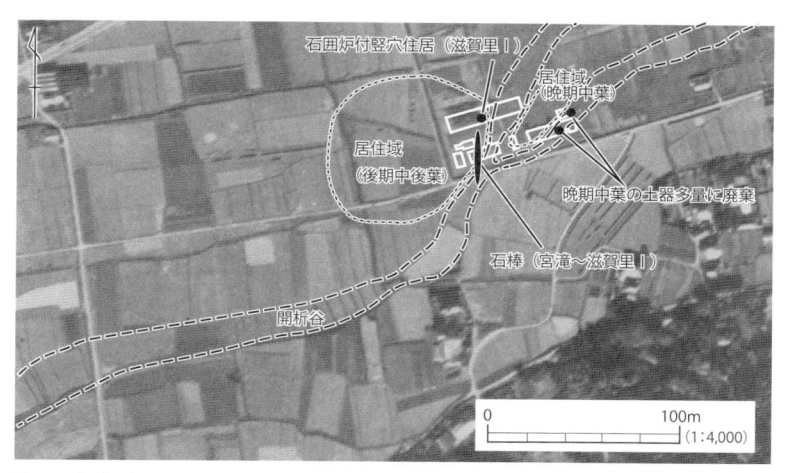

図4 庄遺跡（縄文後期中葉から晩期中葉）（国土地理院 USA-R527-1-107 より作成）

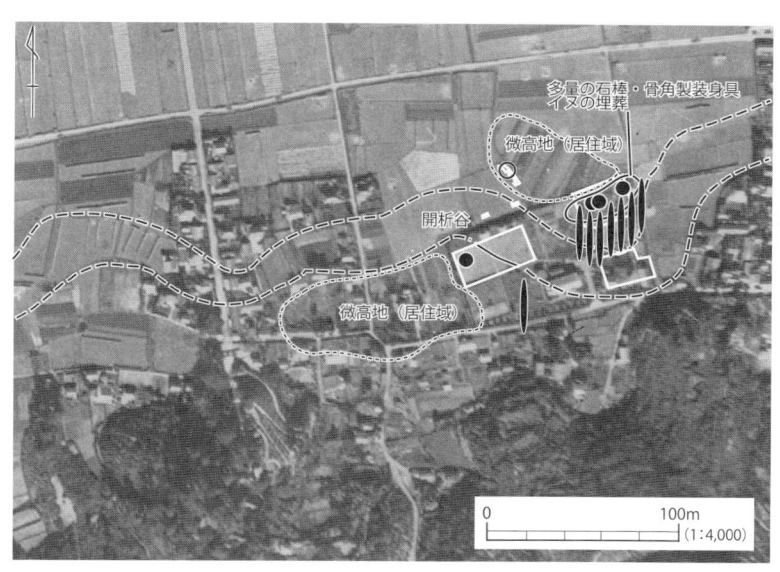

図5 三谷遺跡（縄文晩期末）（国土地理院 USA-R527-1-107 より作成）
〇は住居跡、●は貝塚、縦楕円は石棒

自然凹地に貝塚が形成され、多量の遺物が廃棄されていた。貝塚の標高は 0.5 〜0.2 m ほどである。7 体にもおよぶイヌの埋葬がみられ、未製品を含む 24 点にもおよぶ石棒が出土していることなどから、祭祀の場も兼ねていた可能性が高い。遠隔地の土器や石材なども多くみられ、外部にも開かれた中心的集落であったと考えられる。動植物遺体の整理作業がおこなわれており、近々に報告書が刊行される予定である。貝塚は、ハマグリ・ヤマトシジミを中心に、ハイガイ・マガキなどが出土する。装身具に用いられたクチベニガイやマガキガイ、イタヤガイなどは遺跡近辺の環境では採集ができない。動物骨はシカ・イノシシや 7 体の埋葬があったイヌが大半を占め、魚骨はヒラメ科・コチ科・クロダイ属・ボラ科・スズキ属・エイなどが認められる。淡水魚は 1 割強である。また、少量のカツオが出土しており、徳島南部方面からもたらされた可能性がある。植物では、堅果類の大半をイチイガシが占め、アカメガシワも目立っている。栽培種ではアズキと多量のイネがみられた。雑穀類はキビ 1 点のみであったが、レプリカ法でアワ・キビが相当数検出されている。

　貝塚はⅡ区南側のほか東端にもみられることから、開析谷は調査区東側で大きく蛇行し、北東方向に向かっていた可能性が高い。貝塚の位置や遺物投棄の様相から、居住域の位置する微高地が、これらの北側に想定できるため、2015 年以降徳島大学が小規模な調査を実施している。

　微高地の現地表面は 1.8 m をはかる。標高約 1.6〜1.3 m にみられる C-3 層（褐色シルト層）、C-4 層（暗灰黄色シルト質極細砂層）上面において、縄文晩期末（縄文弥生移行期）の遺構・遺物を確認できた。この調査では竪穴住居跡と考えられる SX1（E-SX1）をはじめ、複数の土坑を検出し、凸帯文土器と遠賀川式土器双方の出土を確認できた。その一部は、遺構内での共存とみてもよい出土状況を示している。開析谷対岸、南西側の微高地においても 1924・1925 年検出の石棒や貝塚からみて居住域が存在している可能性がある。

　三谷遺跡は、開析谷に近接した微高地に居住域を置き、集落規模も決して大きくはない。遠賀川式土器を受け入れてはいるものの、縄文土器の製作技術で模倣しているものなどもあって、主役はあくまでも 8 割を占める凸帯文土器である。壺の増加はみられるものの、有文精製の浅鉢も健在である。石棒祭祀を積極的におこない、ほとんどが縄文系の石器である。すでにイネ・アワ・アズ

キの栽培を開始している。しかし、居住域の標高は約 1.5〜1.6ｍで、遺跡の立地も内湾に極めて近く、灌漑水田稲作経営に向かない土地条件にある。灌漑水田稲作を本格化している様相はみえない。畠作などによる農耕を、既存の生業のなかに選択肢のひとつとして加えたとみておくのが穏当である。とはいえ、外来系土器やサヌカイトの大型剥片、石棒祭祀、他遺跡との比較などからも、地域社会の中心的な集落に位置づけることは可能である。当該期の遺跡数は、徳島市南蔵本遺跡、同市庄・蔵本遺跡、同市名東遺跡、同市鮎喰遺跡、同市下中筋遺跡、板野郡板野町黒谷川郡頭遺跡、小松島市新居見遺跡、阿南市宮ノ本遺跡など、かなり増加はしている。②ａ型の遺跡が急増している印象が強い。一方遺跡の規模、立地など内容はほかの縄文後晩期遺跡の延長上に位置づけることが可能である。これらの遺跡が石棒祭祀などを通して遺跡群、すなわち地域社会を形成していたものと推察されるが、農耕は集落と地域社会のかたちを崩すことなく多様な生業の一選択肢として導入されたとみられるのである。

5.　分業と活動地点

　縄文後晩期の列島東部では、資源利用の効率化にともなう分業が、相当に進展していたことが指摘されている（阿部 2014・2015・2017 など）。一方列島西部の沖積平野を軸とする集落や地域社会の展開をみる限り、生業の場において、資源利用の効率化にともなう分業はそれほど発達していないと判断される。それは、「ハマ貝塚」や「トチの実加工場」など、特定の食糧資源利用を集約的におこなったことが明確にわかる遺跡を欠いていることからも判断されるし、農耕の導入があきらかな縄文晩期末においてさえ、農耕への特化や労働力の集約化にともなう集落の大型化をみることができないことからもあきらかである。基本的には豊富とはいえない食料資源と不安定な地形環境に適応した集落経営戦略をとっていたとみられ、山間部など一部では遊動性も残存していたものとみられる。

　一方で、沿岸部の旧砂堆上に鳴門市森崎貝塚がみられ、扇央部の同市 桧 寺（ひのきてら）前谷川遺跡や河岸段丘上の三好市西州津遺跡といった内陸部で堅果類の貯蔵穴群がみられることから、立地環境による生業の違いを示す遺跡をみることはできる。そうして、これら地域社会間の小規模な交易は想定してもよいだろう。

図6 徳島市城山貝塚（筆者撮影）

徳島市城山貝塚では、独立丘陵城山山麓の海蝕洞窟・岩陰において、縄文後期後葉～晩期後葉の地点貝塚が3ヶ所存在する（図6）。これらの貝塚では、土器・石器など出土遺物は少ない。立地的にみても貝類の採集に重点をおいた遺跡とみて間違いない。森崎貝塚や三谷遺跡など、集落に付随するとみられる貝塚とは役割を異にするとみてよいだろう。すなわち、活動地点の延長上に交易を視野においた小規模な遺跡は各地に点在すると考えられる。しかし、それらはいずれも小規模で、労働力の集約化はみられない[5]。

おわりに

　以上、四国東部地域の沖積平野に立地する縄文後晩期の遺跡を中心に、集落、地域社会の展開を推察してきた。縄文後晩期以前の遺跡は小規模で、遺跡数も多くはない。しかし、そのなかでも縄文前期後半から中期前半にかけて、縄文海進期の旧砂堆に相当する微高地において若干規模の大きい集落の形成がみられる。この動向に応じて、河岸段丘など内陸部の遺跡も増加し、交易の活発化が認められる。

　縄文中期末以降、遺跡数の増加が認められる。内陸部の河岸段丘や旧砂堆の微高地に立地する集落のほか、あらたに沖積平野の自然堤防や中州性微高地に立地する集落が増加する点は特徴的である。徳島市矢野遺跡では、中州性微高地に、長軸径200mで、中央に遺構空白部をもつ環状集落状の集落を形成する。規模・遺構密度ともかつてない規模ではある。列島西部の縄文中期以前に系譜を追えないので、直接的ではないにせよ、列島東部からの影響が考えられる。

　しかし、環状集落の形態をとるのは、縄文中期末・後期初頭の短期間である。その後遺構は分散し、廃絶される。その後、縄文後期後葉の庄遺跡、縄文晩期

末の三谷遺跡の様相をみる限り、河道の屈曲部に形成された自然堤防やポイントバー、中州などの微高地に数棟の住居跡をともなう小規模な集落を1・2形式の間形成した後、集落の再編や居住適地の移動を繰り返すものと考えられる。住居跡も、明確に検出できるものは少なく、「不明遺構」として検出される事例が多い。洪水による堆積や浸食といった、沖積平野特有の地形環境との共生を選択したものと考えられよう。すなわちこれらの集落は、食料資源があまり豊富ではなく、降水量と河川氾濫の多い不安定な地形環境に適応して、小規模・短期移動型を集落経営戦略の基本型とするのである。これらは縄文中期以前の遊動性の高い集落とはことなって、集落再編後も半径5km圏内に①型の集落が形成され、地域社会に一定の継続性を認めることができる。

縄文晩期末には農耕を開始している。しかし、基本的には多様な生業の一選択肢として受け入れられており、集落の存続期間、形態や石棒祭祀などを通して結びついた地域社会に大きな変化はみられない。遺跡数が増えていることは間違いないが、集落規模を変えずに分村する形を取っている。これが大きくかわるのは、灌漑水田稲作経営にともなう労働投下の必要から地域社会の再編がみられる弥生前期中葉ということになる。

以上は、列島西部地域における沖積平野上の氾濫原に立地する集落の展開を軸とする地域社会の一考察であって、列島西部の他地域や異なる地形環境にもあてはまるかは今後の課題である。一方で、縄文晩期末に地域社会の維持に役割を果たしていたと思われる石棒祭祀が列島西部東半一帯に展開しており、これが相互の地域社会間を結びつけているというのであれば、石棒分布域における地域社会の類似性は、ある程度認めてもよいのではあるまいか。いずれにせよ、列島西部各地の縄文集落を考察する際の参考になれば幸いである。

註

1) なお、以下説明の都合上、縄文中期末は後晩期に含めることとする。
2) ②b型が分村的機能を兼ねる可能性も排除できない。
3) ただし、それでも滋賀里Ⅳ式併行期など、遺跡分布が極端に希薄となる時期がいくつか認められる。これらの理解は今後の課題である。
4) 以下、遺構数は報告書（藤川ほか2003）の見解によるが、図3には氏家（2018）の図を引用した。両者には若干意見の相違もみられるようであるが、

本論の展開に問題が生じるようなものではない。

5) ただし、列島西部においても、地域や地形環境、時期によっては、豊富な資源を有する大型集落の形成がみられ、集落間の分業が想定できるケースもみられる。たとえば、九州地方の有明海沿岸の貝塚群や阿蘇山麓など火山灰台地にみられる集落、中国地方大山山麓の落し穴群、児島湾周辺の貝塚群などはその可能性が考えられる。また、近畿地方では比較的長期間墓域が独立して継続し、結果大規模化するような状況がみられる点は指摘しておきたい。

引用・参考文献

阿部芳郎　2014「「縄文時代後晩期停滞説」の矛盾と展開」『縄文文化の繁栄と衰退―「縄文時代後晩期停滞説」の矛盾と展開―』明治大学日本先史文化研究所、pp.1-6

阿部芳郎　2015「縄文後晩期の集落形成と遺跡群―下総台地における地域社会の変遷と動向―」『縄文文化の繁栄と衰退Ⅱ―「縄文時代後晩期停滞説」の矛盾と展開―』明治大学日本先史文化研究所、pp.5-10

阿部芳郎　2017「関東地方後晩期の遺跡群研究の現状と課題」『縄文文化の繁栄と衰退Ⅳ―後晩期集落と地域社会の広域比較―』明治大学資源利用史研究クラスター、pp.1-6

氏家敏之　2018『徳島の土製仮面と巨大銅鐸のムラ 矢野遺跡』新泉社

岡山真知子　1999『庄遺跡Ⅲ』徳島県埋蔵文化財センター調査報告書第24集

勝浦康守編　1997『三谷遺跡』徳島市埋蔵文化財発掘調査委員会

柴田昌児・遠部　慎　2017『猿楽遺跡』愛媛県久万高原町教育委員会

中村　豊　2017『縄文／弥生移行期における農耕の実態解明に関する研究（26370897）』日本学術振興会科学研究費補助金基盤研究（C）研究成果報告書

西山賢一・中尾賢一ほか　2006「藍住町地域の地下地質」『阿波学会紀要』第52号、阿波学会、pp.1-12

藤川智之・氏家敏之・湯浅利彦　2003『矢野遺跡Ⅱ 縄文時代篇』徳島県埋蔵文化財センター調査報告書第44集

古田　昇　1996「徳島県吉野川・鮎喰川下流域平野の沖積層の形成過程」『立命館地理学』第8号、立命館地理学会、pp.61-72

前川直江・森本浩史・湯浅文則　1996『庄遺跡Ⅰ』徳島県埋蔵文化財センター調査報告書第16集

前川直江　1997『庄遺跡Ⅱ』徳島県埋蔵文化財センター調査報告書第21集

山陰地方の縄文時代遺跡群と集落像

濵田 竜彦

はじめに

　「山陰」地方は本州西部、中国地方の日本海側に位置する。中国山地の脊梁によって、瀬戸内海に面した「山陽」地方と区別され、地形は総じて山がちである。また海岸線は出入りが少なく、所々に砂丘が発達し、潟湖が点在する。

　縄文時代の遺跡は、潟湖周辺の低地、砂丘、海浜部に面した丘陵や台地、山間では河岸段丘に分布している。中でも鳥取県東部の千代川西岸（湖山池沿岸）、西部の大山山麓や中海南東岸（米子平野）、島根県東部の宍道湖東岸（松江平野）や斐伊川上流域、宍道湖西岸（出雲平野）や神戸川上流域などには多くの遺跡が周知されている。ここでは山陰沿岸部の地形的特徴を端的に表す地域の一例として、千代川西岸に営まれた縄文時代後・晩期の遺跡について、活動地点と居住域との関係、活動領域、遺跡の動態などを検討する。

　なお、鳥取県東部における縄文時代中期以降の土器型式について、鷹島・船元・里木系土器（鷹島式、船元Ⅰ式、船元Ⅱ式、船元Ⅲ式、里木Ⅱ式）を中期前・中葉、北白川Ｃ系土器（北白川Ｃ式）を中期後葉、中津／福田ＫⅡ系土器（中津式、福田ＫⅡ式）を後期前葉、縁帯文土器（布勢式、崎ケ鼻式、沖丈式、権現山式）を後期中葉、凹線文系土器（元住吉山Ⅱ式、宮滝式、滋賀里Ⅰ式）を後期後葉、西日本磨研土器（滋賀里Ⅱ式、滋賀里Ⅲa式、篠原式）を晩期前半、凸帯文土器（桂見Ⅰ式、桂見Ⅱ式、古市河原式、古海式）を晩期後半とする（小林編2008、濵田2017）。また凸帯文土器の古海式には弥生時代前期の第Ⅰ-2様式（板付Ⅱa式に併行）の壺や甕が共伴する事例があるので、古海式の段階を鳥取県東部における弥生時代の開始期とする（浜田2013）。

1. 千代川西岸の地形と縄文時代遺跡の分布

　千代川は中国山地に発し、日本海へと注ぐ。その下流域には鳥取平野が広がり、西岸に湖山池がある（図1）。湖山池は、気候が温暖だった縄文時代前期に湾入していた古鳥取湾が、寒冷化による海水面の低下と千代川の沖積作用により水域を縮小する過程で、海岸線の砂丘の発達によって日本海と分かれ、潟湖となった（赤木ほか1993）。縄文時代中期後葉以降、淡水湖沼化していったと推測されている（佐藤・小野2013）。現在の湖山池の水域は南北2.5km、東西4km、面積は6.8k㎡である。内水面には青島などの島嶼がある。また南岸や南西岸には、山地を開削しながら流れ込む河川があり、その河口部に三角州が発達している。

　さて、千代川下流域の西岸には、おおよそ半径5kmの範囲に、22ヶ所の縄文時代後・晩期の遺跡が周知されている（図1・2）。

　湖山池の沿岸部には、縄文時代前・中期の遺跡が南岸の良田・高住地区の三山口川河口部、後・晩期の遺跡が南東岸の桂見地区や布勢地区、南岸の良田・高住地区の谷部や低地に分布している。南西岸の松原地区の遺跡からも後・晩期の土器が出土しているが、情報が断片的で内容が判然としない。

　一方、湖山池の東側には千代川下流域に三角州が広がる。縄文時代後期以降、土砂の堆積が活発になると、浅海が干潟となり、湿地帯を形成していった（高田2015）。千代川西岸では、この三角州の後背に位置する谷底平野に後期中葉以降の遺跡があり、三角州には弥生時代開始期の遺跡が点在している。

　遺跡の存続期間には長短や一定期間の断絶があり、湖山池南東岸の布勢地区、南岸の高住地区、内水面にある青島では後期前・中葉にかけて続く土地利用が、後期後半に途絶える。また、千代川流域に発達する三角州の後背に位置する山ケ鼻遺跡は後期後葉から晩期前葉に土地利用が連続するが、晩期後半には継続しない。

　ところが、湖山池南東岸の桂見地区では、桂見遺跡を中心に中期後葉から弥生時代にかけて土地利用が継続し、その周囲1kmには遺跡が多く周知されている。桂見地区は縄文時代前期には入江だったが、海退後、桂見遺跡の八ツ割地区に砂州が発達し、その後背部が池沼となった（豊島1996）。現在、桂見地区には標高1mほどの低地が広がっている。これは池沼の痕跡であり、その周囲

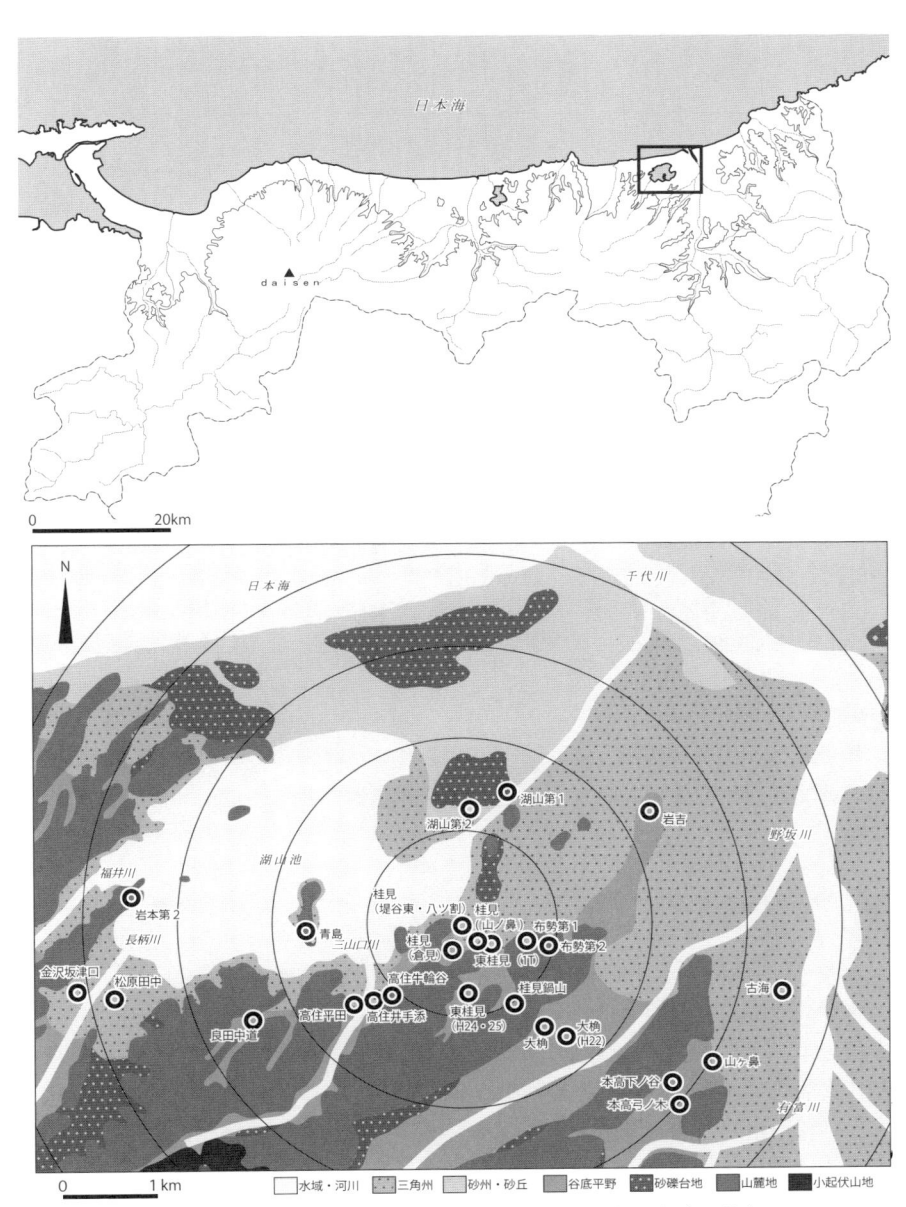

図1　千代川西岸の地形と縄文時代中・後・晩期遺跡の分布

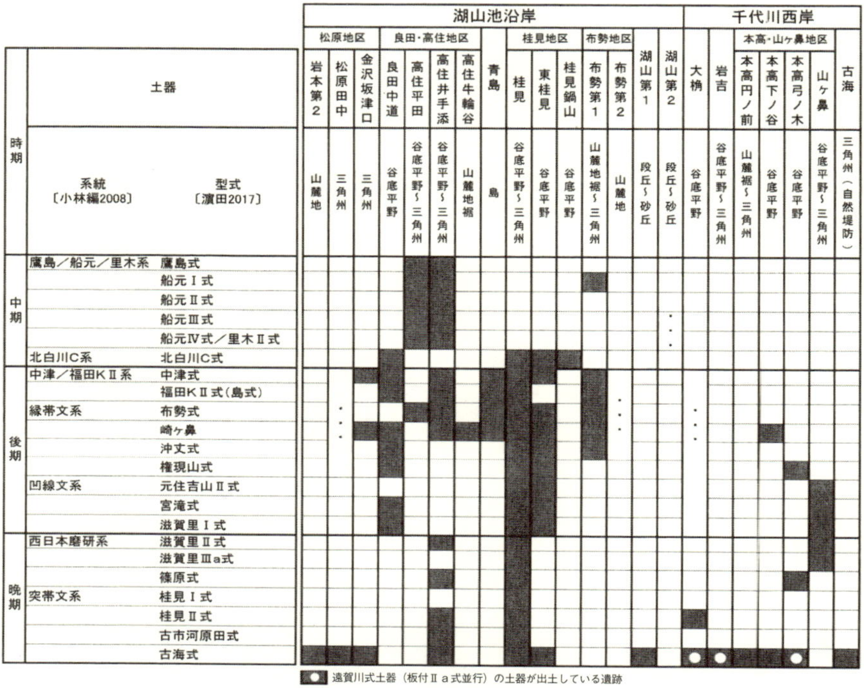

図2 土器型式と縄文時代中・後・晩期遺跡の消長

■ 遠賀川式土器（板付Ⅱa式並行）の土器が出土している遺跡

に桂見遺跡の縄文時代後・晩期遺物の包蔵地が分布している（図3）。桂見遺跡は、縄文時代中期後葉以降、人の定着度が突出して高く（図2）、千代川西岸に展開する縄文時代後・晩期遺跡群の核と位置づけられる。

2. 湖山池南東岸の遺跡群

（1）縄文時代中・後期の環境変化

　中期前・中葉の活動拠点は湖山池南岸の良田・高住地区の三山口川河口部にある。湖山池南東岸でも布勢地区の布勢第1遺跡に鷹島／船元／里木系土器の小片が報告されているが、土地利用は低調である。ところが、中期後葉になると、三山口川河口部に遺跡がみえなくなり、桂見遺跡を中心に桂見地区の土地利用が顕在化する（図2）。

　鳥取県中部にある島遺跡（東伯郡北栄町）では、花粉の分析を通じて、縄文

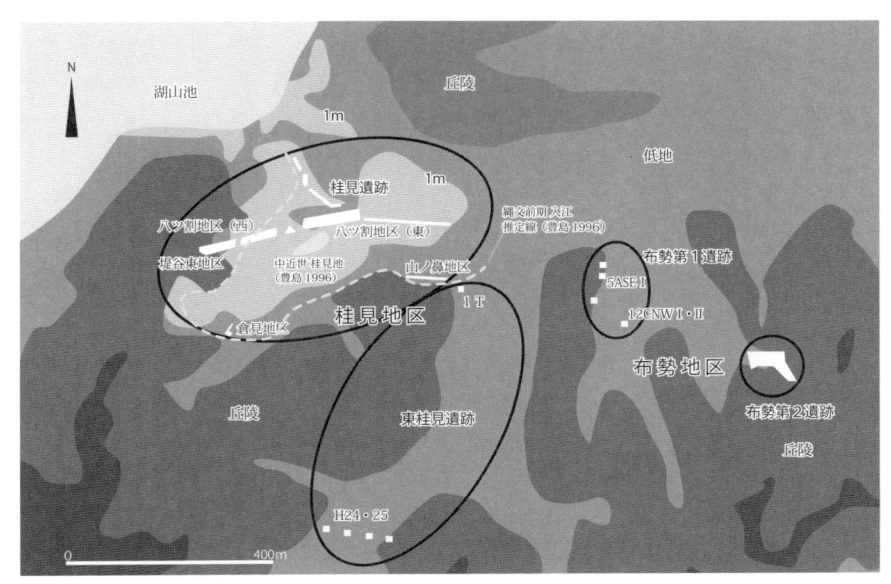

図3　湖山池南東岸（桂見地区・布勢地区）の地形と遺跡の分布

時代中期から後期にかけて「大きな自然環境の変化」があったことが指摘されている（安田1983）。その変化とは、シイノキ属の減少やモミ属・ツガ属・ブナ属・トチノキ属・オニグルミ属などの増加を促した冷涼化、そして、スギ属の増加とヒノキ科の減少を促した湿潤化である。

　温暖期に島遺跡は海岸付近に立地していた。ところが気候が冷涼になり海面が低下すると、河川の影響を受けやすい湿潤な土地となった。そのため後期の地層には、河畔に生育するトチノキ属やオニグルミ属の花粉が増加している。また島遺跡では中期中葉以降、しだいに土器の出土量が減少しており、後葉の北白川C式を欠く。環境の変化に関連づけるならば、湿潤な環境へと変化する過程で、活動が低調になり、中期後葉に土地利用が途絶えると理解できよう。ただし後期には再び土器が出土するようになる。その後は湿地の周辺が新たな活動の場となったと考えられる。

　湖山池南岸の三山口川河口部では、高住平田遺跡から中期前・中葉の土器とともに大小多様な石錘が出土している。湖岸の三角州にあり、漁撈活動の拠点だったとみられる（図4上段）。ところが、縄文時代後期には、未分解の植物

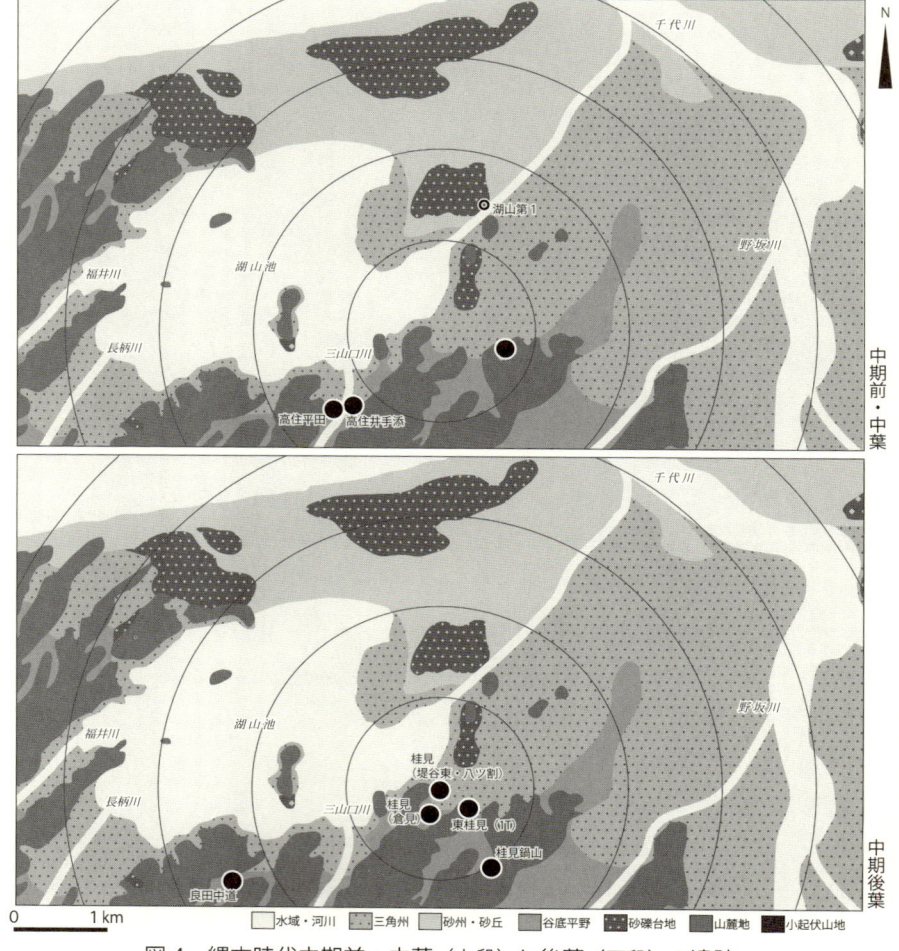

図4　縄文時代中期前・中葉（上段）と後葉（下段）の遺跡

遺体を含む粘土・シルト層が堆積しており、湿潤な環境にあったことがうかがわれる。また、高住井手添遺跡からも中期前・中葉の土器が出土している。しかし、両遺跡ともに後葉の北白川C式を欠いている（図2・図4下段）。ここでも寒冷化によって河川の影響が強まる時期に、土地利用が途絶えていると考えられよう。そして、島遺跡同様、後期になると湿地（高住平田遺跡）の周辺で活動が再開している（図2・図5）。

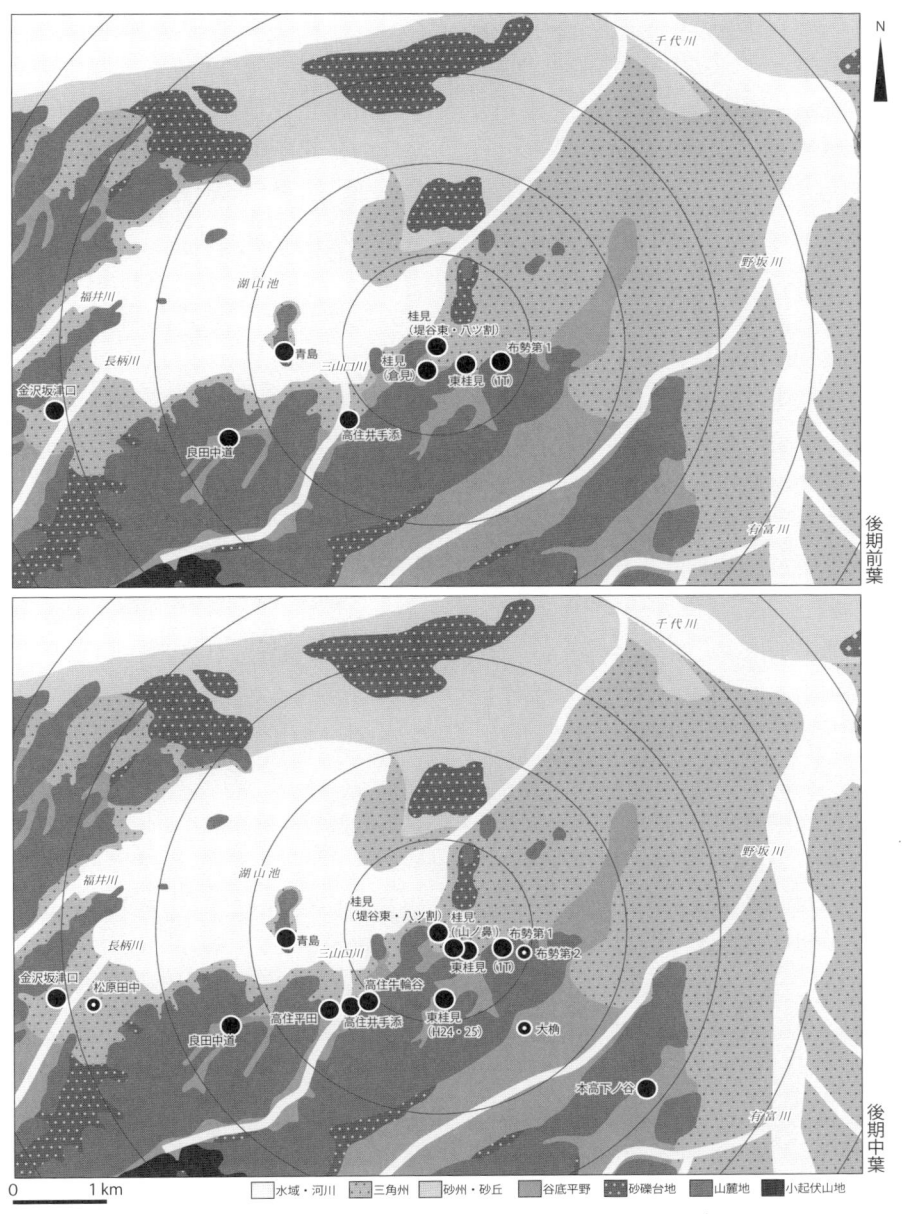

図5　縄文時代後期前葉（上段）と中葉（下段）の遺跡

一方、海退後、湖山池南東岸の桂見地区では桂見遺跡の八ツ割地区に砂州が形成され、谷部に取り残された入江が池沼となった（豊島 1996）。しかし、高住地区に比べると、谷の浅い桂見地区は、島遺跡や高住平田遺跡ほど、河川の影響を強く受けなかったようだ。そして砂州の発達と相まって、池沼の周辺に利用しやすい好適な地形環境が整うと、高住地区に替わる活動の拠点となり、その後、長く土地利用が継続することになった。

（2）桂見地区の遺跡

　湖山池南東岸で最も中期後葉の活動痕跡が明瞭なのが、桂見遺跡倉見地区である（図 3）。桂見地区の低地部南側の丘陵裾に位置し、中期後葉の土器と共に、狩猟・漁撈具、調理加工具など各種石器、木製品、植物遺体が出土している（図 6）。中でも石錘（同 8〜10）が多く出土しており、木器には櫂（同 18）、先端を槍状に加工したヤスと思しき製品（同 19）もあるので、ここが内水面における活動の拠点だったことがうかがわれる。また石器では、石錘に次いで、磨製石斧が多く出土している。磨製石斧には、加工用とみられる小型品（同 11）と、伐採用とみられる中・大型品の刃部片（同 12〜14）がある。木器には斧柄の未成品（同 16・17）もあるので、近隣で伐採した木材を倉見地区に持ち込み、斧柄などの木器を製作していたようだ。

　スダジイ、アカガシ？、オニグルミ、トチノキ、ヒシなどの種実や、それらの果皮の破片も多く出土している。石皿（同 5）・敲石（同 6）・磨石（同 7）などの調理加工具もあるので、食用種実の果皮を割り、粉砕などが行われていたと考えられよう。また植物遺体の中にリョクトウに類似するマメ類の種実が報告されている。近年、レプリカ法による土器の圧痕調査により、東日本の複数の遺跡でマメ類の圧痕が検出されており、中期以前にマメ類の栽培がはじまっていることが指摘されている（工藤ほか 2014）。中期後葉〜後期中葉には東日本縄文文化の影響の下に、石囲炉を伴う竪穴住居跡、石棒や土偶などの祭祀具が山陰地方に現れる。この頃、山陰地方でもマメ類の栽培が行われていたかもしれない。ただしリョクトウは古代から中世にかけて日本に伝わったとみられており、縄文時代中期後葉のマメ類ならば、リョクトウと同じササゲ属のアズキ亜属に分類されよう。いずれにせよ、再同定や放射性炭素年代測定などの分析を経て、再評価が望まれる資料である。

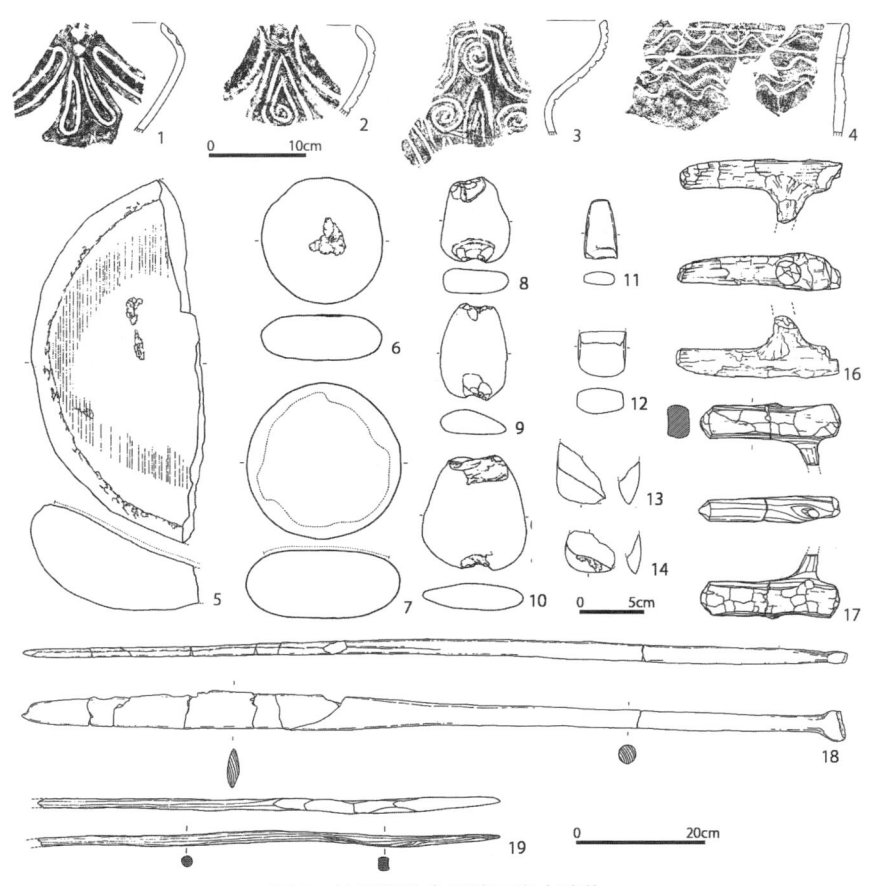

図6　桂見遺跡倉見地区出土遺物

　ところが倉見地区での活動は後期初頭・中津式の段階に終わり、その後は、桂見低地の北よりに位置する堤谷東・八ツ割地区が活動の拠点となる（図3）。これは八ツ割地区における砂州の発達に伴う動きとみられる。土器の出土状況を概観すると、丘陵裾に位置する堤谷東地区と八ツ割地区の西側からは中期後葉～後期中葉（図7-1～10）、中央部から後期中葉～晩期前葉（同11～16）、東側から晩期中葉～晩期後葉（同17～20）の土器が出土している。西から東に発達していった砂州の端部に活動地点が移動する様子がうかがわれる。

　なお堤谷東・八ツ割地区でも、後期前・中葉の石器組成の主体は石錘であ

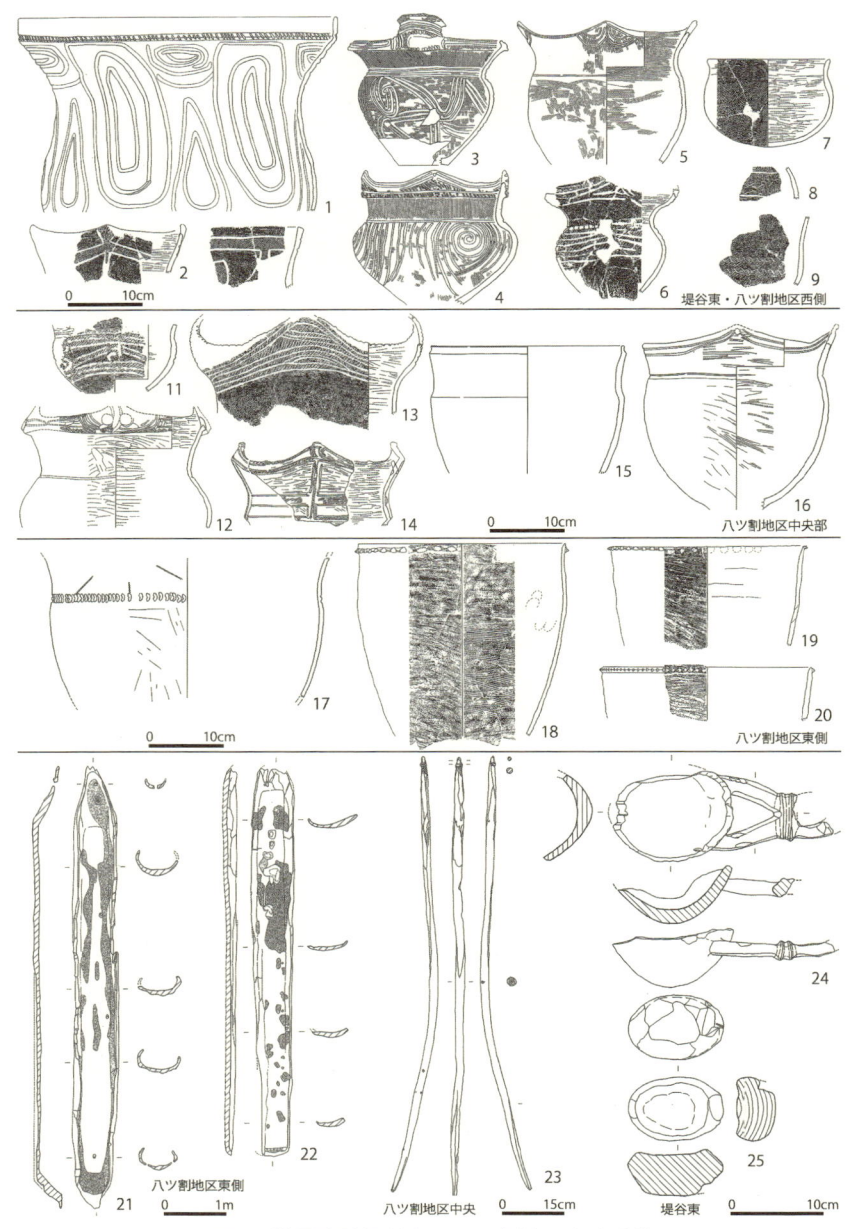

図7　桂見遺跡堤谷東・八ツ割地区出土遺物

る。八ツ割地区の中央部では、後期前葉の弓（同23）、東側では後期中葉に堆積した砂層から2艘の丸木舟が出土している（同21・22）。八ツ割地区に発達した砂州が、湖山池の内水面での狩猟や漁撈における活動の起点となっていたと考えられる。

また後期前葉または中葉のものとみられる杓子の製品と未成品（同24・25）が堤谷東地区から出土している。堤谷東地区の立地は、丘陵裾部に位置する倉見地区と良く似ている。桂見遺跡では池沼近くの丘陵裾部が木器製作の場として選択されているようだ。

八ツ割地区の周辺では複数の地点で発掘調査が行われているが、居住に関連する遺構は未だ確認されていない。堤谷東・八ツ割地区で木器の製作や狩猟・漁撈活動に従事していた人々の居住地は離れた別の場所にあると推測する。

（3）布勢地区の遺跡

桂見地区の東側に位置する布勢地区では、東西を丘陵に囲まれた谷間に布勢第1遺跡があり（図3・8）、後期前・中葉の土器などが出土する地点がある。

布勢第1遺跡の12CNWⅠ・Ⅲ地点では、水路に伴う木製構造物が検出され（図8上段）、福田KⅡ式の深鉢類、石皿や磨石などの調理加工具、もじり編みのカゴ類（同1）、杓子、鉢などの木器や漆器の製品が出土している。詳細は報告されていないが、植物遺体の中には、ヒシやカシといったアク抜きにより食用できる種実も伴うようだ。ここで食用種実のアク抜きなどが行われていたのかもしれない。石斧や斧柄と共に多数の不明木製品も出土している。伐採後に、分割した木材を水路に集めていた可能性もある。なお石鏃や石錘は報告されていないので、狩猟や漁撈活動との関りは薄い場所だったと考える。

なお木製構造物には櫂が二次利用されていた。後期前・中葉の遺跡は千代川下流域の三角州には確認できないので、この構造物が設けられた頃、布勢地区の北東側には湿地・干潟・浅海などの水辺の環境があったと推測する。布勢地区は千代川下流域よりにあるので、湖山池だけでなく千代川下流域の水辺も布勢第1遺跡を営んだ人々の活動領域に含まれると考えておきたい。

12CNWⅠ・Ⅲ地区から北に100mほど離れた場所にある5ASEⅠ地区からは布勢式や崎ケ鼻式の深鉢や浅鉢と共に、石鏃、石錘、伐採や加工用の磨製石斧などが出土している。同一層からは陶磁器も出土しているので、これらの

図 8　布勢第 1 遺跡・第 2 遺跡出土遺物

　遺物は二次的な堆積と考えられるが、この付近に狩猟、漁猟、木材などの資源採集に関わる活動の起点または中継地があったと推測する。

　また布勢第 1 遺跡から南西方向に約 200 m の距離にある丘陵には布勢第 2 遺跡がある。縄文時代の遺構は検出されていないが、磨石、敲石、石皿（図 8-2 〜4）、石錘（同 5・6）が出土しており、調査地近傍で堅果類などの加工が行われていたことがうかがわれる。少量の縄文土器片が出土しているらしいが、子細は分からない。布勢第 1 遺跡との共時関係は判然としないけれど、布勢地区では丘陵部も土地利用の対象となっていたようだ。

（4）低地の遺跡と丘陵の遺跡

　鳥取県西部の米子市東端に位置する淀江平野にも、縄文時代前期には入江があり、気候が寒冷に転じた後に潟湖が形成された。平野の北西部には、潟湖の痕跡を示す低地があり、後期には潟湖の南岸にあった井手跨遺跡（米子市）から中津式や崎ケ鼻式などの土器と共に、狩猟・漁撈具などの石器、漆器、丸木舟の破片などが出土している。居住に関連する遺構はなく、調理加工具と考えられる磨石や敲石は少量あるが、石皿は出土していない。桂見遺跡の八ツ割地区のように、内水面での狩猟や漁撈などに関連した活動地点とみられる。

　一方、平野の西側に接する台地には大下畑遺跡や百塚第7遺跡（米子市）があり、崎ケ鼻式土器を伴う竪穴住居跡が検出されている。井手跨遺跡から約2kmの距離にあるが、現状では、淀江平野の低地を活動領域としていた人々の居住地の有力候補である。

　湖山池南東岸の布勢地区には、低地に布勢第1遺跡、丘陵に布勢第2遺跡がある。淀江平野の事例を参考にするならば、布勢地区においても丘陵（布勢第2遺跡の近傍）に居住地が存在する可能性がある。そして谷間（布勢第1遺跡）に食用種実の調理加工、資源採集や木器製作に関わる各種活動の場を設け、居住域から1〜2km程度離れた水域や水辺を利用していたと考えたい。

3．後期前・中葉の集落像

（1）居住域

　鳥取県内では大下畑遺跡や百塚第7遺跡のほかにも、岩本丸山遺跡（鳥取市）、智頭枕田遺跡（八頭郡智頭町）、津田峰遺跡、横峰遺跡（倉吉市）、森藤第2遺跡、南原千軒遺跡（東伯郡琴浦町）、殿河内上ノ段大ブケ遺跡、南川遺跡、大塚遺跡（西伯郡大山町）に後期前・中葉の竪穴住居跡の調査例がある（濵田2017）。その多くが丘陵、台地、河岸段丘に立地している。

　山間の河岸段丘にある智頭枕田遺跡では、中期後葉の北白川C式を伴う竪穴住居跡が4棟、後期前葉の中津式を伴う竪穴住居跡が6棟、後期中葉の崎ケ鼻式を伴う竪穴住居跡が1棟、合計11棟の竪穴住居跡が検出されている（図9）。調査区の南側にも遺構が分布すると考えられ、中期後葉や後期前葉には一時5棟前後の竪穴住居が存在していたと推測する。

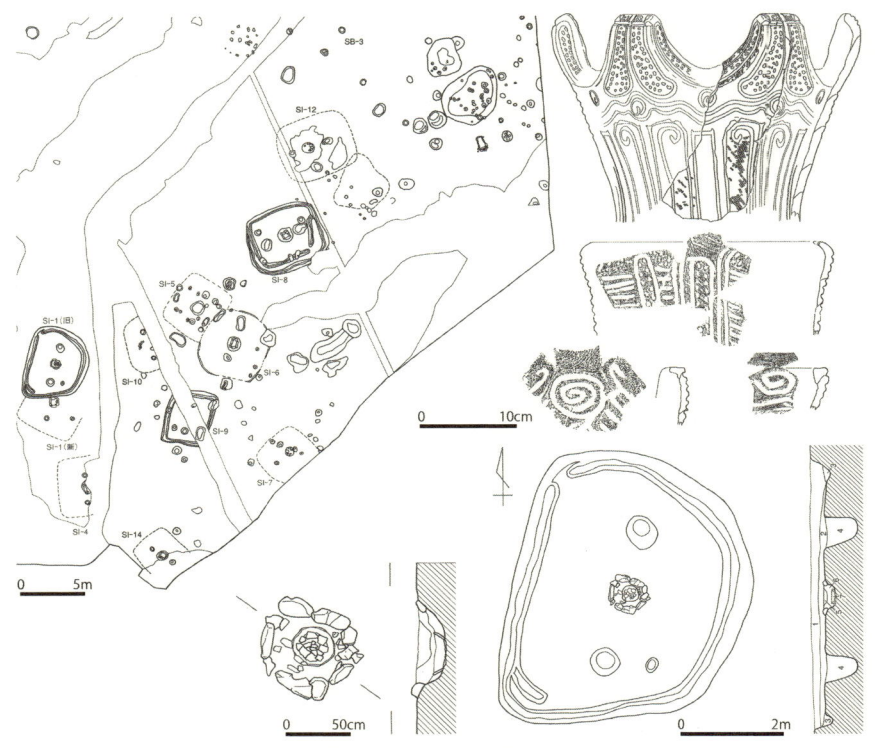

図9　智頭枕田遺跡の竪穴住居跡群

　しかし智頭枕田遺跡には貯蔵機能が推定される袋状の大型土坑、石器の製作跡、食料残滓などを一所に大量廃棄した痕跡が調査地内に確認できない。大山山麓の台地にあり、後期前葉の福田KⅡ式や中葉の布勢式の竪穴住居跡5棟が検出された殿河内上ノ段大ブケ遺跡（図10）も同様である。また、栗谷遺跡（鳥取市）では、谷筋に接する丘陵端部の低湿な場所に貯蔵穴群が検出されている。智頭枕田遺跡や殿河内上ノ段大ブケ遺跡でも、周囲の低湿な環境に貯蔵穴群などが存在すると考えておきたい。

（2）石囲炉と屋内祭祀遺構

　鳥取県内にみる中期後葉〜後期中葉の竪穴住居跡には床面中央部に石囲炉を備えるものが多い（図9・10）。石囲炉は東日本に普及した炉の一形態であり、近畿地方を経て中期後葉に山陰地方東部へと伝わった。その背景には人の移動

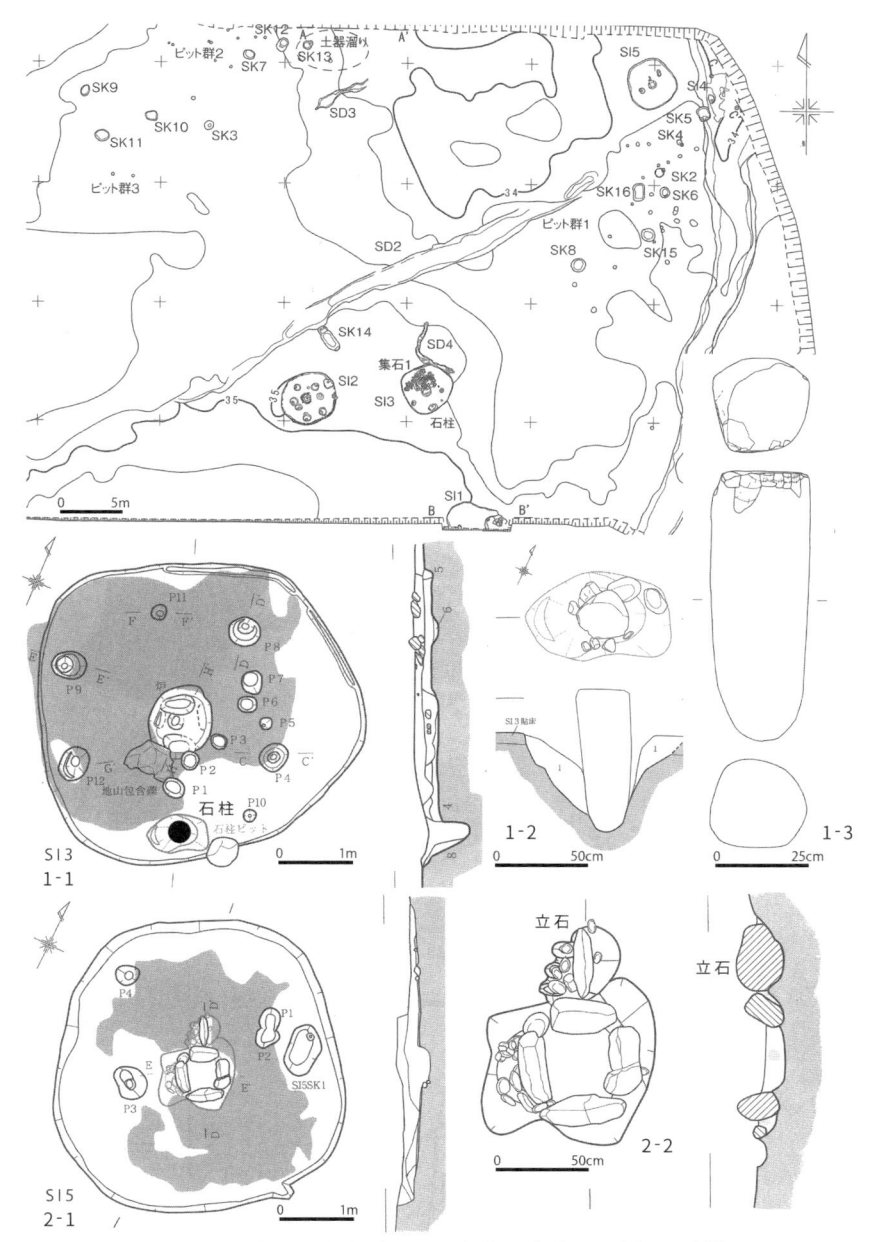

図10　殷河内上ノ段大ブケの竪穴住居跡群と屋内祭祀遺構

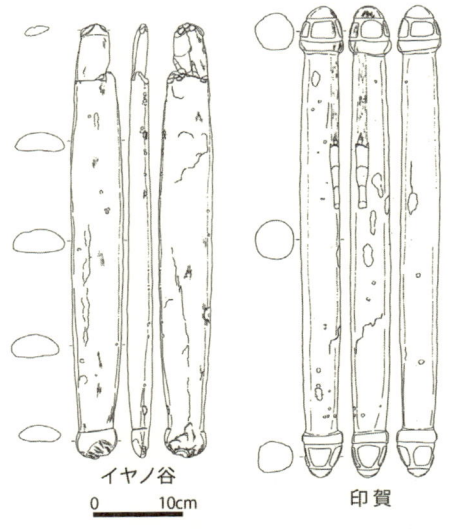

イヤノ谷

0   10cm

印賀

図11　イヤノ谷遺跡と印賀出土の石棒

も想定される（幡中 2017）。また、後期には石棒など、東方に由来する祭祀具も散見され、精神文化にも東日本からの影響が及んでいる。

　殿河内上ノ段大ブケ遺跡で検出された竪穴住居跡にも石囲炉が伴う。このうち SI3（図 10-1-1）には、南壁際に石柱が立てられていた（同 1-2）。石柱は長さ 74cm、直径 25cm の円柱を呈し、全面が研磨され、上端部は平坦に加工されており、円柱状の自然石ではなく、磨製の大型石棒に類する（同 1-3）。また SI5（同 2-1）の中央に設けられた方形の石囲炉には、北側の一辺に直交して接する板状の立石が伴う（同 2-2）。こうした石柱や立石は、関東地方などの竪穴住居跡の石囲炉や奥壁に設けられている石柱や立石のように祭祀関連遺構の可能性がある。なお、殿河内上ノ段大ブケ遺跡ではすべての竪穴住居跡に石柱や立石は備わっていない。石柱などを伴う竪穴住居は、居住域内における祭祀の場を兼ねていたとみられる。

　ところが殿河内上ノ段大ブケ遺跡からは、石棒などの祭祀遺物は出土していない。鳥取県内では、森藤第 2 遺跡や南原千軒遺跡で居住域から土偶が出土しているが、中期後葉～後期中葉の居住域に定形化した石棒の出土例はない。一方、イヤノ谷遺跡（鳥取市）や印賀石棒出土地（日野郡日南町）では、後期のものとみられる緑泥片岩製の両頭形石棒（図11）が、それぞれ単体で出土している。石棒を用いた祭祀は居住域外で行われていた可能性がありそうだ。

（3）青島遺跡と石棒

　湖山池南東岸の桂見地区や布勢地区、南岸の良田・高住地区にある遺跡からも石棒や土偶などの祭祀遺物は出土していない。桂見遺跡や布勢第 1 遺跡のように、豊富に土器や石器が出土する遺跡にも祭祀遺物が伴わないのは、調査地点が生業の空間であり、祭祀行為との関係が希薄だったからだろう。

一方、湖山池南岸近くにある青島に所在する青島遺跡から（図5）、後期前葉の福田KⅡ式、中葉の布勢式や崎ケ鼻式を主体とする土器群（図12-1〜6）に伴って石棒が出土している（同7・8）。石鏃や石錘（同9〜11）も出土しており、ここを中継して内水面で漁猟や狩猟などが行われていたことがうかがわれる。なお遺跡の範囲は狭小で、遺構の有無も明らかではないが、布勢式や崎ケ鼻式を中心に土器の内容は充実しており、一時的、短期的な利用にとどまる活動地点にはみえない。

　既報告の土器には有文土器や半精製土器が過半数を占め、小規模な遺跡にしては有文土器の占める割合が高い。有文の精製土器の中には四国地方の平城式または九州地方の小池原上層式の搬入品と考えられる鉢の優品もある（同6）。こうした土器が一時的な活動地点に持ち込まれるとは考えにくい。石棒や有文の精製土器などを用いた祭祀が行われることがあったとみたい。

　後世、古墳時代にも青島を信仰する人々がおり、青島遺跡からは祭祀関連遺物として3点の子持ち勾玉が出土している。縄文時代後期前・中葉に、桂見地区、布勢地区、良田・高住地区などを拠点に生活を営み、湖山湾の水上で活動していた人々も、青島を特別な場と認識していたのではなかろうか。青島遺跡は、狩猟・漁撈活動の中継地であり、日常の生活空間である居住域とは分離、独立した祭祀の場としても機能していたと考える。

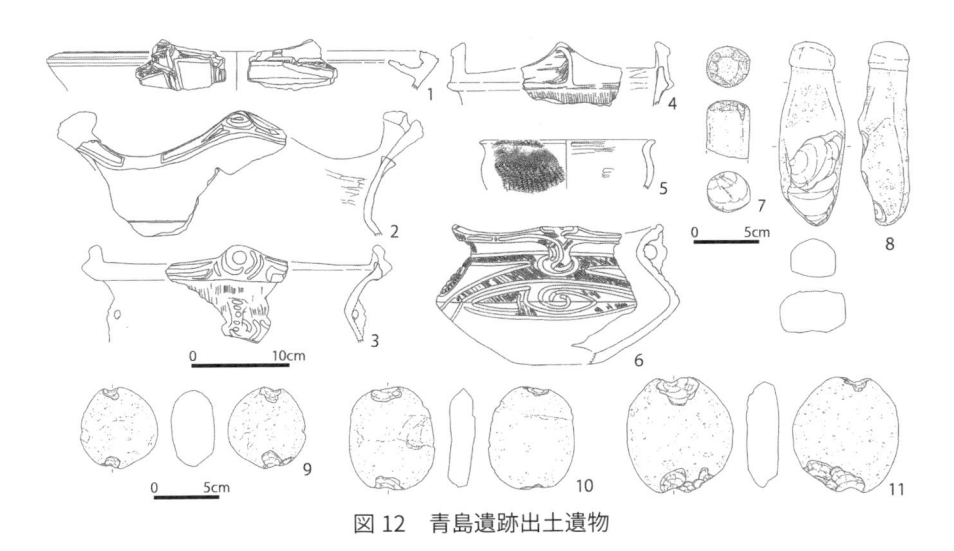

図12　青島遺跡出土遺物

（4）内湾・潟湖周辺に営まれた後期前・中葉の遺跡群

　湖山池沿岸で活動していた集団の居住域は、丘陵上に存在する蓋然性が高い
く、智頭枕田遺跡や殿河内上ノ段大ブケ遺跡の事例から、一つの居住域には
3〜5世帯が共に生活していたと見込まれる。また居住域の周囲1〜2kmの範囲
に各種活動地点が分散している。後期前・中葉の湖山池沿岸には、周辺の谷間
に水場遺構、貯蔵穴群、資源採集の拠点、木器の製作などに関わる作業場、そ
して海浜部や内水面における緒活動の拠点、島嶼のような環境に祭祀の場を兼
ねた活動地点が存在すると考えたい（図13）。

　狩猟採集民の平均的な活動領域は半径10km程度と認識されることが多い。
関東地方南西部における縄文時代中期中葉〜後葉の拠点集落の日常の活動領域
に半径4km前後の範囲を想定する研究もある（谷口2003）。それらに比べ、湖
山池沿岸の布勢地区に想定される集団の活動領域が狭いのは、関東地方の拠点
集落を営んだ集団に比べて、居住の規模が小さく、居住域の近傍に丘陵、谷・
河川、内湾や潟湖、池沼など、多様な生態系を資源として利用できる環境が
あったからだろう。

　最も遺跡数が多くなる後期中葉には、湖山池南東岸の桂見地区や布勢地区か
ら南岸の良田・高住地区に、それぞれ居住域を設け、活動する集団が存在した
可能性もある。その場合、動植物資源の獲得に関わる活動領域の重複も想定さ

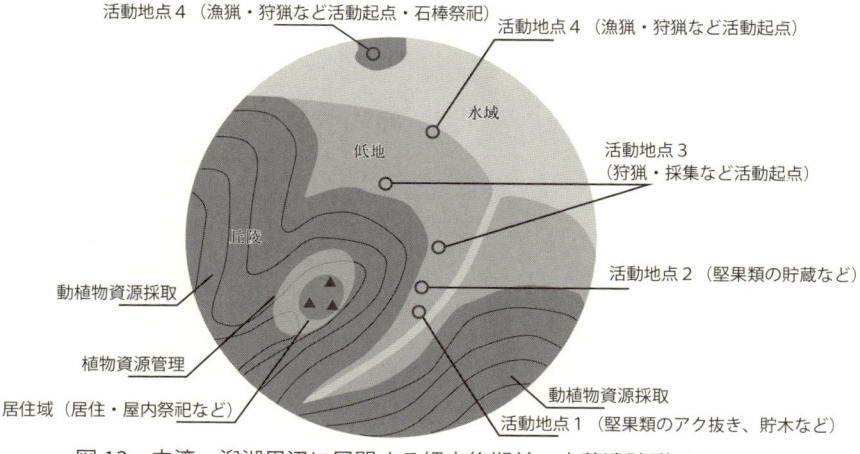

図13　内湾・潟湖周辺に展開する縄文後期前・中葉遺跡群（イメージ）

れる。しかし、個々の集団規模が小さく、重複する領域での資源利用が集団間のストレス原因にはならなかったのではなかろうか。また湖山池南東岸から南岸で活動していた集団が青島を共用していたと考えるならば、石棒などの祭祀を紐帯とする共同体をなしていた可能性も視野に入れたい。

4. 後期後葉以後の動態

（1）湖山池沿岸における遺跡の減少

　湖山池沿岸では後期後葉に遺跡数が半減する（図2・図14上段）。こうした動きは中葉の沖丈式の段階にさかのぼり、湖山池南岸の高住地区では沖丈式以後、しばらく土地利用の痕跡がない。また南東岸の布勢第1遺跡では権現山式以後、活動の痕跡が途絶える。沖丈式を前後する時期に、湖山池に分散していた小集団が、桂見遺跡の周辺などにまとまる動きがあったのかもしれない。しかし桂見遺跡の遺構や遺物の在り方に集団規模の拡大を示唆するような顕著な変化はみられない。したがって、湖山池沿岸にみる遺跡数の半減は、湖山池沿岸を活動領域としてきた集団の減少を表すと理解すべきである。

　一方、千代川西岸の支川流域では、後期中葉以降、徐々に遺跡が顕在化する。有富川の谷底平野では、本高下ノ谷遺跡から崎ケ鼻式、本高弓ノ木遺跡から権現山式、山ケ鼻遺跡から元住吉山Ⅱ式以降の土器が出土している。湖山池沿岸からの人の移動も考えられよう。

　千代川西岸の三角州には、後期前・中葉の遺跡は確認されていない。まだ千代川西岸の三角州は発達の途上にあり、布勢地区の東側には湿潤な環境が広がっていた。ところが、その後、千代川の下流域の埋積が進むと、布勢地区からは海岸線が遠のいたと推測される。布勢地区での活動が途絶える理由については、布勢地区の周辺で動植物資源を得ていた集団が、千代川下流域の環境を利用しやすい新たな場所を求めて、千代川の支川流域の谷底平野の末端近くに移動した可能性も想定したい。

　なお、後期中葉に湖山池南東岸や南岸に拠点を定めていた集団は、日常の活動領域を重復する関係にあったと考えられる。一方、後期後葉には、湖山池沿岸の遺跡が減少すると共に、遺跡の分布が粗くなる。すると後期後葉以降は各集団の活動領域に重復もなくなり、各集団間の日常的な接触機会は低下して

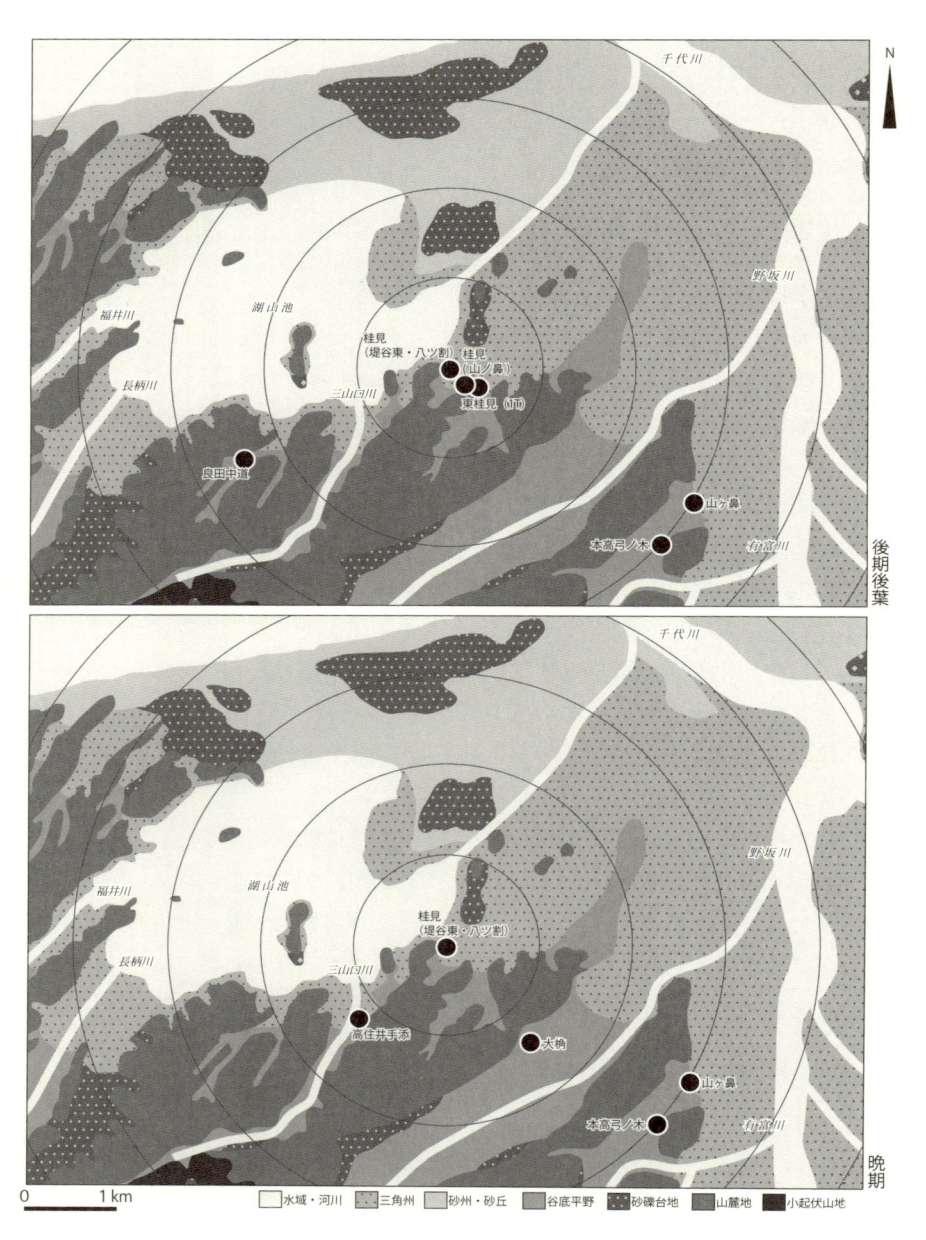

後期後葉

晩期

水域・河川　三角州　砂州・砂丘　谷底平野　砂礫台地　山麓地　小起伏山地

0　1km

図14　縄文時代後期後葉（上段）と晩期（下段）の遺跡

いったのではなかろうか。青島の利用も崎ケ鼻式を最後に途絶えている。後期後葉は千代川西岸に展開する諸集団が湖山池沿岸部から分散し、自立性を強める時期と考えられよう。

(2) 三角州への進出

晩期前半には、湖山池南岸の良田・高住地区、南東岸の桂見地区の三山口川河口部、有富川左岸の山ケ鼻・本高地区、晩期後半には三山口川河口部、南東岸の桂見地区、野坂川左岸の大桷(だいかく)地区に遺跡がある。居住域は確認できないが、おおよそ3〜4の集団が存在していたのではないかと思われる。

そして晩期後半を経て、弥生時代開始期には、千代川西岸の三角州に遺跡が現れる（図15）。千代川の傍にある古海遺跡では古海式の深鉢が多く出土している。三角州に形成された微高地に立地しており、この頃、千代川に近い低地の本格的な利用がはじまるのだろう。有富川の谷底平野にある本高弓ノ木遺跡では、埋没した河川跡から古海式の深鉢などが大量に出土しており、複数の土器にイネ、アワ、キビの圧痕が観察された。少量の遠賀川式土器や、鍬先などの木製農具類も伴う。遺跡の周辺ではイネ科植物が栽培されていたとみられる。三角州への進出は、遠賀川式土器とともに伝わり、受容された水稲耕作の普及と関連した事象と考えたい。

また本高弓ノ木遺跡、大桷遺跡、岩吉遺跡からは、古海式と共に鳥取平野の中で古相を示す遠賀川式土器が出土している。ところが、中期後葉以降、土地利用が間断なく続いてきた桂見遺跡には古海式に伴う古相の遠賀川式土器は認められない。本格的な水稲耕作を受容する集団が現れ、遠賀川式土器の製作・使用がはじまる時期にも、桂見遺跡では凸帯文土器の深鉢を主体とする縄文土器の伝統的な組成を維持している。

湖山池沿岸では、凸帯文土器前半の桂見Ⅱ式の浅鉢にアワの種実圧痕が認められ[1]、遠賀川式土器を製作・使用する集団との接触以前に、イネ科植物の栽培が試行されていたとみられる。桂見地区を拠点に活動していた集団もイネ科植物を栽培していた可能性がありそうだ。しかし、中期後葉以降、長く安定した環境下で生活を営んできた桂見地区の集団は、後期後葉以降、千代川西岸に展開していった集団に比べ、新たな生活文化の導入に積極的ではなかったように思われる。

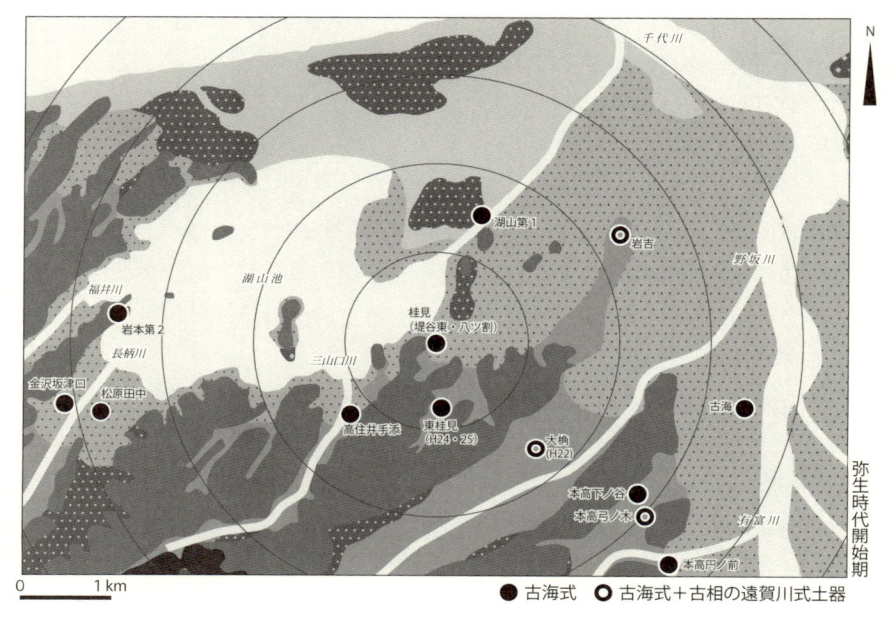

図15　弥生時代開始期の遺跡

地図内ラベル：千代川／湖山第1／岩吉／野坂川／福井川／湖山池／岩本第2／桂見（堤谷東・八ツ割）／長柄川／三山口川／金沢坂津口／松原田中／高住井手添／東桂見（H24・25）／大橋（H22）／古海／本高下ノ谷／本高弓ノ木／本高円ノ前／有富川／弥生時代開始期

凡例：●古海式　○古海式＋古相の遠賀川式土器

0　1km

おわりに

　千代川西岸に分布する遺跡を対象に、縄文時代後・晩期に山陰沿岸部の内湾や潟湖周辺を活動領域としていた集落像を検討し、いくつかの仮説を提示した。

　山陰地方の沿岸部には、気候の寒冷化により、土地環境が湿潤になる過程で、中期後葉に土地の利用が途絶える遺跡がある。湖山池沿岸でも、中期前・中葉に活動痕跡が明瞭な良田・高住地区の三山口川河口部の土地利用が中期後葉に途絶える。一方、この頃、砂州が発達した桂見地区では、入江が取り残された池沼周辺での土地利用が顕在化し、弥生時代にいたるまで継続することを確認した。

　また後期前・中葉に内湾・潟湖周辺を活動領域としていた集団の居住域は丘陵にあり、3〜5世帯が一つの集団を形成していたと推定した。そして居住域から半径1〜2kmの範囲にある丘陵、谷や河川、内湾や潟湖、池沼などの環境

で各種の動植物資源を獲得し、居住域周辺の低地に活動地点を設けていた。湖山池沿岸では島嶼に祭祀の場を設け、周辺に点在する集団が共有、共用していた可能性もある。

　後期後葉には湖山池沿岸の遺跡数が半減し、千代川西岸の支川流域に遺跡が現れ、広域に分散した集団が自立性を強める。そして水田稲作の普及に伴い千代川下流域に拡大した三角州の土地利用がはじまる。一方で古相の遠賀川式土器が出土しない桂見地区には、水田稲作開始期にも従来の土器組成を維持する集団が存在していたことがうかがわれる。

註
1）高住井手添遺跡出土の浅鉢にアワの圧痕があるのを実見した（未報告）。

引用・参考文献
赤木三郎・豊島義則・星見清晴・谷村美弥子　1993「湖山池の地質環境と地史的変遷」『地質学論集』第 39 号

工藤雄一郎／国立歴史民俗博物館編　2014『ここまでわかった！ 縄文人の植物利用』新泉社

小林達雄編　2008『総覧 縄文土器』アムプロモーション

高田健一　2015「鳥取平野における土地環境の変化と弥生集落の形成活動」『古代文化』第 67 巻第 1 号

谷口康浩　2003「縄文時代中期における拠点集落の分布と領域モデル」『考古学研究』第 49 巻第 4 号

佐藤善輝・小野映介　2013「鳥取平野北西部、湖山池周辺における完新世後期の地形環境変遷」『地理学評論』86 — 3

智頭町教育委員会　2014『智頭枕田遺跡』

鳥取県教育委員会　2013『本高下ノ谷遺跡』

鳥取県教育委員会　2013『本高弓ノ木遺跡 5 区 I 』

鳥取県教育委員会　2013『高住平田遺跡 II 』

鳥取県教育委員会　2013『高住牛輪谷遺跡 I 』

鳥取県教育委員会　2013『松原田中遺跡 I 』

鳥取県教育委員会　2014『桂見鍋山遺跡』

鳥取県教育委員会　2014『東桂見遺跡』

鳥取県教育委員会　2014『良田中道遺跡』

鳥取県教育委員会　2015『高住井手添遺跡』

鳥取県教育委員会　2018『大桷遺跡Ⅳ』

鳥取県教育文化財団　1981『布勢遺跡発掘調査報告書』

鳥取県教育文化財団　1982『湖山第2遺跡発掘調査報告書』

鳥取県教育文化財団　1998『湖山第1遺跡発掘調査報告書』

鳥取県教育文化財団　1992『東桂見遺跡試掘調査報告書』

鳥取県教育文化財団　1996『桂見遺跡―八つ割地区・堤谷東地区―・堤谷西地区―』

鳥取県公文書館県史編さん室　2017『新鳥取県史』考古1

鳥取県農林部農業指導課　1976『千代川流域地域 土地分類基本調査 鳥取県北部・鳥取県南部』

鳥取市　1983『新修 鳥取市史』第1巻

鳥取市教育委員会　1978『桂見遺跡発掘調査報告書』

鳥取市教育委員会　1978『大桷遺跡Ⅰ』

鳥取県埋蔵文化財センター　2014『殿河内上ノ段大ブケ遺跡』

鳥取市教育委員会　1981『古海遺跡発掘調査概報』

鳥取市教育委員会　1998『平成9年度鳥取市内遺跡発掘調査概要報告書』

鳥取市教育福祉振興会　1995『山ケ鼻遺跡』

鳥取市教育福祉振興会　1995『平成6年度桂見遺跡発掘調査報告書』

鳥取市教育福祉振興会　1996『山ケ鼻遺跡Ⅱ』

鳥取市教育福祉振興会　1997『岩吉遺跡Ⅳ』

鳥取市教育福祉振興会　1998『平成9年度桂見遺跡発掘調査報告書』

鳥取市教育福祉振興会　1999『防己尾城跡・岩本第2遺跡』

鳥取市文化財団　2004『高住円ノ前遺跡』

鳥取市文化財団　2009『桂見遺跡発掘調査報告書』

鳥取市文化財団　2012『大桷遺跡』

豊島吉則　1996「桂見遺跡の古環境」『桂見遺跡―八つ割地区・堤谷東地区―・堤谷西地区―』鳥取県教育文化財団

幡中光輔　2017「中国地方における石囲炉の受容と展開―石囲炉の伝播から地域間交流を考える―」『縄文時代』第28号、縄文時代文化研究会

濱田竜彦　2013「山陰地方における初期遠賀川式土器の展開と栽培植物」『農耕社会成立期の山陰地方』第41回山陰考古学研究集会

濱田竜彦　2017「縄文時代」『新鳥取県史』考古1、鳥取県公文書館県史編さん室

福部村教育委員会　1989・1990『栗谷遺跡発掘調査報告書Ⅰ・Ⅱ・Ⅲ』

安田喜憲　1983「島遺跡の花粉分析」『島遺跡発掘調査報告書』第1集、北条町教育委員会

九州地方の集落と遺跡群

宮地 聡一郎

1. 九州地方の集落と遺跡群研究の現状

　九州地方は、西日本の中では縄文時代の遺跡が比較的多いこともあり、集落および遺跡群の研究もそれなりに行われている。その中で集落の構造研究としては、早期の九州南部、後期中葉の周防灘沿岸部や宮崎県域、後期後半〜晩期の九州各地の遺跡を対象とした研究が行われ、同時存在棟数の検討や2群化する集落構造の存在などが指摘されている（前迫 2001、水ノ江 2001a・b、2002・2009、矢野 1999・2001）。

　ただ集落を地域社会の中で位置づける遺跡群研究は、遺跡数や調査の多寡などの条件面の制約も関係し、研究が行える時期と地域は決して多くない。その中で、後期〜晩期にかけては遺跡数が多く、また規模の大きな遺跡も存在することから、大規模公共事業や圃場整備事業に係る記録保存調査の報告書刊行の進展によって、検討が行える環境が以前よりも整ってきている。

　九州地方の縄文時代の遺跡数は時期別に大きな変動が見られることが知られている（林 2011）。早期はとくに九州南部で遺跡数が爆発的に増加するが、前期は少なくなり住居跡も判然としなくなる。中期も引き続き遺跡数は少なく、住居跡を多数確認できる集落遺跡は宮崎県の一部に見られるにすぎない。その状況が変わるのが後期であり、後期前葉は遺跡数の増加が各地で見られる。ただ急増する時期は地域によって差があり、周防灘沿岸部から宮崎県にかけての九州地方の東海岸沿いでは後期前半がとくに多いのに対し、そのほかは後期後半に遺跡数がピークを迎える。晩期は前葉までは多いものの、中葉以降は各地で遺跡数が減少し、また規模も小さくなる。

上記動向の中でかねてより注目されてきたのが、縄文時代後期後半〜晩期にかけての様相である。とくに阿蘇山の東西の火山灰台地の遺跡は、出土遺物に多量の打製石斧を含むことから、かつて縄文晩期農耕論が議論された。その中でも中九州（熊本北部）は遺跡数が多い上に、土偶が多量に出土する遺跡が存在することからとくに注目されてきた。近年明らかになってきた玉類の研究からも、この地域がその生産と流通の核になっていたことが指摘され、益々その重要性が明らかになってきている（大坪 2015）。古くから農耕の問題が議論となっているが、近年はレプリカ法によって新たな手掛かりが得られてきており、かつての農耕論とは違った形で、マメ類の栽培が打製石斧の増加現象と関係した可能性が指摘されてきている（小畑 2011）。かつて縄文中期農耕論が展開された中部地方でも同様の指摘がされており、中期の東日本縄文社会との比較の視点からも興味深い。縄文時代後期後半の西日本は遺跡数が減少していく傾向がある中で異例とも言える展開であり、その実態の解明は大きな課題である。本稿ではこのような事情も鑑み、とくに中九州の遺跡群についておもに述べたい。

2. 中九州の遺跡群動態

（1）これまでの研究

　この地域では台地上に遺跡が立地することから、古くから畑の耕作などで土器や石器の存在が知られており、在野の研究者達によって発掘調査も多く行われてきた。三万田遺跡やワクド石遺跡などは昭和のはじめ頃から知られ、またこの地域では土偶が多く存在することも注目されていた。

　木村幾多郎と島津義昭は体系的にこの地域の遺跡分布状況を整理し、遺跡群の盛衰について考察した（木村・島津 1972）。この論考では遺跡の立地や分布、遺跡のあり方のみならず、打製石斧の問題や生業に関することなど、多岐にわたる内容に言及しており、現在の研究につながる土台となっている。本稿に関係するもので特筆すべき内容としては、菊池川流域周辺では遺跡の密集度から4つの遺跡群に分かれること、それぞれの中で土偶や玉類が出土し「母村」的性格を有する遺跡が1〜2ヶ所存在することが指摘されており、このような遺跡が果たした役割の重要性に触れている。

また富田紘一は、遺跡群の中でさらに細かく遺跡の分布状況や盛衰を考察した。たとえば井芹川流域では遺跡の消長を整理し、大規模遺跡で土偶が多く出土していることを指摘し（富田1979）、白川流域では大規模遺跡のほかに少量の遺物しか出土しない小規模遺跡が出現することを指摘した（富田1983）。具体的には3〜5km程の間隔で存在することの多い大規模遺跡を集落遺跡と位置づけ、その間の非居住地域に継続性の弱い小規模遺跡が散在していると考えた。さらには土偶の文様を手掛かりに、遺跡群ごとに緊密な関係が形成されていたことにも言及した（富田1990）。

　金田一精は、井芹川流域および白川流域を対象に遺跡の立地と消長について詳細に検討し、台地から低地への立地の変化は、遺跡数の少なくなる古閑式や黒川式ではなく、刻目突帯文土器期の江津湖式（本稿のⅡ期）であるとの注目すべき指摘を行っている（金田2009）。なお、小規模遺跡については定住性の低い移動生活によるものと考え、古閑式以降普遍化すると捉えた点は、富田の考えを引き継ぎながら、晩期中葉の遺跡数減少の実態をより明らかにしたものと言えよう。

　以上の研究により、中九州の遺跡群の展開としては、①後期後葉に遺跡数が増えるとともに規模の大きな遺跡が出現する。②後期末の天城式に遺跡数が最も多くなる。③晩期前葉の古閑式に遺跡数の減少がはじまる。④晩期中葉の黒川式には著しく遺跡数が減少する、という流れが整理されている。

（2）中九州の遺跡群の概略

　中九州の中でもとくに遺跡が集中する範囲は、三万田遺跡を代表とする菊池川流域、太郎迫遺跡を代表する井芹川流域、そして上南部遺跡を代表とする白川流域とに

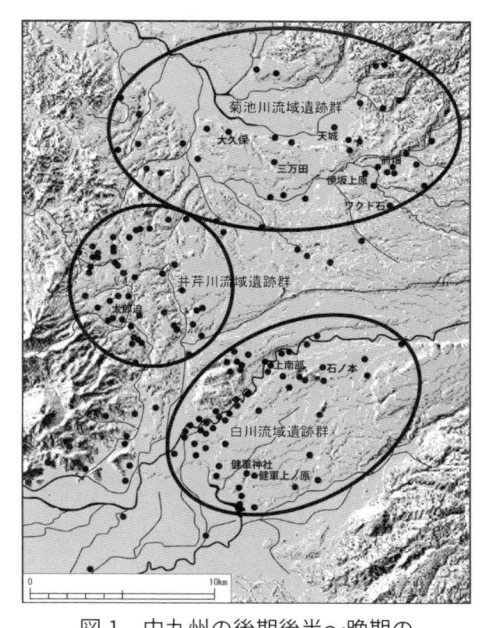

図1　中九州の後期後半〜晩期の
遺跡分布 （著者作成）

表1　井芦川流域の遺跡消長

遺跡名	後期中葉末 西平式 太郎迫式	後期後葉				晩期前葉 古閑式		晩期中葉 黒川式			晩期後葉 刻目突帯文土器期		弥生早期
		三万田式	鳥井原式	御領式	天城式	古段階	新段階	古段階	中段階	新段階	Ⅰa期	Ⅰb期	Ⅱ期
横山遺跡													
平松遺跡													
茶臼塚遺跡													
前畑遺跡													
正林遺跡													
諏訪原遺跡													
南畑遺跡													
大道端遺跡													
轟田中原遺跡													
埋原畑遺跡													
轟今古関遺跡　今古関久保遺跡													
轟辻畑遺跡													
滴水尖遺跡													
滴水古閑原遺跡													
東中原遺跡													
山頭遺跡													
野入遺跡													
ヲスギ遺跡　県調査2〜6区													
ヲスギ遺跡　町調査区													
笹尾遺跡													
鎧田中尾遺跡													
沖遺跡													
峠南平遺跡													
山海道遺跡													
万楽寺出口遺跡													
太郎迫遺跡													
妙見遺跡													
川東遺跡													
桑鶴遺跡													
桑鶴・五丁中原遺跡													
五丁中原遺跡　1次周辺													
五丁中原遺跡　2.3次													
扇田遺跡													
柚の木遺跡													
立石遺跡													
小糸山遺跡													
大鳥居遺跡													
四方寄遺跡													
飛田遺跡群　1区													
飛田遺跡群　2.3区													
鶴羽田遺跡　県調査区													
鶴羽田遺跡　熊本市1次													
鶴羽田遺跡　熊本市2次													
須屋城跡													
八景水谷遺跡													
遺跡数	29	12	13	11	25.5	14.5	8	3	3	9	5.5	5.5	15

━━━大規模遺跡　　──中規模遺跡　　─小規模遺跡　　……存在の可能性

分けられ、それぞれおおむね径10〜15km程度の範囲を設定できる（図1）。

　上記範囲内の遺跡のあり方は決して等質的ではない。住居跡が複数伴い、一型式単位でも密度の高い遺物包含層が確認できる大規模遺跡、逆に一型式の土器が数点以内の小規模遺跡、そのほかの中規模遺跡と便宜上分け、以下では土器型式ごとに遺跡の規模をふまえ、それぞれの遺跡群の動向を概観する。詳細が検討できる井芦川流域と白川流域の遺跡群については各土器型式ごとに遺跡の数と分布を示す（表1・2、図2〜4）[1]。なおこの遺跡規模は土器型式ごとに格付けを行うため、一遺跡において固定したものではなく、土器型式ごとに変動することも多くある。

表2　白川流域の遺跡消長

遺跡名	後期中葉末 西平式・太郎迫式	後期後葉 三万田式・鳥井原式	後期後葉 御領式	後期後葉 天城式	晩期前葉 古閑式 古段階	晩期前葉 古閑式 新段階	晩期中葉 黒川式 古段階	晩期中葉 黒川式 中段階	晩期中葉 黒川式 新段階	晩期後葉 刻目突帯文土器期 Ⅰa期	晩期後葉 Ⅰb期	弥生早期 Ⅱ期
屋敷遺跡												
上中原遺跡												
中原遺跡												
石の本遺跡群												
小山上遺跡												
中山遺跡												
神園田渕屋敷遺跡												
長嶺遺跡												
供合松ノ上遺跡												
梅ノ木遺跡												
詫麻弓削遺跡群												
中江遺跡												
吉原遺跡												
上南部遺跡　C地点												
上南部遺跡　A地点.県調査地												
竹ノ後・芭蕉遺跡群												
楠団地遺跡												
楡ノ木遺跡												
庵ノ前遺跡												
古閑山遺跡												
迫ノ上遺跡												
岩倉山中遺跡												
天拝山遺跡												
下南部遺跡												
乾原・迎八反田遺跡群												
竜田陳内遺跡												
新南部遺跡群　A地点.6~9次												
新南部遺跡群　10次												
北久根山遺跡　新南部23次含												
辻遺跡												
カブト山遺跡												
宇留毛B遺跡												
渡鹿遺跡群												
黒髪町遺跡群												
大江運動場遺跡												
大江遺跡群　1次												
大江遺跡群　6.52.68次												
大江遺跡群　35.105次												
大江遺跡群　42次												
新屋敷遺跡　県8~12区.34.43次												
新屋敷遺跡　2.11.22.27.53次												
新屋敷遺跡　4.35.36.42次												
本庄遺跡												
帯山遺跡												
京町台遺跡												
中尾遺跡												
島崎遺跡												
千原台遺跡群												
戸坂遺跡												
二本木遺跡群　春日地区												
二本木遺跡群　田崎地区												
高橋遺跡												
池辺寺関係遺跡												
川戸貝塚												
千金甲菖蒲谷貝塚												
神水遺跡　1次												
神水遺跡　10.36次												
健軍神社遺跡　鳥井原含												
健軍上ノ原遺跡												
健軍遺跡												
水源地遺跡　江津湖9次含												
江津湖遺跡群　10次												
下江津湖遺跡群												
山王遺跡												
上ノ郷遺跡												
八ノ坪遺跡												
葉山遺跡												
古閑北・梨木遺跡												
古閑遺跡												
沼山津遺跡群												
遺跡数	30	12	29	29	43	33	14	7	13	21.5	7.5	15	13

■■■ 大規模遺跡　　■ 中規模遺跡　　― 小規模遺跡　　……… 存在の可能性

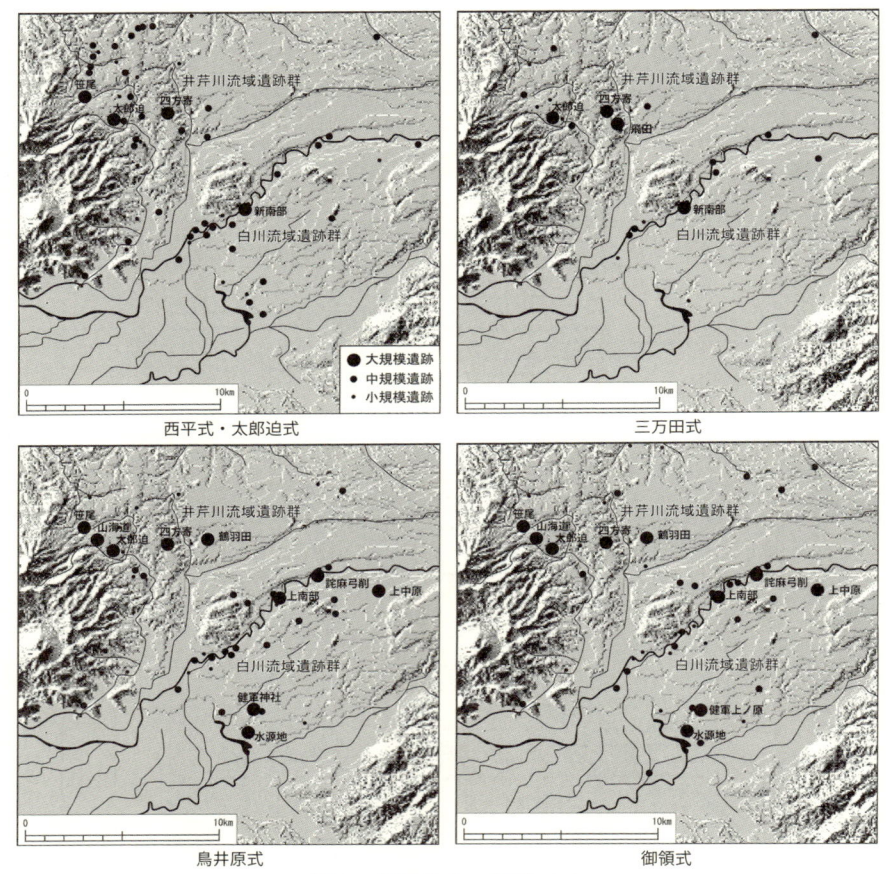

図2　遺跡分布の変遷（1）

（3）菊池川流域遺跡群

河岸段丘上や河川に開析された台地上に遺跡が多く展開する。

遺跡は西平式・太郎迫式に中規模遺跡が増加するが、三万田式になると再編される格好で、大久保遺跡（熊本県教委1994）、三万田遺跡（泗水町教委1972）、天城遺跡（熊本県教委1980）、伊坂上原遺跡（熊本県教委1986）、ワクド石遺跡（熊本県教委1994）などの土偶を有する大規模遺跡が3km程の間隔をあけて分布するようになり、その周囲には中規模遺跡が少量見られる。この状況は御領式までさほど変わらない。

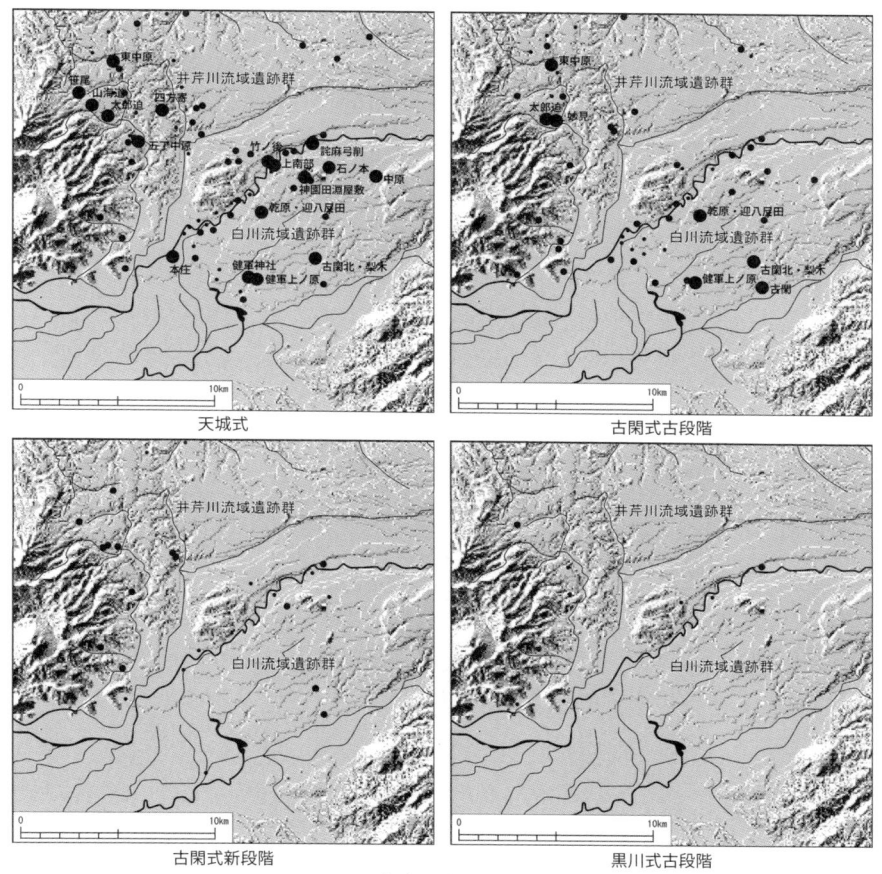

図3　遺跡分布の変遷（2）

　天城式になると大規模遺跡はそのままで、その周囲の中規模遺跡の数が増加する。中には一部で大規模遺跡が交代するような現象も見られ、たとえば伊坂上原遺跡はやや規模を縮小し、近くの前畑遺跡（旭志村教委2003）が代わって大規模となる。また、三万田遺跡もこの頃に拠点をほかに移すようである。

　古閑式古段階になると大規模遺跡の規模が小さくなり、古閑式新段階から一気に遺跡数が減少する。

（4）　井芹川流域遺跡群　（図2・3）

　井芹川や坪井川およびそれらの支流河川によって開析された小台地がいくつ

も存在し、そのような台地上に遺跡が多く展開する。

　西平式・太郎迫式に遺跡数の増加が顕著に見られるが単発的な遺跡が多く、とくに北側に分布する遺跡は次段階には継続しない。三万田式は遺跡数が減少するが、大規模遺跡の数はさほど減少しない。鳥井原式には大規模遺跡の数が増え、しかもそれらが至近距離に位置するようになる。そして天城式になると大規模遺跡の周囲に中規模遺跡の数が増加する。

　古閑式古段階はそれまで継続していた大規模遺跡の規模が小さくなり、土偶や玉類を多く保有していた山海道遺跡（熊本県教委2000）などは消滅する。古閑式新段階には大規模と認めうる遺跡は皆無となり、全体的にも遺跡数が減少しはじめる。黒川式は遺跡数がさらに激減し、小規模遺跡が点在するようになる。

（5）白川流域遺跡群（図2・3）

　細かく見るならば北側の白川流域と南側の江津湖周辺とに分かれるが、遺跡は河岸段丘上に多く展開する。詫麻原台地と称される広大な台地中央部は河川による開析が進まず遺跡はほとんど展開しない。

　ほかの遺跡群と同様、西平式・太郎迫式に中規模遺跡が多数展開した後、三万田式に一旦遺跡数が減少する。鳥井原式に拠点的な大規模遺跡が2〜3km程の間隔をもって見られるようになり、その周囲には中・小規模遺跡が展開する。

　天城式にはほかの遺跡群と同様に遺跡数が増加するが、ほかの遺跡群が中・小規模遺跡の増加なのに対し、大規模遺跡も増加するのが特色である。とくに石ノ本遺跡（熊本県教委2002）、神園田渕屋敷遺跡（熊本市教委2008）、乾原遺跡（熊本市教委1989）などは、河川から内側に入った標高の高い段丘上に展開する点は特筆できる。大規模遺跡間の距離も近接するようになり、たとえば健軍神社遺跡（熊本市1996）と健軍上ノ原遺跡（熊本市教委1971・2004a・2008）は小さな開析谷を挟んで隣接し、上南部遺跡（熊本市教委1981）と竹ノ後・芭蕉遺跡群（熊本市教委2015）は白川を挟んで対峙する位置関係にある。

　古閑式古段階にはほかの遺跡群と同様、大規模遺跡の縮小化が顕著に見られ、古閑式新段階に遺跡数が激減、黒川式は新段階に遺跡数の回復が見られるが、全体的には小規模遺跡が点在するに留まる。

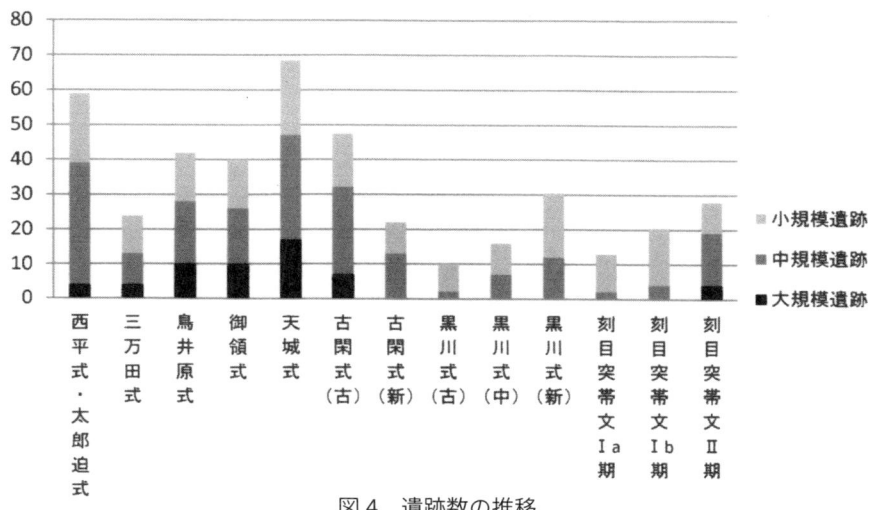

図4　遺跡数の推移

（6）遺跡群動態

　全体的な流れはおおむね先学の指摘を追認した格好となったが、今回は細分土器型式ごとの変遷を捉えたこと、また遺跡の規模にも注意を払ったことにより以下の点を整理した。

・西平式・太郎迫式に中規模遺跡数が多く展開するが、これらは単発的なものが多い。

・三万田式に一旦遺跡数は減少する。ただ菊池川流域では大規模遺跡が多数出現し、いち早く集団の再編が行われた可能性がある。井芹川流域では大規模遺跡の数はさほど減少しない。

・鳥井原式は全体的に遺跡数が増え、とくに白川流域ではこの段階で大規模遺跡が明確になる。

・天城式に遺跡数が最大となるが、おもに中規模遺跡の増加がその背景にある。ただ白川流域では新たに大規模遺跡の数も増え、大規模遺跡間の距離が異常なまでに接近する。

・遺跡数の減少はまず古閑式古段階に大規模遺跡の規模の縮小が顕著に見られることからはじまり、古閑式新段階に遺跡数が激減、黒川式には一層小規模遺跡の分散化が進行する。この状況は刻目突帯文土器Ⅰb期の上南部

式まで継続する。

（7）遺跡の性格と特徴

　中九州では遺跡数は多いものの、遺構が良好に残っている遺跡は意外に少なく、大規模遺跡や中・小規模遺跡それぞれの性格を検討できる材料は多くない。ただ本稿で言うところの大規模遺跡が居住の拠点、いわば集落であったことは言えるだろう。大規模遺跡の代表として上南部遺跡の事例を見ると、竪穴住居と認識しにくい硬化面のみが検出される居住施設も多いため、住居の実数は確認されているものより多かったと思われるが、それでも全体の数は東日本の大規模遺跡と比べると少なく、住居の同時存在棟数はさほど多くはなかったと思われる（金田2014）。これは一集落における人口許容量が大きくなりにくいことを物語っていよう。墓については成人墓は判然としないが、埋設土器（多くは土器棺墓）は集落内に散在し、各住居に付随する様相がうかがえ、土器廃棄場についても同様の傾向が見られる（図5）。

　上記大規模遺跡は長期（3型式以上）継続する傾向が高くしかも土偶の出土量も多い。土偶は三万田遺跡で55点、大久保遺跡で27点、太郎迫遺跡で59点、山海道遺跡で64点、上南部遺跡では実に108点の出土が知られている。石器は総じて打製石斧と磨石が目立って多く、石鏃が著しく少ない（図6）[2]。また玉類も大規模遺跡から出土する傾向は高く、とくに玉作りを行った遺跡は大規模遺跡に限定されそうであり、この点に拠点性を見出すことも可能である。そのほか、大規模遺跡に石器の素材剝片が多く、石材流通の拠点となった可能性も指摘されているが（神川2010）、中・小規模遺跡との比較検討なども必要と思われる。

　では中・小規模遺跡はどうか。これらは拠点的集落に付随する生業活動など、一時的な活動痕跡と認識されることも多い。たとえば山崎純男は、少量の磨製石斧や石鏃が出土し、簡易な建物が確認された小規模遺跡について、その立地も勘案した上で、焼畑耕地に付設される出作小屋であった可能性を指摘した（山崎2003）。確かに大規模遺跡と比べて石鏃の比率が高い可能性のある遺跡が存在する点は示唆的であり、焼畑の存否は別として、生業活動に関する作業施設を想定することも可能と思われる。ただし石器の出土量が少なくその組成比を比較するのは難しい。

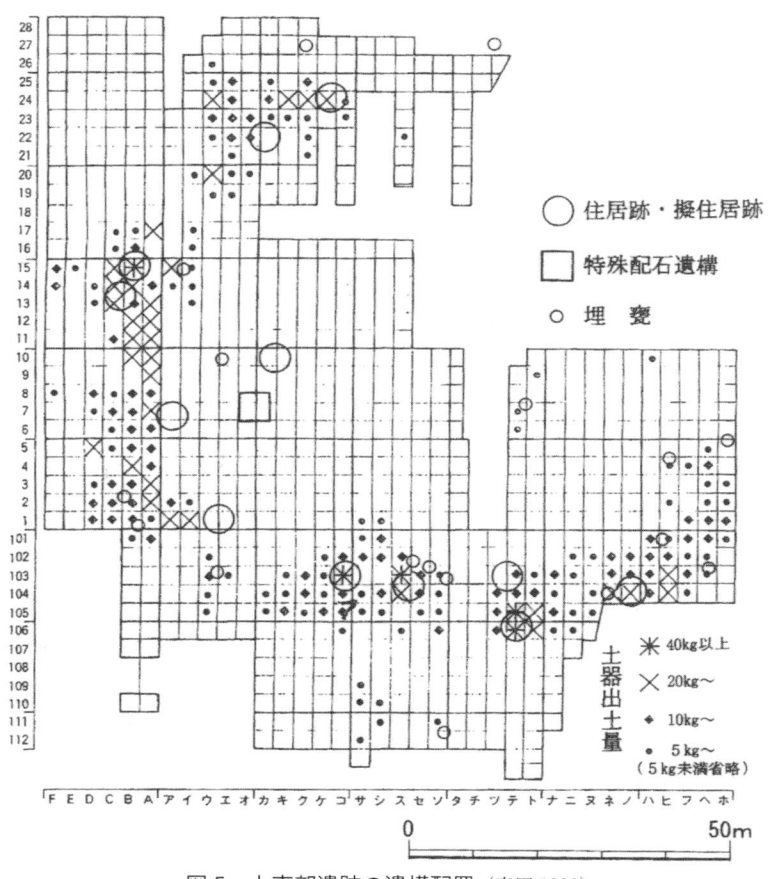

図5　上南部遺跡の遺構配置（富田 1998）

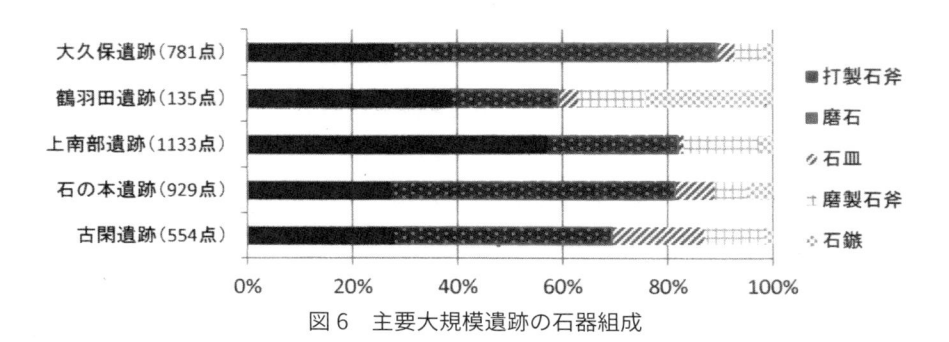

図6　主要大規模遺跡の石器組成

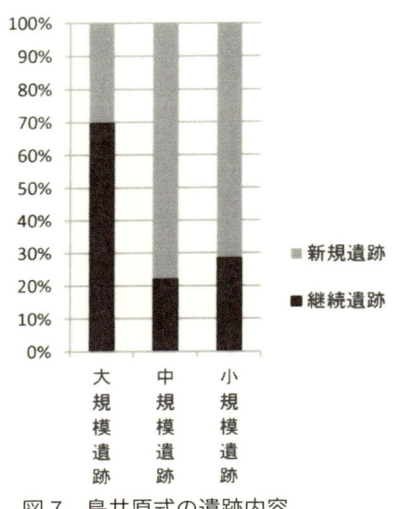
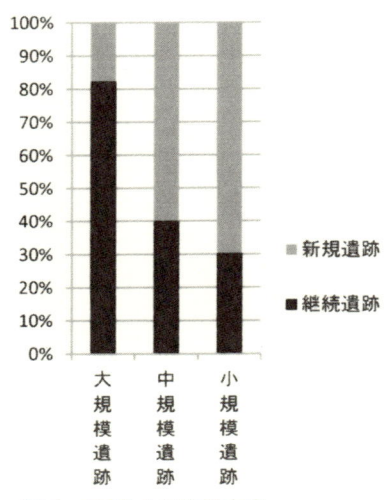

図7 鳥井原式の遺跡内容　　　　図8 天城式の遺跡内容

　石器組成の比較では限界もあるため、視点を変えて遺跡数の増加現象を遺跡の規模と継続性の関係から見てみたい。遺跡数がとくに増加する鳥井原式と天城式で、規模別に継続遺跡と新規遺跡の比率を比べると（図7・8）、大規模遺跡は前段階から継続するものが多いのに対し、中・小規模遺跡は新規のものが多いことが判る。これは大規模遺跡の増加は前段階から規模が大きくなったものが多く、全体の遺跡数の増加は、新しく中・小規模遺跡が出現する現象と解釈することができる。一集落における人口許容量がさほど大きくないことも勘案するならば、中・小規模遺跡については、人口増を背景に飽和状態となった拠点的集落から分かれた小集落といった性格も考えられよう。中規模遺跡では扇田遺跡（熊本市教委2004b）のように、1〜2棟の住居跡に埋設土器が伴う例があることから、日常生活では少なくとも中規模遺跡が示す小集落はある程度自立したものであったと考えられる。小規模遺跡についてはわずかな出土遺物しかなく、その性格付けは難しい。

（8）遺跡密度の特殊性と地域社会の特質

　先に大規模遺跡が近接する現象をみたが、これら大規模遺跡はそれぞれ継続期間も長く、また土偶の出土も顕著なことはこれまで指摘されてきたところである。縄文時代の集落は、拠点的集落とその周りに有機的な関係を持つ中・

小集落などが見られ、拠点的集落間の距離は数km離れることで一定の領域を持つと理解されることは多い。東日本の遺跡と比べるならば大規模環状集落といった格段に規模の大きな集落は存在しないものの、当該地域の大規模遺跡（拠点的集落）間の距離の近さ、ひいては密度の高さは特筆すべきであろう。

　興味深いのは、上記大規模遺跡の高密度化が見られる時期と土偶の盛行時期とが一致することである。土偶の用途は諸説あるものの、集落内の人口増加および大規模遺跡が示す拠点的集落の高密度化を背景とした社会下でその役割を担ったことは十分に考えられる。かねてより当該地域の土偶の突出した多さは注目されてきたが、その多さの要因に遺跡の大規模化とその大規模遺跡の高密度化現象があり、それらが生み出す集団関係の複雑化が土偶などの呪術具の必要性を高めたと考えることができよう。とくに土偶多出遺跡は大規模遺跡に限定されるが、これは人口の比較的多い集落でとくに土偶を使用する機会が多かったためと理解しておきたい。

　上記のように西日本の中では異常な程多くの遺跡が展開するが、その要因の一つには地形が大きく関係していることが考えられる。とくに井芹川流域は台地に多くの河川による開析が進むことによって、程良い面積と高さの平坦面がいくつも生み出されており、関東地方や中部地方の縄文時代中期の遺跡立地に酷似している。白川左岸も小刻みに蛇行する白川が生み出した河岸段丘が延々と連なり、ここに多くの遺跡が立地している。このような地形環境は西日本では珍しく、縄文時代後期になって本格的に盛行する打製石斧を使用した植物利用技術がこの地形を舞台に繰り広げられることと合わさって、西日本では稀に見る高い遺跡密度を誇ったと思われる。

　また、古閑式〜黒川式の遺跡数の減少も中部地方、とくに八ヶ岳西麓の中期遺跡群が見せた動向と酷似しており、気候の寒冷化が関係している可能性は高い。人口も減少したことが考えられるが、この際の対応としては小規模集団ごとの分散化が見られ、黒川式〜刻目突帯文土器Ⅰb期（上南部式）を通して細々ながら地域社会が継続した様子がうかがい知れる。他地域ではこの時期に低湿地型貯蔵穴が復活することから、環境に適応した居住戦略を巧みにとっていたと評価することも可能であろう。

　以上の中九州の状況をさらに理解するため、次に玄界灘沿岸部の遺跡群動態

との比較によって共通点と相違点を浮かび上がらせることにしたい。

3. 玄界灘沿岸部の遺跡群動態

（1）遺跡群動態の概略

　玄界灘沿岸部の糸島平野〜糟屋平野にかけても当該期の遺跡は分布上まとまりを持ち、複数の遺跡群として把握できる（図9）。その動態の概略については以下のように整理できる（宮地2012）。

・縄文時代後・晩期に径2〜4km程の大きさの遺跡群が認められ、太郎迫式〜三万田式にかけては8つの遺跡群が展開するが、その後増加し古閑式新段階で早良平野下流域に新たに遺跡群が出現して最大10の遺跡群が展開する。

・各遺跡群は長期間継続する遺跡を有しながら、断絶があっても群内の他遺跡と補完関係が認められることが多いため、それぞれを居住範囲として考えることが可能と思われる。

・遺跡数は古閑式古段階に最大となるが、群内の遺跡数が増加することで、全体の遺跡数が増える。

・この状況に変化が起きてくるのが黒川式で、全体的に段階を追って遺跡数

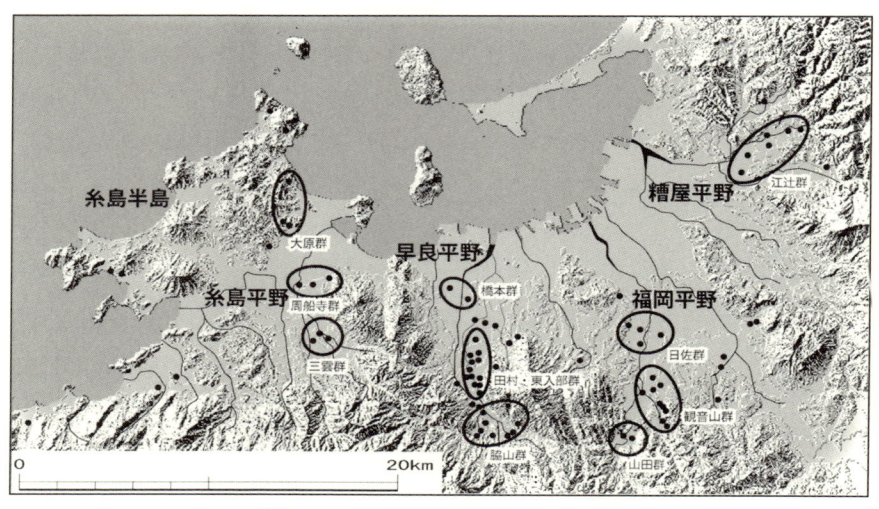

図9　玄界灘沿岸部の後期後半〜晩期の遺跡分布

が減少すると共に、遺跡群の消滅も見られ、残った遺跡群では長期間継続してきた遺跡が交代する現象が見られる。刻目突帯文土器Ⅰb期はさらに遺跡数が少なくなり、遺跡群も全体で6群を数えるのみとなる。

・遺跡数の減少もさることながら、古閑式まで安定して存在していた居住範囲としての「遺跡群」自体が減少すること、また長期間継続していた遺跡が移動するなどの現象が見られることは、黒川式に居住形態に関わる変化があったことが想定される。

（2）早良平野の遺跡群

玄界灘沿岸部の中で遺跡の数が最も多いのは早良平野で、とくに室見川中流域の以前「田村・東入部群」とした遺跡群は、遺跡の立地に適した微高地が多く存在する地理的条件も関係し、後期後半〜晩期にかけて多くの遺跡が展開する。

この遺跡群は東西約1.5km、南北3.5km弱の広さを持ち、遺跡の分布状況から大きくは南北に分けられ、詳細に見ると3つの小群に分けられる蓋然性が高い。調査地点ごとに地図にプロットすると、一つの小群内でも時期ごとに活動

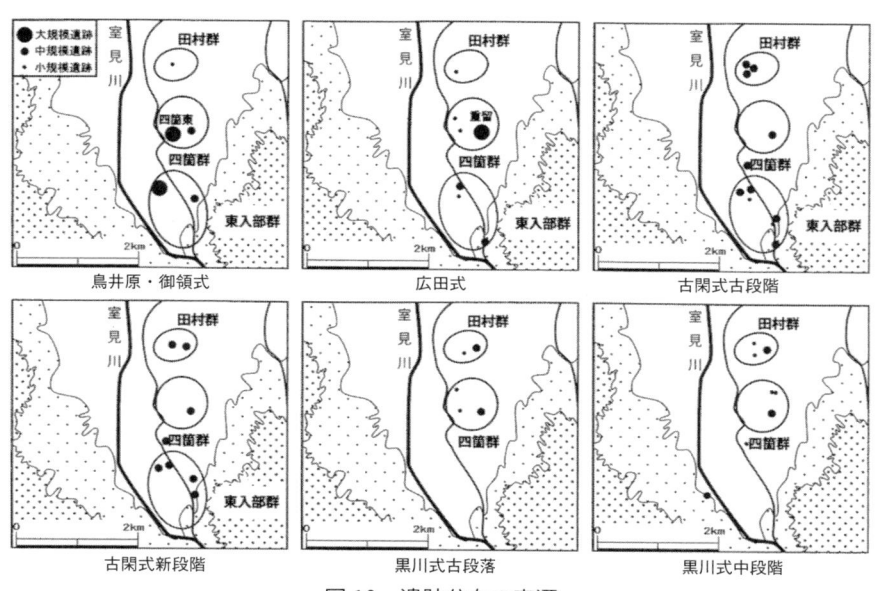

図10　遺跡分布の変遷

地点が移動したり別れたりする様子が見える（図10）。

　3つの小群を便宜上、一番北側を「田村群」、真ん中の四箇遺跡や重留遺跡を「四箇群」、一番南側を「東入部群」とすると、それぞれ約1km程の群構成が見られる。三万田式に遺跡数は減少するが、比較的規模の大きな遺跡が見られ、その状態は広田式まで見られる。重留遺跡は竪穴住居跡も複数確認されており、居住拠点の集落と位置づけられよう（福岡市教委2007）。長期間にわたって継続する遺跡も存在するが非常に少なく、多くの調査地点は時期ごとに活動が見られたり見られなかったりで、それぞれの小群内で居住地点が移動している状況がうかがえる。

　古閑式は玄界灘沿岸部で最も遺跡数が多くなる時期であり、当該遺跡群も同様である。可能性として人口増加、もしくは一つの集落の人口許容量の低下などによって起こる集落の派生や分村といった現象が進行したことが考えられよう。ところが黒川式以降は一番南の東入部群が消滅し、全体的にも遺跡数が減っていくことから、人口が減少していったことが考えられる。また継続して存在していた遺跡が交替するなどの現象も見られ、居住形態に関わる変化があったことが示唆される。

　それぞれの小群、そして全体の遺跡群としたまとまりは何を示しているのか。遺跡の分布状況から考えるならば、それぞれの小群が数型式にわたって近い距離で存在している点から、小群が示す独立した集団の存在と、それら集団間の関係の深さを伺い知ることができよう。玄界灘沿岸部のほかの遺跡群では、内部にこのような小群が示す複数集団の恒常的な存在は明確ではなく、玄界灘沿岸部では数少ない土偶が四箇東遺跡（福岡市教委1983）から出土している点も、この早良平野の遺跡群が抱えていた社会的背景を考える上で興味深い。

　なお小群内の遺跡は集落の移動の結果、もしくは分散した集落の存在、はたまた居住ではなく生業などの活動痕跡を示していると思われるが、時期ごとに断続的な状況を示す点から、集落は数棟程度の小規模単位の住居で構成されるものが分かれて存在し、小群内を移動していた状況が思い浮かぶ。

　この早良平野の遺跡群は、玄界灘沿岸部では沖積平野内の微高地が多く見られる遺跡立地に最も恵まれた環境にあったと思われるが、その人口許容量は台地が発達した中九州と比較した場合、遠く及ばなかったと判断せざるをえない。

小規模単位での分散居住は、人口許容量の低い環境に適応した居住戦略と言え、土偶の出土量が少ない要因も、こういった社会背景が関係していたことが考えられる。

4. 中九州と玄界灘沿岸部の遺跡群動態の比較から

　上記のように比較すると、同じ九州地方でも中九州と玄界灘沿岸部とでは遺跡群のあり方が大きく異なることが浮き彫りとなる。後期後半〜晩期初頭の西日本で随一の遺跡密度を誇る中九州では、大規模遺跡が多数接近して存在するのに対し、玄界灘沿岸部では大規模遺跡はわずかしか存在せず、中・小規模遺跡が一定範囲に分散し、しかもそれぞれの継続期間は短い。また遺跡が集中する範囲、つまり遺跡群の大きさも中九州の方がはるかに大きく、これは中九州の遺跡群は、玄界灘沿岸部の遺跡群が示す性格の集団を複数内包したもので、その遺跡密度の高さから、それら集団の領域区分が不明瞭になっていることが考えられる。このような遺跡群の重層性については、佐賀平野を舞台に検討を行った山崎真治によっても指摘されており示唆に富む（山崎2009）。10〜15km程の広がりを持つ、中九州の井芹川流域遺跡群や、白川流域遺跡群は、山崎の言う「小地域遺跡群」に相当し、その内部の「核遺跡群」の密集度が高く、小集団の領域区分が不明瞭になっていると評価できよう。そのような視点で見るならば、遺跡群の中でもとくに遺跡が集中する範囲がいくつか確認でき、そのようなものが「核遺跡群」に相当すると考えることができる。また玄界灘沿岸部では今回俎上にあげた「田村・東入部群」もしくはその内部の「田村群」「四箇群」などの小群は、山崎の「核遺跡群」に相当し、その上位の「小地域遺跡群」は早良平野全体を含む地域となることから、「核遺跡群」の範囲が明瞭でその密集度は比較的低いと評価できよう。

　以上のような整理から、この時期の中九州では人口増加とそれに伴う集団関係の複雑化が玄界灘に比べてかなり進行したことが窺え、このことが土偶などの呪術具の必要性を高めたと考えることができる。

5. まとめ

　東日本では一般的に縄文時代後・晩期は遺跡が減少すると言われることが多

い。一方西日本では逆に遺跡数が増える傾向にあるが、その中でも九州地方では後期後葉〜晩期前葉にかけて遺跡数がかなり増加するという特色がある。

　とくに中九州は西日本随一の遺跡密度を誇り、同じ九州地方でも玄界灘沿岸部の様相と比較した場合、小集団の領域区分が不明瞭なため、より集団間の関係が緊密になったことが想定される。また拠点的な大規模遺跡も多くみられ、それらが近接して存在することも勘案するならば、社会の複雑化が進行したことも考えられよう。この時期、この地域で盛行する土偶や石棒、玉類などの呪術具も、そのような社会背景のもとで必要性が高まり機能を高めたと考えることができる点もこの地域の特色と言える。

註

1) 時期別の遺跡数の算出は、破片のみの出土で詳細な時期を決められない場合、それが2型式にわたる場合はそれぞれ 0.5 として両者にカウントする。なお3型式以上にわたる場合は、不確実なものとして扱いカウントしていない。

2) 上南部遺跡については神川（2010）を参照。そのほかは各遺跡の報告書に記載された点数から作成。

引用・参考文献

大坪志子　2015『縄文玉文化の研究―九州ブランドから縄文文化の多様性を探る―』雄山閣

小畑弘己　2011『東北アジア古民族植物学と縄文農耕』同成社

金田一精　2009「熊本平野における弥生文化受容期の様相」『古代文化』第 61 巻第 2 号、pp.116-126

金田一精　2014「上南部遺跡の再検討―大集落の変遷―」『肥後考古』第 19 号、pp.61-80

神川めぐみ　2010「中九州地域における縄文時代後期の石材利用―上南部遺跡を中心として―」『先史学・考古学論究』Ⅴ、龍田考古学会、pp.105-120

木村幾多郎・島津義昭　1972「九州考古学の諸問題　Ⅱ縄文時代後・晩期」(『考古学研究』第 19 巻第 1 号、考古学研究会、pp.19-31

旭志村教育委員会　2003『前畑遺跡』旭志村文化財調査報告書第 5 集

熊本県教育委員会　1980『古保山・古閑・天城』熊本県文化財調査報告書第 47 集

熊本県教育委員会　1986『伊坂上原遺跡』熊本県文化財調査報告書第 78 集

熊本県教育委員会　1994『大久保遺跡』熊本県文化財調査報告書第 143 集

熊本県教育委員会　1994『ワクド石遺跡』熊本県文化財調査報告書第 144 集

熊本県教育委員会　2000『万楽寺出口遺跡・山海道遺跡』熊本県文化財調査報告書第 185 集

熊本県教育委員会　2002『石の本遺跡群Ⅴ』熊本県文化財調査報告書第 205 集

熊本市教育委員会　1971『熊本市健軍町上ノ原遺跡調査報告書』

熊本市　1996『新熊本市史 史料編第 1 巻 考古資料』

熊本市教育委員会　1981『上南部遺跡発掘調査報告書』

熊本市教育委員会　2004a『熊本市埋蔵文化財発掘調査報告書―平成 15 年度―』

熊本市教育委員会　2004b『扇田遺跡』

熊本市教育委員会　2008『熊本市埋蔵文化財発掘調査報告書―平成 19 年度―』

熊本市教育委員会　2015『熊本市埋蔵文化財発掘調査報告書―平成 26 年度―』

泗水町教育委員会　1972『三万田東原』

富田紘一　1979「縄文時代」『北部町史』北部町、pp.16-66

富田紘一　1983「立田・供合地区、白川河岸段丘上の縄文遺跡」『吉原遺跡発掘調査報告書』熊本市教育委員会、pp.117-120

富田紘一　1990「中九州縄文後晩期の遺跡―土偶から見た集落間の交流―」『乙益重隆先生古希記念論文集』pp.99-116

富田紘一　1998「縄文時代」『新熊本市史 通史編第 1 巻 自然・原始・古代』熊本市

林　潤也　2011「九州の縄文集落と地域社会―後期を中心として―」『季刊考古学』第 114 号、pp.79-82

福岡市教育委員会　1983『四箇周辺遺跡調査報告書（5）』福岡市埋蔵文化財調査報告書第 100 集

福岡市教育委員会　2007『入部Ⅻ』福岡市埋蔵文化財調査報告書第 925 集

前迫亮一　2001「九州南部における縄文時代集落の諸様相」『列島における縄文時代集落の諸様相』縄文時代文化研究会、pp.605-614

水ノ江和同　2001a「九州北部における集落変遷の画期と研究の現状」『縄文時代集落研究の現段階』縄文時代文化研究会、pp.47-50

水ノ江和同　2001b「九州北部における縄文時代集落の諸様相」『列島における縄文時代集落の諸様相』縄文時代文化研究会、pp.589-604

水ノ江和同　2002「九州の縄文集落―縄文後・晩期を中心に―」『四国とその周辺の考古学』犬飼徹夫先生古稀記念論文集刊行会、pp.227-248

水ノ江和同　2009「九州地方の縄文集落と「縄文文化」」『シリーズ縄文集落の多様性Ⅰ　集落の変遷と地域性』雄山閣、pp.259-293

宮地聡一郎　2012「縄文時代後・晩期の遺跡群動態―玄界灘沿岸部における黒色磨研土器期の検討―」『古代文化』第 64 巻第 1 号、財団法人古代学協会、

第 4 節　九州地方の集落と遺跡群　*271*

　　　pp.22-41

矢野健一　1999「集落と住居　非環状集落地域」『季刊考古学』第 69 号、pp.45-49

矢野健一　2001「西日本の縄文集落」『立命館大学考古学論集』Ⅱ、pp.1-18

山崎真治　2009「佐賀平野の縄文遺跡―縄文時代における地域集団の諸相 2―」
　　　『古文化談叢』第 62 集、九州古文研究会、pp.19-59

山崎純男　2003「西日本の縄文後・晩期の農耕再論」『大阪市学芸員等共同研究 朝
　　　鮮半島と日本の相互交流に関する総合学術調査―平成 14 年度成果報告―』大
　　　阪市学芸員等共同研究実行委員会、pp.48-69

あとがき

　本書では縄文時代後期から晩期の従来説であった衰退論について検討したが、その事例は関東地方を中心とした議論を優先させた。その意図は、後晩期衰退説の根拠の大半が関東地方の事例であったことから、それらの再検討は同じ関東地方で行うことが有効であると考えたからである。しかし、縄文文化の多様性の中で関東地方の動向を相対化するためには、いうまでもなく日本各地の実態との比較が重要である。

　近年は縄文ユートピア論ともいうべき主張がなされているが、それらはこぞって縄文の繁栄を謳歌するものである。また一方で、環境変動との対応関係の指摘も盛んである。しかし、そもそも文化を繁栄や衰退という概念で論じることにどのような意義が求められるのか、そしてそれは科学としての考古学とどのような関係にあるかということを実際の縄文社会の研究を通じて考えることも必要であると感じた次第である。

　本書では関東地方の議論の有効性を確認するために、東北から九州地方までを扱い、各地の第1線で活躍している方々に執筆をお願いした。まず本書の刊行が現実となった今、ご多忙な中でご快諾を頂いたことに深く感謝したい。本書が縄文文化を緻密に、そして学際的に考えるための基礎となり、今後も盛んな議論が行われることを期待したい。

　また、本書の刊行を快くお引き受けいただいた雄山閣出版の桑門智亜紀氏と編集の実務を担当いただいた戸丸双葉さんに深く御礼申し上げたい。また、逞しい教え子の成長する姿を見ることができたことも、私個人の本書刊行のささやかな思い出としたい。

明治大学資源利用史研究クラスター代表

阿部芳郎

2019 年 7 月 30 日

執筆者一覧（掲載順）────────────────

樋泉 岳二（といずみ たけじ）　1961 年生

明治大学兼任講師／早稲田大学非常勤講師

主要著作論文　「動物資源利用からみた縄文後期における東京湾東岸の地域社会」『動物考古学』30、2013 年、「漁撈の対象」『講座日本の考古学 4　縄文時代（下）』青木書店、2014 年、「海洋資源の利用と縄文文化―縄文後期東京湾岸・印旛沼周辺貝塚の魚貝類利用にみる資源認識の多様性―」『別冊季刊考古学』21、雄山閣、2014 年

佐々木 由香（ささき ゆか）　1974 年生

明治大学研究・知財戦略機構客員研究員

主要著作論文　「縄文人の植物利用―新しい研究法からみえてきたこと―」『ここまでわかった！ 縄文人の植物利用』新泉社、2014 年、「植物資源の開発」『季刊考古学』132、雄山閣、2015 年、「縄文・弥生時代の編組製品の素材植物」『季刊考古学』145、雄山閣、2018 年

能城 修一（のしろ しゅういち）　1956 年生

明治大学黒耀石研究センター客員教授

主要著作論文　「鳥浜貝塚から見えてきた縄文時代の前半期の植物利用」『さらわかった！縄文時代の植物利用』新泉社、2017 年、「縄文人は森をどのように利用したのか」『ここまでわかった！縄文人の植物利用』新泉社、2014 年、「遺跡出土植物遺体からみた縄文時代の森林資源利用」『国立歴史民俗博物館研究報告 187』2014 年

吉岡 卓真（よしおか たくま）　1979 年生

さいたま市教育委員会

主要著作論文　「土製耳飾りのサイズと着装」『縄文の資源利用と社会』雄山閣、2014 年、「縄文時代後晩期　ミミズク土偶の変遷」『考古学集刊』第 11 号、2015 年、「縄文時代後晩期集落形態の多様性」『埼玉考古』53、2018 年

米田　穣（よねだ みのる）　1969 年生

東京大学総合研究博物館教授

主要著作論文　「炭素・窒素同位体でみた縄文時代の食資源利用：京葉地区における中期から後期への変遷」『別冊季刊考古学』21、雄山閣、2014 年、「縄文人骨の年代を決める」『オープンラボ―UMUT Hall of Inspiration』東京大学出版、2016 年、「同位体分析からさぐる弥生時代の食生態」『季刊考古学』138、雄山閣、2017 年

日下 宗一郎（くさか そういちろう）　1982 年生

東海大学海洋学部講師

主要著作論文　『古人骨を測る―同位体人類学序説』京都大学学術出版会、2018 年

八木 勝枝（やぎ かつえ）　1974 年生

（公財）岩手県文化振興事業団埋蔵文化財センター　文化財専門員

主要著作論文　「北上川中・下流域の盛土遺構―縄文時代晩期包含層分析からの一視点―」『岩手考古学』第 16 号、2004 年、「岩手県北上川流域における後晩期集落の立地と分布」『岩手県立博物館研究報告』第 26 号、2009 年、「北上川上・中流域における後期初頭土偶の型式」『土偶と縄文社会』雄山閣、2012 年

宮内 慶介（みやうち けいすけ）　1979 年生

飯能市教育委員会

主要著作論文　「安行 2 式・安行 3a 式の成り立ちと地域性に関する一視点」『駿台考古学』第 127 号、2006 年、「関東地方縄文時代後・晩期の集落と木組遺構」『縄文の資源利用と社会』季刊考古学別冊 21、2014 年、「内陸地域における縄文時代晩期製塩土器の研究視点―飯能市加能里遺跡・中橋場遺跡出土製塩土器の産地推定から―」『埼玉考古』第 51 号（共著）

中沢 道彦（なかざわ みちひこ）　1966 年生

長野県考古学会員

主要著作　「栽培植物の導入とその多様性」『季刊考古学別冊』21 号、雄山閣、2014 年、「縄文時代食料採集経済説の成立背景」『海と山と里の考古学―山崎純男博士古稀記念論集―』山崎純男博士古稀記念論集編集委員会、2016 年、「日本列島における農耕の伝播と定着」『季刊考古学』第 138 号、雄山閣、2017 年

川添 和暁（かわぞえ かずあき）　1971 年生

愛知県埋蔵文化財センター

主要著作論文　『先史社会考古学―骨角器・石器と遺跡形成から縄文時代晩期』六一書房、2011 年、「東海地方の縄文集落と貝塚」『生活・生業』シリーズ縄文集落の多様性Ⅲ、雄山閣、2012 年、「東海地方の縄文集落の信仰・祭祀」『信仰・祭祀』シリーズ縄文集落の多様性Ⅳ、雄山閣、2014 年

中村　豊（なかむら ゆたか）　1970 年生

徳島大学総合科学部

主要著作論文　「中四国地域における縄文時代精神文化について―大型石棒・刀剣形石製品を中心に―」『島根県古代文化センター研究論集』13、2014 年、「徳島・吉野川下流域における先史・古代の農耕について」『徳島発展の歴史的基盤―「地力」と地域社会』雄山閣、2018 年、「稲作主体でない複合的農耕の探求」『境界の考古学』日本考古学協会 2018 年度静岡大会実行委員会、2018 年

濱田 竜彦（はまだ たつひこ）　1969 年生

鳥取県埋蔵文化財センター

主要著作論文　「中国地方におけるイネ科穀物栽培の受容・試行・定着」『農耕文化複合形成の考古学（上）農耕のはじまり』雄山閣、2009 年、『日本海を望む「倭の国邑」妻木晩田遺跡』新泉社、2016 年

宮地 聡一郎（みやじ そういちろう）　1972 年生

福岡県教育庁文化財保護課

主要著作論文　「刻目突帯文土器の成立（上・下）」『考古学雑誌』第 88 巻第 1・2 号、2004 年、「縄文時代後・晩期の遺跡群動態―玄界灘沿岸部における黒色磨研土器期の検討―」『古代文化』第 64 巻第 1 号、2012 年、「西日本縄文晩期土器文様保存論―九州地方の有文土器からの問題提起―」『考古学雑誌』第 99 巻第 2 号、2017 年

編者紹介 —————————

阿部 芳郎（あべ よしろう）

1959 年生
明治大学 文学研究科 史学 博士課程中途退学
博士（史学）
現在、明治大学文学部教授　明治大学資源利用史研究クラスター代表

〈主要著作論文〉
　「縄文時代の生業と中里貝塚の形成」『中里貝塚』2000 年、「大森貝塚の調査と大森ムラの実像」『東京の貝塚を考える』雄山閣、2008 年、「加曽利貝塚の形成過程と集落構造」『東京湾巨大貝塚の時代と社会』雄山閣、2009 年、「「藻塩焼く」の考古学」『考古学研究』63―1、2016 年、「余山貝塚の生業活動―骨角貝器の大量生産遺跡の出現背景―」『霞ヶ浦の貝塚と社会』雄山閣、2018 年

2019年 9 月10日　初版発行　　　　　　　　　　　　　《検印省略》

先史文化研究の新展開 1
縄文文化の繁栄と衰退

編　者　阿部芳郎
発行者　宮田哲男
発行所　株式会社 雄山閣
　　　　〒 102-0071　東京都千代田区富士見 2-6-9
　　　　ＴＥＬ　03-3262-3231 ／ＦＡＸ　03-3262-6938
　　　　ＵＲＬ　http://www.yuzankaku.co.jp
　　　　e-mail　info@yuzankaku.co.jp
　　　　振　替：00130-5-1685
印刷・製本　株式会社ティーケー出版印刷

ISBN978-4-639-02682-2　C3021
N.D.C.210　280p　22cm